살아있는 기업
100년의 기업

THE LIVING COMPANY by Arie De Geus

Copyright ⓒ 1997, 2002 Longview Publishing Limited

All rights reserved.

This Korean edition was published by KIM & KIM BOOKS in 2012 by arrangement with Harvard Business Review Press, Boston, MA through KCC(Korea Copyright Center Inc.), Seoul.

살아있는 기업 100년의 기업

초판 1쇄 발행 2012년 3월 25일

지은이	아리 드 호이스
옮긴이	정우석
펴낸이	김건수
펴낸곳	김앤김북스

주소	100-210 서울시 중구 수하동 40-2 우석빌딩 903호
대표전화	(02) 773-5133
팩시밀리	(02) 773-5134
이메일	apprro@naver.com

등록번호	제12-302호
출판등록	2001년 2월 9일

ISBN 978-89-89566-55-7   03320

• 책값은 뒤표지에 있습니다.
• 잘못 만들어진 책은 바꾸어 드립니다

THE
LIVING
COMPANY

살아있는 기업
100년의 기업

당신의 회사는 격변하는 환경에 대응할 준비가 되어 있는가

아리 드 호이스 지음 | 정우석 옮김

김앤김
북스

| CONTENTS |

내가 처음으로 진지하게 조직 학습organizational learning의 개념을 접하게 된 것은 아리 드 호이스를 처음 만났던 15년 전이었다. 그 만남을 계기로 조직 학습에 관련된 나의 긴 여정이 시작되었다.

그는 내게 로열 더치 쉘Royal Dutch/Shell에서 행해진 한 유명한 연구를 소개했다. 연구는 〈포천〉 500대 기업의 평균 기대 수명이 겨우 40~50년밖에 안 된다는 사실을 밝혀냈다. 당시 그는 쉘 그룹의 기획 실장으로 일하고 있었다. 이 연구는 또한 200년 이상 된 많은 기업들도 찾아냈다. 아리는 대부분의 기업들이 창업 후 50년도 되기 전에 조기 사망하고 있음을 보여주었다. 아리는 많은 대기업들이 학습 능력의 결핍으로 고통받고 있다고 말했다. 그들을 둘러싼 세상의 변화에 적응하거나 진화하지 못하고 있다는 것이다.

더욱 중요한 것은 그가 내게 처음으로 활동 중인 기업의 낮은 기대 수명과 낮은 활력 간의 연관성에 대해 생각하게 해주었다는 점이다. 기대 수명과 활력은 기업의 전반적인 건강성을 나타내는 징후이다. 건강하지 못해서 일찍 사망하는 개인과 마찬가지로, 외견상 성공한 상당수의 대기업들도 건강이 심각할 정도로 위태로운 상태에 있다.

이러한 기업의 구성원들은 회사가 낮은 기대 수명 때문에 고통받고 있는 것을 직접적으로 체험하지 못한다. 그들은 기업의 건강이 나쁜 것을 업무 스트레스, 권력과 통제에 대한 끊임없는 투쟁, 개인의 상상력이나 에너지를 억압하고 숨막히게 만드는 업무환경에서 오는 냉소와 체념 등으로 체험한다. 대부분 기업들의 하루하루 분위기는, 그들이 분명한 쇠퇴의 길에 접어들었든 아니든 간에, 우리가 인정하는 것보다 어쩌면 더 독성으로 가득 찬 상태다.

이 책에는 실천적인 철학이 담겨 있다. 내 경험상, 아리와 같은 탁월한 실무자들이 경영 사고에 독특한 기여를 할 수 있음에도 불구하고 그들의 기여는 거의 인정받지 못하고 있다. 자신이 생각해 온 것을 글로 쓰는 학자들과는 다르게 경영 실무자는 자신이 경험해 온 것에 관해 생각한다. 그들의 사고의 원천은 개념보다는 경험에 있기 때문에, 그들은 어떻게 가장 단순한 아이디어가 가장 심오한 아이디어인지를 보여준다.

이 책의 핵심에는 "기업을 살아있는 존재로 본다면 어떻게 될까 What if we thought about a company as a living being?"라는 포괄적 함의를 지닌 단순한 질문이 자리하고 있다.

이는 우리가 기업을 살아있는 존재로 보지 않는다면 그 대안이 무엇인가라는 명백한 질문을 제기한다. 그 대안적 관점은 기업을 돈 버는 기계로 보는 것이다.

돈 버는 기계 VS 살아있는 존재라는 상반된 두 관점은 경영과 조직에 관한 많은 핵심 가정들을 분명히 한다.

나는 우리들 대부분이 별 생각 없이 돈 버는 기계라는 가정을 받아들이고 있다고 생각한다. 그렇게 함으로써 우리는 우리가 상상하는 것과는 상당히 거리가 먼 개별 기업의 운명을 만들어낸다.

예컨대 기계는 누군가에 의해 소유되어 있다. 우리는 기업에 대해서도 똑같은 방법으로 생각하는 데 익숙해져 있다. 기업은 소유주들에 의해 소유되어 있고, 그들은 대개 기업의 구성원들과는 구분되는 사람들이다. 그러나 살아있는 존재가 누군가에게 소유되었다는 것이 무엇을 의미하는가? 대부분의 사람들은 한 사람이 다른 사람을 소유하고 있다는 것을 근본적으로 부도덕하다고 간주한다. 그것이 기업이라고 해서 문제가 안 되는 것인가?

기계는 설계자가 의도한 목적을 위해 존재한다. 다시 말하지만, 이는 기업에 대한 전통적인 관점이다. 즉, 기업의 목적은 소유주를 위해 가능한 한 많은 돈을 버는 것이다. 그러나 살아있는 존재는 스스로의 목적을 지닌다. 살아있는 존재가 다른 존재의 목표에 기여한다 할지라도 이 고유한 목적은 다른 존재의 목표에 의해 완전히 대치될 수 없다. 살아있는 존재가 자신의 목적을 추구할 수 없을 때 이 존재의 생명 에너지에는 어떤 일이 일어날 것인가?

기계가 효과적이기 위해서는 운영자에 의해 통제될 수 있어야 한다. 물론 이것은 중요한 경영의 존재 이유이다. 즉, 경영은 기업을 통제하는 것이다. 그러나 살아있는 존재는 기계처럼 통제될 수 없다. (이 전제가 의심스러운 사람은 자신의 십대 자녀들을 통제하는 데 얼마나 성공적이었는지 생각해보라.) 살아있는 존재를 통제하는 것은 어렵지만 영향을 미칠 수는 있다. 그러나 그것은 영향을 받는 존재만큼이나 영향을 주는 존재도 변화하는 복잡한 상호작용 과정을 통해서이다. 통제권에 대한 투쟁이 대부분의 사내 정치와 게임의 근원이지 않은가?

더욱이 기업을 기계로 간주하는 것은 기업이 외부의 누군가에 의해 만들어진 것임을 의미한다. 이는 대부분의 사람들이 기업 시스템과 프로세스를 바라보는 방식이다. 그러나 기업을 살아있는 존재로 바라보는 것은 기업 스스로가 자신의 프로세스를 만든다는 것을 의미한다. 이는 마치 인간의 신체가 스스로 세포를 만들어내고 자신의 장기와 신체 시스템을 구성하는 것과 같다. 이는 큰 기업 내에 비공식적 조직이 만들어지는 방식과도 같다. 어떤 일을 하는 누군가에게 필수적인 관계의 네트워크와 의사소통 채널은 실제로 그 사람들 자신에 의해 만들어진다.

기업을 기계로 보는 것은 기업이 고정되어 있고 정적이라는 것을 의미한다. 오직 누군가가 변화시킬 때만 변화할 수 있다는 것이다. 기업을 살아있는 존재로 보는 것은 기업이 자연적으로 진화한다는 것을 의미한다.

기업을 기계로 보는 것은 기업의 정체성이 오직 기업을 만든 사람들에 의해 주어지는 것임을 의미한다. 기업을 살아있는 존재로 보는 것은 기업이 그 자신의 정체성, 즉 자신의 개성을 갖고 있다고 보는 것이다.

기업을 기계로 보는 것은 기업의 행동이 실제로는 경영진이 정한 목표와 결정들에 대한 반응임을 의미한다. 기업을 살아있는 존재로 보는 것은 기업이 자신의 목표와 자율적인 행동 능력을 가지고 있음을 의미한다.

기업을 기계로 보는 것은 경영진에 의해 재구축되지 않으면 결국 작동을 멈추고 만다는 것을 의미한다. 기업을 살아있는 존재로 보는 것은 기업이 스스로를 재생시킬 수 있으며, 현재의 구성원들을 넘어서 하나의 실체로서 정체성을 계속 유지할 수 있음을 의미한다.

기업을 기계로 보는 것은 기업의 구성원들이 직원, 더 심하게는 사용되기 위해 대기중인 "인적 자원"이라는 것을 의미한다. 기업을 살아있는 존재로 보는 것은 기업의 구성원들을 일하는 인간 공동체 human work community로 보는 것으로 이어진다.

마지막으로, 기업을 기계로 보는 것은 기업의 학습을 단지 개별 직원들이 하는 학습의 단순 총합으로만 보는 것을 의미한다. 기업을 살아있는 존재로 보는 것은 기업이 하나의 실체entity로서 학습하는 것을 의미한다. 연극단, 재즈 합주단, 또는 스포츠팀이 실제로 하나의 실체로서 학습할 수 있는 것처럼 말이다.

위에 열거한 기계 대 살아있는 존재의 특징들을 곰곰이 생각해본다면 아리가 제시하는 관점에 동의하지 않을 수 없다. 그렇다면 나는 왜 이러한 관점에 좀더 일찍 도달하지 않았을까? 왜 나에게는 기업을 진정으로 살아있는 존재로 생각하는 것이 너무 어려워 보이는가? 왜 이러한 단순한 아이디어를 내면화시키는 일이 그렇게 쉬워 보이지 않는 걸까?

인생이 우리와 함께 시작하고 끝난다고 생각하기 때문일까? 분명, 더 단순한 유기체들도 살아있다. 그런데 왜 우리는 가족이나 사회, 또는 기업 같은 더 복잡한 유기체들을 살아있는 존재로 간주할 수 없는 것인가? 바글거리는 삶의 공동체인 조수 웅덩이가 거기에 사는 아네모네나 홍합, 또는 소라게들보다도 덜 살아있는 존재인가? "기업"에 대한 우리의 사고 모형이 우리의 의식 속에 너무나 견고하게 고정되어 있어서 전혀 바꿀 수가 없는 것인가? 아니면 우리가 단지 바꾸려는 의지가 없는 것인가?

만약 실제로 우리가 속해 있는 기업을 기계로 생각해왔다면, 이는 우리가 그 기계의 부품에 지나지 않는다는 것을 의미한다. 기계는 살아있는 부분을 갖고 있지 않다. 이는 우리 대부분에게 의심할 바 없이 조직에 대한 깊은 반감을 갖게 만들었다. 또한 우리는 기계에 맞춰지기 위해 기계처럼 다루어지는 것에 분개하기도 했다. 만약 이 중 어느 한 부분이라도 진실이라면, 그것은 아리의 단순한 질문이 정말로 얼마나 중요한지에 관해 많은 것을 말해준다.

아리가 지적했듯이, 기계라는 비유는 너무나 강력해서 그것은 대부분 조직들의 특징을 구체적으로 설명한다. 구성원들이 조직에 대해 그런 식으로 생각하기 때문에, 조직은 살아있는 존재라기보다는 점점 더 기계와 같은 것으로 전락해버렸다.

따라서 우리의 첫 번째 과제는 사고를 전환하는 것이다. 아인슈타인이 말한 대로, "문제는 그것을 만들어냈던 똑같은 인식 수준에서는 해결될 수가 없다." 우리가 사고를 바꿀 때, 살아있는 존재로서 기업이 어떻게 계획하고, 학습하고, 관리하고, 스스로를 통치할 수 있는지에 대한 아리의 수많은 통찰력들이 우리들 대부분에게 매우 새롭게 다가올 세계로 나아가는 귀중한 디딤돌이 될 수 있을 것이다.

아리의 견해는 처음에는 우리들 일부에게는 이상하게 보였을 수 있지만, 그것은 실제로는 아주 오래된 것이다. 지구상의 많은 문화들이 이와 유사한 생각을 아주 오래 전부터 하고 있었다. 스웨덴어에서는 "기업business"에 해당하는 가장 오래된 말이 "nårings liv"

인데, 문자 그대로 "삶의 양식nourishment for life"을 의미한다. 3000년 전 고대 중국어는 "기업"을 이렇게 표기했다.

生 意

첫 글자는 "삶" 또는 "살아간다"라는 뜻이다. 이는 "생존"과 "탄생"을 뜻하기도 있다. 두 번째 글자는 "의미"라는 뜻이다.

우리가 21세기에 들어선 이 시점에서 인류가 오랫동안 이해해왔던 것을 되새겨 보는 것은 시의적절하고 매우 중요하기까지 하다. 즉, 함께 일한다는 것은 실제로 삶의 의미의 심오한 원천이 될 수 있다. 그것은 일job 그 이상의 것이다.

피터 M. 센게

저자는 기업을 살아있는 실체로 정의한다. 살아있는 실체로서 기업은 자신의 장기간 생존과 번영을 위해 노력한다는 것이다. 그러나 현실에서는 장수하지 못하는 기업들이 대부분이다. 저자는 그 이유가 기업 조직의 본질이 인간 공동체라는 사실을 간과하고 있기 때문이라고 진단한다. 저자는 기업이 생명력을 유지하고 성공하기 위해서는 환경 변화에 적응하기 위한 노력을 해야 한다고 말한다. 이는 지속적 학습 노력을 뜻하는 것이며, 학습을 위한 적극적 참여가 전제되어야 함을 강조하는 것이다.

저자는 38년간 쉘 그룹에 근무했으며, 그룹 기획 실장으로 있으면서 기업 장수에 관한 쉘 그룹 연구를 주도했다. 전세계 장수 기업들을 분석한 쉘의 프로젝트는 조직 생명력의 원천과 장수 비결을 밝히고자 했다.

그는 기업을 지속적 공동체로서의 살아있는 기업과 경제적 기업 economic company으로 구분하고, 경제적 기업을 웅덩이 기업에, 살아있는 기업을 강물 기업에 비유했다. 저자는 경제적 기업이 장수하지 못하는 이유를 한 곳에 머물러서 흐르지 않는 물웅덩이와 같기 때문이라고 했다. 반면 물방울이 모여 강을 이루어 끊임없이 흘러가는 강물 기업은 강한 생명력을 갖는다. 강물 기업에서는 구성원 모두가 가치와 정보를 공유하며 개방적 조직 문화를 통해 끊임없는 개선을 추구하기 때문이다.

경제적 관점에서 볼 때 기업은 인간의 삶을 더욱 편안하고 유익하게 만드는 일에 존재 이유를 둔다. 구체적으로 고객에게 봉사하거나, 사회의 모든 이해 관계자들에게 안정적인 경제적 기반으로서 공공재를 제공하는 것을 존재 이유로 삼는다. 그러나 이러한 존재 이유는 기업이 조직 그 자체로서 생존하고 번영하고자 하는 근본 이유가 될 수 없다. 저자는 시대의 변화가 기업의 장수와 그 필요 요소에 어떻게 관련되는지를 간파함으로써 살아있는 기업을 설명하고 있다.

기업 경영의 목적을 투자 자본의 보호와 수익의 극대화에 두고 있는 기업의 세계는 토지와 자본, 노동을 3대 원천으로 하여 부를 창출했으며, 그 핵심 요소는 토지에서 자본으로 점차 이동해왔다. 그러나 창의성을 중시하는 지식의 시대가 도래하면서 자본의 희소성은 감소되고 사람의 두뇌가 더 중요하게 되었다. 두뇌 지향적 기업이 출현하고 득세하는 지식의 시대는 기업 경영의 우선순위를 자본 최적화에서 인재 최적화로 바꾸게 했다.

기업은 생명체로서의 일정한 특성을 가지고 있다. 즉, 모든 기업들은 학습을 하고, 명시적이든 묵시적이든 그들의 일관성을 결정하는 정체성을 지니고 있으며, 다른 실체들과 관계를 맺고 죽을 때까지 성장하고 발전한다. 저자는 살아있는 기업을 경영한다는 것은 기업의 삶과 관련된 이러한 특성들을 일관되고 분명하게 인식하여 운영하는 것이라고 주장한다.

따라서 기업의 기대 수명을 늘리기 위해서는 기업을 살아있는 생명체로 간주하는 것이 첫걸음이며 조직 구성원들의 지속적 참여를 위한 관심과 신뢰, 적극성이 필수적이다.

또한 저자는 기업의 특성과 수명에 대한 면밀한 조사 분석을 통해 장수 기업들의 공통적 핵심 요인 4가지를 밝혀냈다.

1. 장수 기업들은 환경에 민감했다.
2. 장수 기업들은 강한 정체성과 결속력을 가졌다.
3. 장수 기업들은 관대했다.
4. 장수 기업들은 자금조달에 있어 보수적이었다.

이에 더하여 조직의 리더는 청지기이거나 관리인으로서의 겸손한 자세를 견지해야 한다고 강조한다. 그래야만 다음 세대로의 승계를 인식하면서 구성원 모두에게 관대한 리더십을 발휘할 수 있고, 그럼으로써 기업의 기대 수명을 높일 수 있다고 한다.

기업의 장수 비결을 연구한 이 책의 요체는 적응과 진화와 상호작용과 공생을 반복하는 생태계의 순환적 특징과 꼭 닮아 있다. 기업이 생명력을 유지하고 장수하는 조직이 되기 위해서는 환경 적응력을 높여서 진화를 거듭하고 그 진화를 통하여 생존경쟁의 우위를 확보해야 한다. 그렇게 생존능력을 확보한 뒤에는 조직 내부 및 외부와의 끊임없는 소통으로 상호작용의 틀을 마련하고 공생의 방법을 모색해야 한다. 저자는 기업을 살아있는 생명체로 정의하며 생태계의 순환과정을 연구에 원용했다. 저자의 이러한 식견은 지식

사회 시대에서 인간 공동체로 장수하기를 바라는 많은 기업들에게 스스로를 바라보는 관점을 새롭게 제공하고 있으며, 연구 대상이 된 사례들 또한 타산지석으로 삼을 만한 가치가 충분하다고 본다.

정우석

이 책의 내용은 오랜 기간에 걸쳐서 많은 사람들과의 끊임없는 대화를 통해 얻어졌다. 그러한 대화는 내가 쉘에서 동료들과 함께 한 가장 중요한 부분이다. 그들은 여러 나라에서 왔고, 다양한 배경을 가지고 있었으며, 다국적 기업의 까다로운 환경에서 함께 일했다. 그러한 대화는 또한 국제적 비즈니스의 세계에서 내가 만났던 수많은 사람들과 행해졌다. 그리고 그것은 내가 그룹 기획실 동료들과 수행한 작업의 필수불가결한 요소였다. 이 중 많은 사람들이 이 책에서 언급되고 있는데, 그들은 학습하는 그리고 살아있는 기업에 대한 사고 형성에 특정한 기여를 했다. 쉘 그룹 기획실은 많은 영감을 제공해온 음악가에서부터 영화감독, 학자, 컨설턴트에 이르기까지 비범한 사람들과 관계를 맺어왔다.

이 모든 사람들은 자신이 경험을 통해 얻은 것을 내게 제공했다. 우리는 기업의 목적과 본질, 그리고 그것이 경영자에게 의미하는 바에 대해 고민하게 만든 사건들을 함께 겪었다. 그 질문들은 해답의 탐구로 이어졌고, 그 탐구는 이 책의 뼈대를 이루고 있다.

내가 대학생이 된 해의 첫달에 철학 교수가 우리 새내기들을 근엄하게 바라보며 한 말이 있었다. "여러분은 인생에서 자신만의 독창적인 생각을 결코 갖지 못할 것입니다. 모든 생각과 아이디어는 이미 오래 전에 다른 누군가가 생각했던 것들입니다." 그 철학 교수의 말이 옳았다. 나 역시 나의 모든 대화 상대자들에게 큰 빚을 지고 있다.

이 책은 해리엇 루빈Harriet Rubin이 없었으면 세상에 나오지 못했을 것이다. 그는 시문학을 전공했는데 날카로운 직관력을 가진 출판인이었다. 그는 다른 누구보다도 훨씬 오래 전에 이 책이 만들어질 수 있었음을 알았다. 물론 나피에르 콜린스Napier Collyns도 마찬가지였다. 여러 해에 걸쳐 이 두 사람은 내게 책을 쓸 것을 권유했다.

이 책이 나오게 만든 또 한 사람으로 낸 스톤Nan Stone이 있다. 그녀는 당시에 〈하버드 비즈니스 리뷰〉 지의 편집인이었으며, 안식 기간 중 시간을 내서 자료 지도를 해주었고, 결국 내가 책을 쓰는 것이 가치 있는 시도라는 결론에 이르도록 도움을 주었다. 그녀의 격려와 수많은 나라에서 폭넓은 청중들에게 행한 많은 강의 경험 덕분에 나는 쉘의 기획 업무를 수행하면서 싹텄던 생각들을 최종적으로 가다듬을 수 있었다.

이 책의 아이디어들은 하버드 비즈니스 스쿨 출판부의 마조리 윌리엄스Marjorie Williams로부터도 도움을 받았다. 편집에 관련된 그의 제안들이 이 책을 더욱 발전시켜주었다. 나피에르 콜린스와 낸 스톤은 사학자이자 작가인 아트 클라이너Art Kleiner를 설득하여 원고 전체를 "살아있는 기업"이라는 주제를 중심으로 재구성하게 했다. 나와의 대화에 참여해준 모든 분들께 감사를 드린다.

| 프롤로그 |
기업의 수명

    상업 기업은 인류가 만들어온 제도들 중에서 가장 최근에 등장했다. 서구 세계에서 상업 기업의 역사는 단지 500년에 지나지 않으며, 인류 문명사에서 매우 짧은 기간이다. 그 짧은 기간 동안 물질적 부의 생산자로서 상업 기업은 엄청난 성공을 거두었다. 상업 기업은 문명화된 삶을 가능하게 하는 재화와 용역을 제공함으로써 폭발적으로 늘어나는 세계 인구를 지탱하는 중요한 수단이 되고 있다. 앞으로도 개발도상국가들이 그들의 삶의 수준을 높여감에 따라, 그 어느 때보다 기업의 필요성은 더욱 커질 것이다.

    그러나 상업 기업들이 지닌 잠재력의 측면에서 보면, 그들 대부분이 상당한 실패작이거나 자신의 역량을 다 발휘하지 못하고 있다. 기업들은 아직 진화의 초기 단계에 있으며 잠재력의 일부만을 활용하고 있을 뿐이다. 기업들의 높은 사망률만 봐도 그 사실을 알 수 있다. 〈포천〉지 선정 500대 기업들이나 이 수준에 속하는 다국적 기업들의 평균 기대 수명은 40~50년 정도에 지나지 않는다. 이 수치는 기업의 출생과 사망에 대한 대부분의 조사에 근거한 것이다. 예컨대, 1970년에 〈포천〉 500대 기업에 들어 있던 기업들 중 3분의 1이 1983년까지 인수 합병이 되거나 분할되어 사라져버렸다.[1] 인간은 평균 75세 이상 생존하는 법을 배워왔지만 그렇게 오랫동안 존속하고 번성하는 기업은 거의 없다.

물론 아주 극소수가 있기는 하다. 제지와 펄프, 화학제품 생산업체인 스토라Stora가 그 예이다. 700여 년 전 스웨덴 중부의 구리 광산 업체였던 스토라는 설립 초기부터 공기업이라는 특징을 지녔다. 일본의 스미토모 그룹은 1590년에 리에몽 소가가 설립한 구리 제련 공장에서 출발했다. 이러한 예들은 기업의 자연 수명이 최소한 2~3백 년은 되어야 한다는 점을 제시하기에 충분하다.

나는 전문 경영자로 20년 이상을 지내고서야 이와 같은 놀라운 통계치를 접했으며, 그 함의를 완전히 인식하는 데 또다시 10년이 걸렸다. 나는 영국과 네덜란드의 다국적 기업인 로열 더치 쉘 그룹에서 평생을 일했다. 네덜란드에서 태어나고 교육을 받았으며, 대학을 졸업한 뒤 바로 쉘 그룹에 입사했다. 나는 경리에서 시작해서 그룹 기획 실장(수석 부사장급에 해당된다.)에까지 올랐고, 3개 대륙에서 근무했으며, 탐사에서 정제, 마케팅에 이르는, 그리고 석유에서 화학, 금속에 이르는 사업 영역의 쉘 계열사들에서 일했다.

나의 부친께서도 쉘에 근무한 바 있어서 나는 2세대 쉘맨인 셈이다. 부친과 내가 쉘에 근무한 총 근무 연수는 64년이었다. 그것은 오랫동안 크게 놀랄 만한 일이 아니었기에 나는 (쉘을 포함해서) 대부분의 기업들이 쉽사리 망하지 않을 거라고 당연시해왔다. 기업들은 당연히 영원히 존속할 거라고 생각했다.

그런데 현실은 그렇지 않다. 우리가 살아가는 사회의 기둥들인 크고 견실한 기업들조차도 평균 40년 이상을 존속하기가 어려워 보인다. 이 40년이 아주 짧은 것 같아 보이지만 규모가 상당한 기업들의 기대 수명을 나타낸다. 이 기업들은 이미 높은 치사율을 보이는 초기 10년을 살아남았다. 몇몇 나라에서는 창업 기업들의 10년 내 사망률이 40%에 달하고 있다. 암스테르담에 있는 스트라틱스 그룹 Stratix Group의 엘렌 드 로이지의 연구 결과에 의하면, 규모에 상관없이 일본과 유럽에서 조사된 모든 기업들의 평균 기대 수명이 단지 12.5년에 지나지 않는다고 한다.[2] 나는 미국 기업들의 상황도 이보다 더 나을 것이 없다고 생각한다.

이 통계 숫자들이 시사하는 바는 매우 우울하다. 스토라나 스미토모의 수백 년 수명과 12.5년 또는 40년의 평균 수명 사이에는 기업이 지닌 잠재력의 낭비라는 격차가 존재한다. 만약 잠재력을 낭비하지 않았더라면 성공적인 기업이 되었을 것이다. 손실은 단순히 〈포천〉 500대 기업 명단에서 빠지는 문제가 아니다. 기업의 조기 사망으로 근로자의 삶, 공동체, 경제가 모두 영향을 받고 심지어 황폐화된다. 더욱이 기업의 높은 조기 사망률에는 무엇인가 자연스럽지 못한 면이 있다. 최장 기대 수명과 실제 평균 수명 사이에 이와 같이 커다란 격차를 보여주는 생명체는 존재하지 않는다. 교회나 군대 또는 대학들과 같이 다른 몇몇 유형의 제도들 중 기업의 수명 형태와 같은 처참한 인구 통계적 특성을 띠는 조직들은 거의 없다.

그렇다면 왜 이렇게 많은 기업들이 조기에 죽는가? 그 이유에 대해서는 많은 추론들이 있고, 분명 더 많은 연구가 필요하다. 그러나 경영 사고와 언어들이 경제학의 지배적인 사고와 언어들에 너무 편협하게 근거하고 있기 때문에 기업들이 실패하고 있다는 누적된 증거들이 있다. 다시 말해, 기업들이 죽는 것은 경영자들이 재화와 용역을 생산하는 경제 활동에만 초점을 맞추고 조직의 진정한 본질이 인간 공동체라는 점을 간과하기 때문이다. 경영자들만이 아니고 법체계, 경영학자들, 금융계 모두가 이러한 실수를 범하고 있다.

일부 기업들은 수백 년을 존속한다

이러한 인식은 우리가 1983년에 수행한 놀랄 만한 연구에 근거하고 있다. 당시 나는 로열 더치 쉘 그룹의 기획 실장이었다. 로열 더치 쉘 그룹은 영국과 네덜란드에 각각 본부를 두고 있으며 300여 개 이상의 계열 기업들이 100여 개 국가들에 산재해 있다. 규모면에서 세계 3대 기업 중 하나이며, 모든 계열 기업들은 영국과 네덜란드에 있는 지주회사들이 공동으로 소유하고 있다.

쉘 그룹의 역사는 1890년대부터 시작된다. 쉘 그룹의 영국계 창업자들은 극동아시아에서 등유를 판매했고(쉘이라는 이름도 극동에서 조개 껍데기가 화폐로 사용되었다는 사실에서 따온 것이다.) 네덜란드계 창업자들은 수마트라에서 등유를 수입했다. 두 회사가 1906년에 합병한 이래로 쉘의 주력 사업은 전세계적으로 석유를 생산하고 판매하는 일이었다.

그 사업은 1970년대까지 지속되었다. 그런데 쉘의 경영자들은 다른 석유회사들과 다른 산업의 경영자들과 마찬가지로 에너지 위기의 압박을 느끼면서 사업다각화의 물결에 휩쓸리게 되었다. 우리는 금속과 원자력, 그리고 다른 생소한 분야들에 진출하여 성공을 거두었다. 1980년대 초에 이와 같은 사업다각화에 대해 그룹 내에서 심각한 문제 제기가 있었다. 하지만 우리가 석유와 원유 사업만 가지고 생존할 수 있을 것인지에 대해서도 확신이 없었다. 채굴 가능한 원유 매장량도 30~40년 정도면 고갈될 것으로 추정되었다. 쉘의 경영진은 이런 문제들에 대한 논의를 피할 수 없게 되었다. 쉘이 진입할 수 있는 다른 사업 영역들은 무엇인가? 이 사업들을 주력 사업으로 전환시키기 위해 어떤 준비를 해야 하는가? 그러한 전환이 회사 전체에 어떤 영향을 미칠 것인가?

1980년대 초, 우리 부서의 기획자들은 다른 기업들이 사업 포트폴리오를 어떻게 관리하고 있는지 알아보기 위해 조사를 수행했다. 그러나 당시 쉘 그룹 경영이사 위원회Committee of Managing Directors 의장이었던 로 반 워쳄Lo van Wachem은 연구에 포함된 기업들의 규모가 쉘에 비교될 만한 수준이 못 된다는 점을 지적했다. 연간 매출이 1000억 달러에 이르면 그 규모와 관련된 특정한 문제들이 있기 마련이다. 또한 비교 대상 기업들의 연륜이 너무 짧았다. 일부 기업들의 다각화는 아직 실험 단계를 벗어나지 못하고 있었다. 화학 사업 진출과 같은 몇몇 다각화 조치들은 이미 쉘에서 30년 전에 시도했는데, 아직도 회사 내에서 그 가치에 대해서는 의견 일치를 보지 못하고 있다.

반 워쳄은 연구원들이 쉘보다 더 오래된 기업들이면서도 해당 업계에서 중심적 위치에 있는 규모가 큰 기업들의 예를 보여줄 수 있다면 흥미로울 것이라고 덧붙였다. 무엇보다도 그는 외부 세계의 근본적인 변화들을 성공적으로 이겨낸 기업들, 즉 자신들의 기업 정체성corporate identity을 유지한 채 오늘날 여전히 존속하고 있는 기업들에 대해 알고 싶어했다.

그것은 매우 흥미진진한 질문이었다. 쉘보다도 더 오래된 기업들을 찾아내려면 1870년대까지나, 그보다 훨씬 더 이전인 산업혁명 초기까지 거슬러 올라가야 할 것이다. 그 당시 이미 세계 곳곳에 수만 개의 기업들이 존재했었다. 그러나 과연 어떤 기업들이 자신의 정체성을 그대로 유지한 채 오늘날까지 살아남아 있을까?

몇몇 기업들은 이름, 브랜드, 건물 또는 기억으로만 존재하고 과거의 영광만 남아 있다. 그러나 몇몇 조사와 검토를 거친 후에 우리는 반 워쳄이 제시한 기준에 맞는 기업들의 리스트를 만들어내기 시작했다. 북미 대륙의 경우 듀퐁Dupont, 허드슨 베이Hudson Bay Conpany, W.R. 그레이스W. R. Grace, 코닥Kodak 등이 쉘보다 오래된 기업들이었다.

일본의 경우 17~18세기에 창업해서 지금까지 번영하는 기업들이 몇몇 있었다. 미쓰이Mitsui, 스미토모Sumitomo, 다이마루Daimaru 백화점이 그 예들이다. 미쓰비시Mitsubishi와 스즈키Suzuki는 연륜이 다소 짧았다. 그들의 기원은 19세기로 거슬러 올라가는데, 1868년의 메이지 유신을 전후해서 열려진 사업 기회를 통해 등장했다. 1853년 페리 제독에 의해 촉발된 이 일본의 대변혁기 동안 일부 오래된 일본 기업들이 심각한 어려움을 겪기도 했지만 미쓰이, 스미토모, 다이마루는 기업 정체성을 유지한 채로 살아남았다.

현재 유럽에도 200여 년이 넘는 기업들이 상당수 있다. 실제로 영국에는 그런 기업들이 너무 많아서 300년이 넘은 기업들만 회원 자격이 주어지는 '300년 클럽Tercentenarians Club'이라는 협회가 있다. 그러나 그 중 대부분이 우리의 규모 요건을 충족시키지 못하는 가족 회사들이었고, 여전히 창업 가문이 소유하고 있었다.

우리는 두 명의 쉘 연구원과 두 명의 경영학 교수에게 기업 장수의 문제를 조사하는 연구를 위촉했다. 이 연구를 시작하자마자 우리가 놀란 것은 쉘보다 규모가 크고 더 오랜 역사라는 반 워쳄이 제시한 기준에 맞는 기업들의 수가 의외로 적었다는 점이었다. 결국 40개의 기업들을 찾아낼 수 있었고, 사례사case history들과 학술 자료 등을 기초로 이 중 27개 기업들에 대해 연구를 수행했다. 우리는 이 기업들이 성공적으로 살아남을 수 있었던 어떤 공통 요인들을 가졌는지 알고 싶었다.

면밀한 조사 작업을 통해 우리는 다음과 같은 4가지 공통적인 핵심 요인들을 찾아냈다.

1. 장수 기업들은 환경에 민감했다. 장수 기업들은 번영의 기반을 지식에 두었든(예컨대, 듀퐁의 기술 혁신) 또는 천연자원에 두었든(예컨대, 허드슨 베이의 캐나다 숲 모피 취득) 간에 자신들이 처한 세상과 조화를 이루며 지냈다. 전쟁, 공황, 기술 변화, 정치 변혁 등이 몰려오더라도 그들은 항상 촉각을 곤두세우고 주변에서 일어나는 모든 것들에 스스로를 맞추었다. 과거에는 비즈니스 환경에 대한 글로벌 관점을 제공해줄 커뮤니케이션 수단은 물론이고 활용할 수 있는 자료가 거의 없었음에도 불구하고 장수 기업들은 그것을 해냈다. 때로는 육상과 해상으로 아주 먼 지역에서 온 물품들로부터 정보를 얻기도 했다. 더욱이 당시로서

는 기업 운영에서 사회적 고려는 그다지 중요성을 갖지 않았다. 그런데도 이 장수 기업들은 자신이 처한 사회적 여건들에 아주 시의적절하게 대응해왔다.

2. 장수 기업들은 강한 정체성과 결속력을 가졌다. 기업이 아무리 폭넓게 다각화되어 있더라도 직원들은 (때로는 공급자들까지 포함해서) 스스로를 전체의 한 부분이라고 느끼고 있었다. 유니레버와 같은 회사는 그 자신을 하나의 선단이라고 생각했으며, 각각의 배들은 독립적이지만 전체 선단은 부분들의 합보다도 더 강력한 것이었다. 조직에 대한 귀속감과 조직의 성취를 자신과 동일시하는 이러한 능력은 변화의 '연성적' 또는 추상적 특성으로 쉽게 치부될 수 있다. 그러나 역사적인 사례들에서 보듯이 구성원들의 강한 연대감은 변화의 물결 속에서 살아남는 핵심 요소였다. '공동체'라는 생각을 중심으로 한 이러한 결속은 경영자가 내부에서 발탁된다는 것을 의미했다. 즉, 경영자들은 세대 교체를 통해 이어졌으며, 스스로 기업의 봉사자에 지나지 않는다고 생각했다. 각각의 경영자 세대는 단지 긴 고리의 연결 부위에 지나지 않았다. 위기 상황을 제외하고는 경영자들의 최우선 과제와 관심사는 전체로서 기업의 건강이었다.

3. 장수 기업들은 관대했다. 처음 우리가 쉘 보고서를 작성할 때에는 관대함tolerance 대신 '분권화decentralization'라고 표현했었다. 이미 지적한 바와 같이 일반적으로 장수 기업들은 기업을 다각화하려는 시도들에 대해 중앙집권적인 통제를 가하는 것을 삼

갔다. 나중에 우리의 연구를 다시 살펴보면서 나는 17~19세기의 경영자들은 '분권화'라는 말을 사용한 적이 없었음을 알게 되었다. 분권화는 20세기에 만들어진 말이었다. 그렇다면 장수 기업들은 자신의 정책에 대해 어떤 용어들을 생각했었을까? 그 역사들을 연구하면서 나는 관대함이라는 개념에 주목하게 되었다. 이 기업들은 특히 한계 영역에서의 활동들, 즉 기업의 경계 내에 있는 국외자들outliers이나 실험적 행동 또는 기이한 행동들에 관대했다. 이런 행동들은 새로운 가능성의 지평을 계속해서 확장해 나가는 것들이었다.

4. 장수 기업들은 자금조달에 있어 보수적이었다. 장수 기업들은 매우 근검 절약했고 쓸데없이 그들의 자본에 모험을 걸지 않았다. 그들은 돈의 의미를 아주 고전적인 방식으로 이해했다. 즉, 그들은 여분의 현금spare cash을 비축해두는 것의 유용성을 알고 있었다. 현찰을 손에 쥐고 있음으로써 행동의 유연성과 독자성을 확보할 수 있었고 경쟁자들이 갖지 못한 옵션을 추구할 수 있었다. 장수 기업들은 자신의 매력에 대해 먼저 외부의 자금 제공자들을 확신시킬 필요 없이 기회를 움켜잡을 수 있었다.

이상의 4가지 외의 장수 요인들에 대해 생각을 안 해본 것은 아니다. 그러나 주주에게 투자 수익을 돌려줄 수 있는 능력은 기업의 장수와 관계가 없어 보였다. 수익성은 기업 건강의 한 징후일 뿐 그 자체가 기업 건강의 예측치나 결정 요소는 아니었다. 물론 장수 기업의 경영자도 모든 회계 수치들을 필요로 했다. 그러나 장수 기업들은 회계 수치가 비록 정확했더라도 그것은 단지 과거를 기술하는 것임을 알고 있었다. 회계 수치들은 미래에 기업의 건강을 악화시킬지도 모르는 잠재 조건들을 알려주지는 못한다. 1970년대 중반의 GM이나 필립스, IBM 등의 재무보고서는 이 기업들이 십 년 안에 겪게 될 문제들에 대한 어떤 단서도 제공하지 않았다. 일단 문제들이 대차대조표상에 나타나면 그것들을 예방하기에는 너무 늦다.

기업의 물적 자산, 산업 분야나 제품 라인, 또는 출신 국가도 기업의 장수와는 관계가 없어 보였다. 실제로 40~50년의 기업 기대 수명은 미국, 유럽, 일본과 같이 멀리 떨어진 나라들에서, 그리고 제조업과 소매업, 금융업과 농업, 에너지 등 모든 산업 분야에서 똑같이 타당한 것으로 보인다.

당시 우리는 쉘 연구의 결과를 공개하지 않기로 했었으며, 지금까지도 출간하지 않고 있다. 그 이유는 우리의 결론에 대한 과학적 신뢰도가 부족했기 때문이었다. 연구 대상인 30여 개 회사의 표본이 너무 적었으며, 문서 자료도 완벽하지 못했다. 러셀 애코프 교수가 지적한 바와 같이, 4가지 핵심 요인들은 통계적 상관성을 보여주고 있으며, 따라서 우리의 연구 결과는 주의해서 다루어져야 했다.

마지막으로 쉘의 연구자들이 보고서의 서론에서 언급한 바대로, "분석은 끝났지만, 여전히 많은 의문점이 남아 있다. 금세기 동안 일어난 기업환경 변화의 폭을 생각할 때, 기업 역사의 연구를 통해 기업의 미래에 많은 지침을 줄 수 있기를 기대한다는 것이 과연 얼마나 현실적인가?"[3]

그럼에도 불구하고 우리의 결론은 높은 학문적 명성을 얻은 연구물로부터 확증을 얻게 되었다. 1988년과 1994년 사이에 스탠퍼드

대학 교수인 제임스 콜린스James Collins와 제리 포라스Jerry Porras
는 미국 기업들의 최고경영자 700명에게 가장 존경받는 기업들을
선정해 달라고 요청했다. 응답 결과를 가지고 그들은 18개의 비전
기업visionary company 명단을 추려냈다. 그들의 의도가 장수 기업
들을 찾아내려고 했던 것은 아니었지만, 우연하게도 선정된 회사들
의 대부분이 60년 이상 된 기업들이었다(소니와 월마트만 예외였음).

콜린스와 포라스는 이 18개 기업들을 핵심 경쟁사들과 짝을 짓고
나서(예컨대, 포드와 GM, P&G와 콜게이트, 모토롤라와 제니스) 그 차이
점들을 찾아보았다. 비전 기업들은 주주 이익의 극대화에 대한 우
선순위가 훨씬 낮았다. 우리가 발견했던 것처럼 그들도 가장 존경
받는 기업들은 환경에 대한 민감성과 강한 정체성을 갖고 있음을
밝혀냈다. 즉 "비전 기업들은 자신들의 소중한 핵심 이상을 훼손하
지 않고도 변화하고 적응할 수 있게 하는 진보progress에 대한 강력
한 추진력을 보여준다."[4]

쉘에서 우리는 두 교수만큼의 근면함을 갖고 연구하지는 못했다.
그럼에도 불구하고 쉘 연구는 수 년간 내 마음속에서 가장 중요한
부분을 차지하고 있었다. 비과학적인 방법이기는 하지만 우리는 함
께 어우러졌을 때, 매우 성공적인 기업의 유형을 잘 묘사하고 있다
고 생각되는 4가지 특성을 찾아냈다. 그러한 기업들은 끊임없이 변
화하는 세상에서 아주 오랫동안 생존할 수 있었는데, 그 이유는 경
영자들이 변화를 관리하는 데 능숙했기 때문이었다.

살아있는 기업 정의하기

　장수 기업 연구에서 찾아낸 4가지 요인들이 한동안 내 마음속에서 떠나질 않았다. 이 4가지 요인들은 점차 기업의 진정한 본질과 경영자들이 기업을 운영하는 방식에 있어 그것이 의미하는 바에 대한 나의 생각을 바꾸어놓기 시작했다. 나는 이제 이러한 4가지 요인들을 다음과 같이 본다.

1. 환경에 대한 민감성은 기업의 학습 및 적응 능력을 나타낸다.
2. 결속력과 정체성은 기업이 스스로 공동체와 인격체persona를 형성할 수 있는 내재적 능력의 측면들이다.
3. 관대함과 그 당연한 귀결로서 분권화는 생태학에 대한 기업 인식의 표시이자 조직의 안과 밖에서 다른 실체들과 건설적인 관계를 형성할 수 있는 기업의 능력이다.
4. 보수적인 자금조달은 아주 핵심적인 기업의 속성 중 하나이며, 기업의 성장과 발전을 효과적으로 통제할 수 있는 능력이다.

　한 걸음 나아가서, 이런 의문이 남는다. 왜 이와 같은 4가지 특성들은 다른 기업들보다도 더 오래 살아남은 기업들에서 반복적으로 나타나고 있는가?

　어떤 면에서 나는 대학 시절부터 지금까지 내 모든 생애에서 이 문제에 관심을 가져왔다. 나는 장수 기업의 4가지 특성들이 답이 아니라고 확신한다. 그것들은 상업 조직의 본질과 성공 그리고 인간 공동체 내에서의 역할에 대한 근본적인 탐색의 출발점일 뿐이다.

이 4가지 기본 요소들은 또한 이 책을 위한 기본적인 틀을 제공해 왔다. 그것들은 기업의 진정한 본질이 무엇인지에 대한 단서들을 제공하고 경영 행동의 주요 원칙들을 구성한다. 이는 자신의 기업이 장기적으로 생존하고 번영하기를 원하는 모든 경영자가 수행하는 임무의 핵심적 측면이다.

쉘의 연구는 내가 학창 시절부터 생각해온 한 개념을 더욱 강화시켜주었다. 그것은 살아있는 실체로서 기업에 관해 생각하고 이야기하는 것이다. 이는 나 혼자만의 주장이 아니다. 많은 사람들이 기업을 이야기할 때 그것이 마치 스스로의 생각과 개성을 지닌 생명체인 양 이야기한다. 이 같은 언어 사용은 결코 놀랄 일이 아니다.

모든 기업들은 생명체로서의 행동과 일정한 특성을 보여주고 있다. 모든 기업들은 학습을 한다. 모든 기업들은 명시적으로든 묵시적으로든 그들의 일관성을 결정하는 정체성을 지니고 있다. 모든 기업들은 다른 실체들과 관계를 맺고 있으며, 죽을 때까지 성장하고 발전한다. '살아있는 기업'을 경영한다는 것은 바로 기업의 삶과 관련된 이러한 사실들을 무시하는 것이 아니라 일관되고 분명하게 인식하면서 경영하는 것이다.

기업이 엄밀한 생물학적인 의미에서 살아있는 것인지, 혹은 '살아있는 기업'이 단순히 은유적 표현인지는 그다지 중요하지 않다. 그러나 이 책 전체를 통해 알 수 있듯이, 기업을 살아있는 실체로 간주하는 것이 바로 기업의 기대 수명을 늘리는 첫걸음이다. 이 책은 살아있는 기업이라는 아이디어와 그 철학적 배경, 실제 응용 그리고 그 개념을 채택함으로써 얻게 될 힘과 능력에 관해 쓰고 있다.

살아있는 기업이라는 아이디어가 단지 어의상의 문제이거나 학술적인 주제만은 아니다. 이 아이디어는 경영자들에게 실제적이고 현실적인 시사점들을 가지고 있다. 이는 급변하는 세계에서, 경영자로서 기업을 지속적으로 발전시키기 위해서는 직원들의 참여와 헌신이 필수적임을 의미한다. 직원들이 관심을 갖고 신뢰하고 업무에 열중하는 정도야말로 수익에 직접적인 영향을 미칠 뿐만 아니라 어느 요인보다도 기업의 기대 수명에 가장 직접적인 영향을 미친다. 많은 경영자들이 이처럼 중요한 명제를 무시하고 있다는 사실이 바로 우리 시대의 최대 비극 중 하나이다.

그렇다면 일상에서 살아있는 기업을 경영한다는 것은 어떤 의미가 있는가? 이 질문에 대한 대답은 또 다른 질문, 즉 기업의 목적에 관한 질문에서 시작된다. "과연 기업은 무엇을 위해 존재하는가?"

재무분석가들, 주주들 그리고 많은 경영자들은 기업이 투자 수익을 제공하기 위해 존재한다고 말한다. 일부 경제학자들은 보다 넓은 의미의 목적을 제시하기도 한다. 즉, 기업은 재화와 용역을 제공하기 위해, 따라서 인간의 삶을 더욱 편안하고 유익하게 만들기 위해 존재한다는 것이다. 고객 지향과 같은 경영의 유행어들은 기업이 고객에게 봉사하기 위해 존재하는 것으로 보고 있다. 한편 정치가들은 기업이 공공재를 제공하기 위해, 즉 일자리를 만들어내고 사회의 모든 이해 당사자들에게 안정적인 경제적 기반을 제공하기 위해 존재한다고 믿는 것처럼 보인다.

그러나 조직 그 자체의 관점, 즉 조직이 생존하고 번영하게 하는 관점에서 본다면, 이 모든 목적들은 부차적인 것이다.

모든 유기체들과 마찬가지로 살아있는 기업은 오직 자신의 생존과 발전을 위해 존재한다. 즉, 자신의 잠재력을 실현시키고 가능한 한 크게 성공하려고 한다. 마치 독자들이 자신의 일자리나 경력을 위해서만 존재하는 것이 아닌 것처럼 기업도 고객들에게 재화를 공급하거나 주주들에게 투자 수익을 돌려주기 위해서만 존재하는 것은 아니다. 결국 당신 역시 살아있는 실체이다. 당신은 살아남고 번영하기 위해 존재한다. 직장에서 일하는 것은 그러한 목적을 위한 수단에 지나지 않는다. 이와 마찬가지로 주주에게 투자 수익을 돌려주고 고객에게 봉사하는 것은 바로 IBM, 쉘, Exxon, P&G, GM 같은 모든 기업들의 유사한 목적을 위한 수단들인 것이다.

살아있는 기업의 진정한 목적이 장기간 생존하고 번영하는 것이라면, 그러한 기업을 경영하는 데 있어 우선사항은 대부분의 경영학 문헌들에서 정해놓은 가치들과 매우 다를 것이다. 그와 같은 목적은 많은 경영자들과 주주들이 가지고 있는 관점과 상충된다. 분명, 최근 유행하는 경영방식들은 학습 조직의 아이디어를 받아들이고 있다. 예컨대 '학습 조직'과 '전략적 자산으로서의 지식' 등과 같은 개념들이 그러하다. 그러나 대부분의 경영자들과 주주들조차 이러한 개념들이 가져올 영향을 충분히 이해하고 있지는 못하다.

당연한 귀결로서, 급변하는 오늘날의 기업 환경에서 살아있는 기업의 우선사항들을 무시한다면 대부분의 경영자들은 자신의 기업이 성취하고자 하는 것을 이뤄낼 습관을 갖고 있지 않다는 사실을 발견하게 될 것이다. 반면에 기업을 물려받았을 때보다도 더 건강하게 만들어 후계자들에게 넘겨주려는 의도를 갖고 살아있는 실체를 경영하는 것의 영향을 탐구하는 것은 매우 흐뭇한 일이다. '런던 300년 클럽'에 속한 기업들의 소유주들과 쉘이 연구한 장수 기업들의 경영자들은 대개 기업에 대한 깊은 자부심의 대변자들이다.

Learning

제1부

학습

01
자본주의에서 지식 사회로의 전환

만약 경영자로서 당신이 로열 더치 쉘 그룹이나 콜린스와 포라스 두 교수가 수행한 연구 결과들을 진지하게 받아들인다면 풀기 어려운 딜레마에 직면하게 된다. 경제학의 관점에서 기업은 이윤을 가장 주된 목적으로 한다. 반면 우리의 연구 결과들이 제시하는 것처럼 이윤을 기업의 목적으로 삼는 것은 기업의 장수나 기대 수명과는 상충될 수 있다.

이러한 딜레마에 처하게 되면 경영자들은 종종 두 손을 들어버리고 당장 가장 높은 투자 수익을 얻을 수 있는 길을 선택한다. 그들은 기업의 생존과 자신의 일자리가 그 길을 따르는 데 달려 있다고 느낀다. 실제로 쉘이나 다른 기업의 많은 경영자들은 내게 왜 단기적인 파산의 위험을 무릅쓰고 장기적으로 경영해야 한다고 주장하는지 묻곤 했다.

내 대답은 이러했다. 이윤과 장수의 이분법은 잘못된 것이다. 양자택일은 더 이상 불필요한 일이다. 기업의 성공과 장수는 근본적으로 맞물려 있으며, 50년 전 경제 환경에서의 양자 관계와는 질적으로 전혀 다르다. 다른 모든 목표들을 희생시키면서 이윤을 위해 경영하고 주주 가치를 극대화하는 정책은 이제는 흔적만 남아 있는 경영의 구습이 되었다. 이 정책들은 더 이상 우리가 살고 있는 이 시대의 절대적인 명제가 아니다. 그것들은 사회의 나머지 부분뿐만 아니라 기업들에게도 최적의 대안이 아니고 심지어 파괴적이다.

전통적인 경영은 자본을 보호하고 극대화하는 데 초점이 맞춰져 있다. 하지만 지난 50년 동안 기업 세계는 자본이 지배하는 세계에서 지식이 지배하는 세계로 바뀌었다. 이러한 전환은 몇 년 전부터 일고 있는 조직 학습에 대한 관심을 설명한다. 경영자들은 자신의 기업이 학습 속도를 가속화하지 못할 경우 핵심 자산은 정체되고 경쟁자들이 자신을 앞지를 것이라는 점을 인식하고 있다.

경제학 원론에서는 부의 3대 원천으로 토지와 천연자원, 자본(자산의 축적과 재투자), 그리고 노동을 꼽는다. 세 요소의 결합을 통해 사회가 필요로 하는 재화와 용역이 창출된다. 인류 역사의 대부분의 시기 동안 경제적 성공의 핵심 요소는 토지였다. 토지를 지배하고 소유하는 이들이 부의 창출을 통제하는 역할을 보장 받았다. 따라서 적어도 서구 사회에서는 토지 소유자들은 부자였고, 소유하지 못한 자들은 가난했다.

그 후 브라우델Fernand Braudel과 피레네Henri Pirenne와 같은 역사학자들이 상세히 묘사했던 바와 같이 중세 말과 20세기 초 사이에 극적인 변화가 일어났다. 부를 창출하는 핵심 요소가 토지에서 자본으로 이동한 것이다.[1] 물질적 부를 창출하는 과정에 더 많은 자본을 투여하는 것은 기술적, 상업적 활동의 효과성과 효율성의 현저한 제고로 이어졌다. 배는 더 커지고 더 멀리 항해할 수 있게 되었으며, 기계들은 더 높은 성능을 발휘했다. 중세기 말엽 서구 유럽에서는 이러한 목적을 위해 더 많은 돈이 축적되었다. 이러한 자본의 축적은 성장하는 상업적 벤처들의 자본으로 전환되었고, 그들은 광산, 해운 및 무역, 방직업자 그리고 궁극적으로는 근대적 기업으로 발전해갔다. 근대적 기업은 중세 상인들이 부를 창출하는 과정에서 자본을 이용하면서부터 시작된 것이다.

자본의 시대에 들어서면서, 부는 토지를 통제하는 이들로부터 자본에 대한 접근을 통제하는 이들로 옮겨갔다. 부자들은 더 이상 토지의 소유자들이 아니라 자본의 소유자들이었다. 재원 조달 능력은 생산의 가장 희소한 요소가 되었다.

오래된 수공업 길드들이 해체되고 기업으로 변모함에 따라 자본의 소유주들은 인적 생산 요소들을 통제할 수 있게 되었다. 경제학적 측면에서 자본은 노동보다 훨씬 더 희소했고 훨씬 더 값어치가 높았다. 노동은 인간의 일상 생활의 일부, 즉 인간 공동체의 필수적 측면에서 상품의 신세로 전락했고 시장에서 판매되는 형국이 되었다. 브라우델은 자신의 저서 『상업의 바퀴The Wheels of Commerce』에서 다음과 같이 서술하고 있다.

모든 노동자들은 자신의 팔과 손, 즉 노동을 제공해야 했다. 물론 자신의 지능이나 기술도 제공해야 했다. 이러한 현상은 중부 유럽의 광부들에게서 분명하게 나타났다. 오랜 기간 동안 소규모 그룹을 지어 독립적인 장인으로 일해왔던 그들은 15~16세기에 들어와서는 깊은 곳의 광물들을 캐낼 장비에 요구되는 상당한 투자를 제공할 수 있는 상인들의 통제하에 들어갈 수밖에 없었다. 그들은 임금 노동자가 되었다.[2]

그 이후 수 세기 동안 경영 사고에는 새로운 요소가 등장했다. 기업이 어려움에 처하면 일자리가 먼저 잘려나갔다. 그 이유는 자본재가 훨씬 희소하고 값지기 때문이며, 경영자들은 자본의 최적화가 자신들의 최우선 과제라고 간주하게 되었다. 예컨대 1930년대 대공황기에, 만약 투자된 자본의 일부라도 회수하는 데 도움이 된다면 거래 기업과 모든 관련된 일자리들을 청산하고 없애버리는 것이 훌륭한 금융 관행으로 생각되었다(이는 매우 모진 듯 보이지만 어쩔 수 없는 일이었다. 자본을 공급하는 기관들은 오늘날처럼 견실하지 못했고, 스스로 생존을 위해 싸워야만 했다).[3]

자본에 대한 기업들의 태도는 그들의 오랜 사촌 격인 교회와 군대의 태도와는 전혀 달랐다. 제2차 세계대전 중 던커크 전선에서의 모진 퇴각시에 영국의 원정대는 군인들을 구하기 위해 병기들을 포기했다. 자본재가 사람만큼 중요한 것은 아니었다.

그러나 20세기가 진행되는 동안 서구의 국가들은 자본의 시대를 벗어나 지식의 시대로 넘어가게 되었다. 당시 경영자들이 분명하게 인식하기는 어려웠지만 자본의 희소성은 점차 소멸되고 있었다. 제2차 세계대전 이후 엄청난 자본이 축적되기 시작했다. 개인과 은행 그리고 기업들은 더욱 활력이 넘쳤다. 기술 또한 변하기 시작했는데, 전기통신, TV, 컴퓨터, 항공 여행 덕분에 자본은 더욱 대체 가능해지고 더 쉽게 이동할 수 있게 되었다. 이는 결국 자본의 희소성을 반감시켰다.

자본이 쉽게 이용 가능해지면서 생산의 핵심 요소도 자본에서 사람으로 바뀌었다. 그러나 단순한 노동으로의 이동은 아니었다. 지식이 희소한 생산 요소로서 자본의 자리를 대신했고 기업의 성공에 있어 핵심 요소가 되었다. 지식을 보유하고 활용할 줄 아는 사람들이 사회의 가장 부유한 구성원들로 등장했다. 전문 기술자, 투자은행가, 창의적 예술가, 새로운 발상가가 그러한 사람들이다. 그들은 단순히 상사의 명령에 따라 단순 기능을 수행하는 사람들이 아니다. 업무가 더욱더 복잡해짐에 따라 창의성의 원천이 되고 발명과 지식을 평가하고 전파시킬 사람들이 필요하게 되었다. 전체로서 회사를 대신하는 판단은 더 이상 최상층에 있는 소수의 전유물일 수 없었다.[4]

심지어 1950년대로 돌아가보더라도, 우리는 자본으로부터 지식으로의 가치 이동을 볼 수 있다. 당시 자본 규모는 빈약해도 명석한 인재들을 보유한 기업들이 출현하기 시작했다. 국제적인 회계 법인, 경영 자문사, 광고와 미디어 기업이 그 예이다. 그 뒤 10년 또는 20년도 못 가서 이 기업들마저 폭발적으로 성장하고 있는 소프트웨어와 정보기술 기업들에 의해 그 존재가 가려지고 있다. 이들 두뇌 지향적 기업들은 낡은 자본 지향적 방식으로는 관리될 수 없다. 그 기업의 경영자들은 자본을 최적화하는 기업 운영에서 인재를 최적화하는 기업 운영으로 우선순위를 전환해야 했다. 이러한 기업들에서 사람은 지식의 담지자이고, 따라서 경쟁 우위의 원천이다.

경제적 성공 VS 학습

1950년대 초, 자본으로부터 지식으로의 가치 이동이 이루어지기 시작하던 당시 나는 로테르담에 있는 에라스무스 대학교 경영학과 학생이었다. 나는 지금도 분명하게 당시 학교에서 가르쳤던 기업의 정의를 기억하고 있다. 내가 지금 '경제적 기업economic company' 이라 부르는 이러한 기업들은 아주 단순한 존재였다. 그것은 합리적이고, 계산할 수 있고, 통제 가능했다.

> 기업은 사람들이 가격을 지불할 준비가 되어 있는 재화와 용역을 생산하는데, 이는 생산의 3대 요소인 토지, 노동, 자본의 최적 조합을 통해 이루어진다. 이 3대 요소는 서로 대체가 가능하다. 예컨대, 노동은 자본으로 대체될 수 있다. 생산 요소의 최적 조합은 기업이 이윤의 극대화를 위해 최대 가격으로 팔리도록 재화와 용역을 최소 비용으로 생산하는 조합이다.[5]

이러한 정의는 아주 명쾌하다. 많은 사람들이 기업에 관해 들어왔던 그대로라고 인정할 것이다. 또한 성공적인 기업과 성공적이지 못한 기업을 구분하는 데 있어서 분명하다. 성공은 생산 요소의 최적 조합을 통해 최대 수익을 내는 것을 의미한다. 이 정의는 성공 여부를 측정하는 데 용이할 뿐 아니라 신속하게 판단을 내릴 수 있다. 성공 여부를 확인하는 데 50년 이상을 기다릴 필요가 없다. 매 분기마다 기업의 성공을 측정할 수 있다. 〈포천〉 지나 〈파이낸셜 타임스〉 지가 100대 또는 500대 기업을 발표할 때, 당신의 기업은 비즈니스계의 오스카 상을 탈 수도 있다. 최고의 자본 수익률, 최고의 매출, 최고의 시장 점유율이 기업의 경제적 정의에 입각한 성공 기준들이다.

호모이코노미쿠스(경제인) 새내기들이었던 1950년대의 우리 대학생들은 이러한 기업의 정의를 매우 열정적으로 배웠다. 우리는 이러한 정의가 기업의 진정한 성공에 대한 부정확한 묘사라는 사실을 깨닫지 못했다. 그 정의가 부정확하다는 것을 처음으로 알게 된 때는 에라스무스 대학을 졸업하고 첫 직장인 로테르담 근교의 쉘 정유공장에 입사할 때였다. 나는 문을 열고 들어서자마자 약간의 불편함을 느꼈다. 학창 시절의 이론에서는 노동labor을 거론했지 사람people에 대한 언급은 없었다. 그러나 실제 세상인 정유공장은 사람들로 가득 차 있는 것처럼 보였다. 일터가 사람들로 가득 차 있었기 때문에, 나는 기업들이 언제나 합리적이고 계산할 수 있고 통제할 수 있지는 않을 것이라는 의심이 들었다.

오늘날 나는 경제적 기업이 기업의 실제 모습과는 거의 관계가 없는 하나의 추상적 개념임을 알고 있다. 노동은 사람과 동일한 것이 아닐 뿐만 아니라 이윤과 주주 가치 극대화에 대한 강조도 오늘날 기업들에게 영향을 미치는 가장 중요한 두 가지 힘을 간과하는 것이다. 즉, 핵심적 생산 요소로서 지식으로의 가치 이동과 기업을 둘러싼 세상의 변화가 그것이다.

경영자들이 그들의 세상을 통제하고 있다고 느꼈을 때, 기업들은 성공에 대한 경제적 정의에 따라 움직일 수 있었다. 그러나 오늘날의 격변하는 기업 환경을 통제할 수 있다고 느끼는 경영자들은 거의 없다. 따라서 변화하는 세상에 대응하기 위해서는 모든 조직은 이동하고 변화하는 능력, 새로운 스킬과 태도를 개발하는 능력, 즉 학습 능력을 발전시켜야 한다. 이 책 전체를 통해 알게 되겠지만, 학습의 요체는 스스로를 변화시킴으로써 변화를 관리하는 능력이다. 사람들이 혼란을 이겨내며 성장하듯 기업들도 그렇게 성장하는 것이다. 학습 이론의 대가인 장 피아제Jean Piaget는 이러한 변화 형태를 "적응을 통한 학습learning through accommodation"이라고 부른다.6 그 핵심은 바로 변화된 환경과 조화를 이룰 수 있도록 자신의 내적인 구조를 변화시키는 것이다.

이러한 주장은 기업의 성공에 대해 전혀 다른 명제를 부여한다. 즉, 성공적인 기업은 효과적으로 학습할 수 있는 기업이다.

언제 성공은 학습에 기반하는가?

이러한 정의 하에서는 사람이 기업에 핵심적인 요소가 된다. 지식이란 결국 사람의 머리를 통해 전달된다. 그렇다고 자본이 결코 중요하지 않다는 주장은 아니다. 그것들 모두가 다 중요하다. 자본이 없었다면 인류는 현재 누리고 있는 경제적 성과물들을 만들어낼수 없었을 것이다. 그러나 현재의 기업에 대한 사고방식은 이 문제를 이것인가 저것인가의 선택적 문제로 여긴다. 즉, 사람에 대한 관심을 제고시키면 이는 곧 자본에 대한 관심을 줄이는 것을 의미한다. 학습 조직의 관점에서는 사람의 양성과 자본의 양성이 상호 보완적이다.

1980년대 내내 나는 쉘 그룹 내에서 거의 주기적으로 발생하는 한 논쟁을 지켜봤다. 투자 수익률을 어떻게 최상으로 향상시킬 수 있는가에 관한 것이었다. 최고경영진들의 일상적인 대답은 "경상비를 줄여야 한다"였다. 다른 모든 대기업들에서와 마찬가지로 쉘에서도 경상비의 80%가 사람에 관련된 비용이다. 결국 이러한 논의 결과는 필연적으로 사람들을 감원하는 길뿐이었다. 그러면 하위 경영자들의 관심은 정해진 감원을 어떻게 실행할 것인가에 모아졌다. 어느 부문 또는 어떤 지역에서 감원을 할 것인가? 자발적 퇴직을 유도할 것인가, 아니면 강제로 해고시킬 것인가?

이러한 논의가 진행되는 동안 나는 쉘 그룹의 감사인 이안 맥커천의 외로운 목소리를 아직도 기억하고 있다. "감원할 경우 그들의 잠재력과 경험, 그리고 충성심의 손실을 어떻게 할 것인가?" 나는 또 이러한 주장이 얼마나 빠르게 묻혀버렸는지도 잘 기억하고 있다. 미래를 위해 활용할 수 있는 사람들의 잠재력은 전혀 고려되지 않았고 모두가 원가 절감에 의해 얻어질 즉각적인 결과에만 관심의 초점을 맞추었다.

이와 똑같은 논의들이 오늘날 많은 기업들에서 일어나고 있으며, 대부분의 기업들에서도 인간 자본에 대한 관심은 여전히 실종되어 있다. 이러한 이유 때문에 바로 기업의 성공을 측정하는 방식에 대한 새로운 사고가 필요하다. 외부인들은 우리를 투자 수익률과 자본 자산과 같은 경제적 측면에서 측정하고 판단한다. 그러나 기업 내부적으로, 우리의 성공은 사람에 대한 스킬skill, 즉 기업의 일관된 지식 기반을 구축하고 발전시키는 것에 달려 있다.

개인적으로 나는 경제적 기업의 정의definition와 학습 기업의 정의 간의 극명한 차이가 오늘날 경영자들이 직면하고 있는 위기의 핵심에 자리하고 있다고 생각한다. 이 두 정의 간의 긴장은 분명 오늘날 기업들의 평균 기대 수명을 놀랄 만큼 단축시키는 핵심적인 이유들 중 하나이다.

한편으로 모든 전문가들과 학계, 그리고 경영의 성공 잣대들은 경제적 정의의 편에 서 있다. 그들은 기업의 핵심 본질이 살아남기 위해 추구하는 경제적 활동이라고 주장한다. 이와는 달리 경영자 자신의 눈과 귀와 느낌은 기업의 핵심 본질이 지속적인 일 공동체로서 존재하는 것, 다시 말해 살아있고 학습하는 기업으로서 존재하는 것이라고 말하고 있다.

비경제적 기업에 대한 옹호론을 신뢰할 수 있는 것으로 만들기 위해 우리는 조직의 학습에 대해 좀더 면밀히 살펴볼 필요가 있다. 우리는 하나의 실체로서 자신의 이익에 따라 활동하는 살아있는 기업의 개념과 환경에 대한 민감성을 가진 학습 기업의 개념 간에 어떤 연관성을 이끌어낼 수 있을까?

02
미래에 대한 기억

　학습은 인식perception과 함께 시작된다. 개인이든 기업이든 환경에서 무엇인가 관심 있는 것을 보지 않고는 학습이 시작될 수 없다. 이는 급변하는 세상에서 살아남고 번영하기 위해서는 환경 변화에 민감한 경영이 최우선적으로 요구되는 이유이다. 기업의 소수 리더들만이라도 자신이 살고 있는 세상에 대해 관심을 기울이고 대응해야 한다. 더 나아가 기업의 바깥 세계에서 적극적인 역할을 수행할 수 있어야 한다. 모든 기업들에는 기업 내부를 응시하는 사람들도 필요하다. 그러나 그들은 기업의 미래에 영향을 미치게 될 요인들을 거의 보지 못한다.

　반면에 개방적이고 외향적인 경영진은 외부 세계에서 일어나는 일들을 훨씬 빨리 감지할 수 있다. 경영진은 오직 기업 외부에서 무엇인가 변화하려고 하거나 또는 이미 변화가 시작된 것을 인식한 후에라야 비로소 그 변화의 영향에 대처할 준비를 하게 된다. 이러한 변화의 영향들은 미래에 나타나고 매우 불확실하다. 대부분의 경영자들은 그러한 불확실성에 대해 알거나 줄이고 싶은 희망에서 "우리에게 무슨 일이 일어날 것인가?"와 같은 쓸모없는 질문에 많은 시간을 허비하고 있다. 그러나 변화를 일찍 인식하는 경영자들은 훨씬 더 유용한 질문에 더 많은 시간을 써야 한다. "이러이러한 일들이 일어나면, 무엇을 할 것인가?"

이와 같은 질문만이 경영자들로 하여금 새로운 세상에서 살아남고 번성하게 하는 변화를 기업 내부에 가져올 수 있다. 실제로 경험이 말해주는 것처럼, 보다 근본적이고 고통스러운 변화가 요구되며, 심지어 기업의 핵심 사업까지도 폐기할 수 있어야 한다.

사실상, 1983년 쉘 그룹에서 수행한 장수하는 대기업들에 대한 연구는 격변하는 환경에서 살아남기 위해 기업에 요구되었던 근본적인 내부 변화의 많은 예들을 제공했다. 이 연구는 천연자원에 바탕을 둔 회사들의 상존하는 불안에서 시작되었다. 원유가 고갈되면 어떻게 될 것인가? 다행스럽게도 우리가 연구한 기업들 중에서 핵심 천연자원이 고갈되어 망해버린 기업은 하나도 없었다. 그러나 많은 기업들이 자신이 처음에 의존했던 지하자원 기반이나 사업 자체를 바꾸었다. 듀퐁이 그 전형적인 예다. 듀퐁의 사업 포트폴리오는 오랜 기간에 걸쳐 화약 사업에서 제네럴 모터스의 대주주를 거쳐 화학 사업으로 옮겨갔다.

쉘 연구팀이 제출한 이러한 연구 결과를 보고 난 뒤에 나는 또 다른 질문을 떠올렸다. 근본적인 변화를 이루어낸 장수 기업들은 강요에 의해서가 아니라 변화의 필요성을 미리 예상하고 한 것인가?

실제로 그들은 그랬다. 연구팀에 의하면, 대부분의 장수 기업들은 그들의 생애에 최소한 한 번은 변화의 필요성을 예견했다. 대개 이러한 기회는 새로운 경쟁자의 출현, 무역 제재, 시장의 변화, 경쟁 기술의 태동 등과 같은 새로운 위협들에 둘러싸이는 위기로부터 태어났다. 장수 기업들은 이러한 위기들을 새로운 사업의 기회로 활용할 수 있는 천부적인 능력을 지닌 것처럼 보였다. 종종 기업의 누군가가 미리 위기를 간파해냈는데, 그것은 위기로서가 아닌 기회, 즉 기업 성장과 수익성을 위한 대안적 길이었다.

다시 듀퐁의 예를 들어보자. 대부분 가족이었던 듀퐁의 리더들은 19세기와 20세기 미국의 복잡한 기술적, 정치적, 사회적 흐름들을 영리하게 헤쳐나갔다. 듀퐁은 미국 내에서 다이너마이트 생산의 선도기업이었으며, 훗날 셀로판 포장지와 플라스틱 연구를 주도했다. 듀퐁가의 몇몇 구성원들은 정계에도 뛰어들었는데, 피에르 듀퐁 4세는 하원의원과 주지사를 지냈다. 또한 에델 듀퐁은 시어도어 루스벨트 대통령의 아들과 결혼했다. 이러한 민감성이 듀퐁가의 의사 결정자들로 하여금 한 사업영역에서 또 다른 사업영역으로 재빠르게 이동하게 하는 원동력이 되었다고 볼 수 있다. 듀퐁은 제2차 세계대전 당시의 산업적 팽창의 흐름을 타고 제네럴 모터스와 화학 사업에서 자신의 포지션을 굳건히 했다.

쉘 그룹의 연구 보고서는 다음과 같이 쓰고 있다.

> 기회나 위협을 확인하는 것과 기회의 활용을 위해 필요한 변화를 유발시키는 것은 별개의 문제이다. 위협과 기회를 멍하니 바라만 보고 있는 기업들과 대응하고 변화하는 기업들 사이에는 현저한 차이가 있다.[2]

무엇이 기업들에게 이를 성취할 수 있는 능력을 주었는가? 우리는 이 책 내내 이 질문으로 돌아간다. 왜냐하면 그것이 살아있는 기업과 그렇지 않은 기업을 구분짓는 4가지 요소에 달려 있기 때문이다. 즉, 외부 세계에 대한 적응력(학습), 기업의 특성과 정체성(인격체), 기업 내외부의 사람들 및 조직들과의 관계(생태학), 시간을 두고 발전해가는 방식(진화)이 바로 그것이다. 이 중 가장 쉽게 그리고 가장 먼저 생각할 수 있는 요인이 바로 학습이었다. 장수 기업들은 자신의 공동체와 환경에 민감했다. 이러한 민감성은 느슨하지도 않았고 기업의 사회적 책임에서 기인한 것도 아니었다. 살아있는 기업 그 자신의 이익을 위해 발휘되었다.

> (우리가 쉘 보고서에서 썼던) 공동체에 대한 민감성을 보여주는
> 모든 사례의 이면에는 일반적으로 경각심alertness과 반응성
> responsiveness이 기업의 성장이 이루어질 수 있는 여건을 조성
> 한다는 단호한 접근과 인식이 깔려 있다.[3]

스웨덴 기업인 스토라Stora의 예를 들어보자. 만약 당신이 오늘날 기업 환경의 소용돌이에 휩싸여 있다고 느낀다면 스토라가 대처해야 했던 외부 환경의 변화들에 대해 생각해보라. 이 회사에 대한 최초의 기록은 1288년에서 시작된다. 당시 스토라는 스웨덴 중부 지역인 달레카르리아에 근거를 둔 구리광산 업체였다.

회사가 설립되고 270여 년이 지난 15세기 무렵, 스토라는 자신의 독립과 정체성을 유지하기 위해 스웨덴 국왕과 싸워야만 했다. 당시 중앙집권적 국가를 형성하려는 싸움에 휘말려 있던 유럽 각국의

왕들은 가능한 한 한 푼이라도 더 거머쥐려고 했으며, 그들의 이러한 요구는 스토라와 같은 기업들의 생존을 위협했다. 결국 스토라는 스웨덴 내에서 정치적 역할을 떠맡았다. 그들은 자신의 본거지인 달레카르리아 유력 인사들의 재정적 지원을 확보했을 뿐만 아니라 농부들로부터도 적극적인 지지를 이끌어냈다. 스토라의 마스터 광부들은 외부의 소요에 대해 스스로를 조직화함으로써 적절한 해결책을 찾아냈다. 한 역사가가 기술한 바와 같이, "길드 조직은 산에서 처음 만들어졌고, 독립적이고 군대식의 면모를 보였다. 구성원들에게는 길드에 대한 충성이 법보다 우선했고, 길드 마스터의 말이 법관의 말보다 더 권위가 있었다."[4]

그와 같은 불안정한 시기에 만약 스토라가 정치적 요인들을 무시한 채 내부 지향적으로 사업에 집중했다면 분명 재앙에 직면했을 것이다. 그러나 반대로 스토라는 외부 세계의 요구에 대응하기 위해 자신의 목표와 방법들을 재설정했다. 스토라는 그 후에도 중세의 종교개혁, 1600년대의 전쟁들, 산업혁명, 그리고 20세기 두 번의 세계대전을 거치면서 수 세기 동안 똑같은 식으로 대응해왔다.

스토라가 환경 변화에 적응하는 데 얼마나 어려웠는가를 알려면 그들에게는 활용할 수 있는 정보와 자료가 거의 없었다는 사실을 생각해보면 된다. 스토라의 경영자들은 메시지를 주고받기 위해 전화나 항공기 또는 전자 네트워크 대신 전령이나 말, 배에 의존했다. 그들은 자신들의 사업 환경은 말할 것도 없고 자신들의 사업에 대한 세계화된 견해를 갖기가 쉽지 않았다. 또한 경영자들은 사회적 요구와 필요를 고려하는 데 할애할 시간이 없었다. 그럼에도 불구하고 사회적 상황에 대한 시의적절한 대응은 기업의 생존과 구성원들의 삶에 필수적인 것이었다.

수 세기 동안 변화하는 정치적, 사회적 요인들에 대응하면서 스토라는 구리채광에서 삼림개발로, 제련업으로, 수력발전소로, 종국에는 제지, 펄프, 화학 분야로 끊임없이 사업을 전환해왔다. 이 회사의 생산 기술도 증기터빈에서 내연기관, 그런 다음 전기로, 종국에는 마이크로칩으로 바뀌었다.

지나고 나서 보면, 이러한 각각의 변화는 어마어마하게 보인다. 그러나 당시 이 기업을 운영하던 사람들 입장에서는 그 변화들은 점진적이고 초기에는 거의 감지하기도 어려웠을 것이다. 물론 어떤 변화들은 회사의 존폐를 결정할 위기를 내포하기도 했을 것이다. 그러나 스토라를 비롯해 우리가 연구한 다른 모든 성공적인 기업들은 극적인 변화들을 이루어내는 데 성공했으며, 그 과정에서 기업의 정체성이나 생명을 희생시키지도 않았다. 이것이 의미하는 오직한 가지는, 이 기업들이 변화를 따라잡기보다는 선견지명으로 다른 기업들보다 먼저 그것에 대응했다는 것이다.

외부 세계와의 조화를 위한 변화

오늘날 기업들은 위험스럽게도 국가주권, 식민주의와 제국주의, 환경오염, 자원보존, 착취, "중산층의 몰락", 심지어는 자유무역 등과 같은 이슈들에 대한 대중들의 태도를 무시한다. 여성의 사회적 지위의 변화, 교통 수단의 변화, 여가 시간의 증가, 고객 취향의 변화 등과 같은 사회적 변화들이 계속해서 새로운 고용 기회와 시장을 만들어내는 반면에 오래된 시장의 침체를 가져오고 있다. 환율, 인플레이션, 이자율, 제품의 수명주기 등 경제 지표들은 심하게 오르내린다. 투자자들의 태도도 변덕이 심하다. 베를린 장벽의 붕괴로 우리는 몇몇 국가들에서 70여 년간의 공산주의 헤게모니가 해체되는 정치적 변화를 보아왔다. 이런 모든 태도들이 기업의 비즈니스 환경의 핵심 측면이다.

여기에서 '환경environment' 이란 자연 환경을 의미하는 생태학자들의 용어가 아니라, 기업의 활동에 영향을 미치는 모든 힘들을 의미하는 말이다. 지난 20년 동안 기업 환경은 점점 더 크게 자주 요동쳐왔다. 이는 기업 목적의식의 재설정을 가져온다. 리스트럭처링과 리엔지니어링의 열기 속에서 기업은 종종 변화의 목적을 잊어버리기 쉽다. 변화의 목적은 외부 세계로부터의 변화 압력에 대응하는 것이다.

기업의 기술과 제품 영역, 노사관계가 외부 세계와 조화를 이룰 때가 있다. 즉, 상황들이 익숙하다. 기업은 잘 조직되고 훈련되어 있다. 경영자들은 새로운 개념들을 발전시키거나 활용할 필요를 느끼지 않는다. 이러한 시기에 경영의 핵심은 기업의 성장과 발전을 촉진하도록 자원을 잘 배분하는 것이다. 이는 매우 즐거운 작업이다. 그것은 자본과 인적 자원을 환경과의 조화로부터 혜택을 얻을 수 있는 최상의 위치에 있는 조직 부문에 공급하는 것을 의미한다. 그리고 이러한 조직 부문은 더 커지고, 더 잘 정비되고, 더 강력해짐으로써 그에 부응한다.

그러나 기업이 이전의 상황에 대처할 수 있도록 조직화된 바로 그 순간에 필연적으로 현재 사업 환경의 변화가 시작된다. 따라서 기존에 구축된 경영방식은 새로운 환경과 조화를 이루지 못한다. 특히 이전의 구조에서 혜택을 받은 거대하고 강력한 기존 요소들이 새로운 환경에 더 이상 적합하지 않게 된다. 이러한 부조화가 본질적인 문제로 대두될 경우 근본적인 변화를 요구받게 된다.

외부 세계의 지속적이고 근본적인 변화, 즉 격변하는 기업 환경은 기업의 지속적인 변화 관리를 요구한다. 이는 기업 내부 구조의 지속적이고 근본적인 변화를 이루어내는 것을 의미한다. 많은 심리학자들은 이러한 원리를 학습의 중요한 측면으로 보고 있다.

이러한 원리는 또한 기업을 경영하는 방식에 있어 중요한 결과들을 가져온다. 기업은 필요하다면 주변 환경과 조화를 이루기 위해 자신의 마케팅, 제품 영역, 생산 방법과 장소, 그리고 조직 형태를 바꿀 수 있어야 한다. 금융규제의 근본적인 변화는 은행이 자신의 기존 역량을 확장하여 새로운 시장과 상품을 개발하도록 유도한다. 석유가격의 인상은 항공사들이 자신의 비용, 가격 구조, 운항 계획 또는 기종 구성에 근본적인 수정을 가하게 만든다. 일단 새로운 기술이나 마케팅 정책, 서비스 계획 등을 포함하는 새로운 해결책이 실행되면 그 기업은 더 이상 전과 동일한 기업이 아니다. 그 기업은 삶의 새로운 국면을 맞이하게 된다. 이것이 학습의 핵심이다.

기업이 이러한 유형의 학습을 해내기 위해서는 자신의 환경에서 무슨 일이 일어나고 있는가를 분명히 알아야 한다. 다시 한번, 학습은 인식에서 시작된다. 그렇지 않다면 어떻게 경영자들이 중대한 변화가 필요한 시점과 새로운 환경과 조화를 이루기 위해 효과적으로 행동하는 방법을 알 수 있을까? 하지만 기업의 경영자들은 자신들의 변화 노력의 세부적인 부분들에 얽매인 채 종종 외부의 압력들에 관해 아주 막연하게 생각한다. 그들은 보지 않는다. 즉, 그들은 기업 외부의 압력들에서 나오는 신호와 이러한 압력들이 어떻게 변화하는지에 대한 주의 깊은 민감성을 개발하지 않는다.

경영자들이 민감성을 유지하는 일이 왜 그렇게 어려운 것일까? 왜 기업들은 변화의 조짐을 미리 보지 못하는 것인가? 쉘 그룹 기획실장으로서 나의 마지막 과제는 바로 이러한 질문에 대한 답을 찾아내는 것이었다. 만약 기업들이 선견지명으로 미리 변화를 알 수 있고 내부의 변화를 관리할 수 있다면 엄청난 자본의 손실과 사회적 불행을 방지할 수 있을 것이다. 그것은 쉘에서만이 아니라 어떤 기업들에서도 마찬가지이다. 그런데 왜 수많은 기업들이 그들 주변에서 일어나고 있는 일들에 대해 눈을 가리고 귀를 막고 있는 것처럼 보이는가?

시간이 흐르면서, 그 질문에 대한 다섯 가지 대답을 들을 수 있었다. 이 중 처음 두세 개는 아마도 여러분의 머릿속에 떠올랐을 수도 있다. 그 대답들은 경영자들이 효과적으로 인식하지 못하는 이유에 대해 말은 안 해도 널리 퍼져 있는 믿음들이다.

이론 1:

경영자들은 어리석다

경영 평론가들과 학자들은 경영자들이 어리석다고 말한다. 귀가 멀었거나 눈이 멀었거나 또는 단순히 바보라는 것이다. 그렇지 않다면 20세기 초에 거대한 미국의 철도회사들이 철길을 따라 고속도로가 건설되는 것을 어떻게 보지 못했는가? 서구의 가전 메이커들은 일본과 한국의 경쟁자들이 자신들을 위협할 것이라는 점을 왜 내다보지 못했는가? 분명, 기업가들은 변화하는 환경의 본질에 대처할 지적 준비가 되어 있지 않다.

나는 이러한 설명을 결코 좋아한 적이 없다. 내가 만난 업계의 수많은 사람들은 결코 귀머거리도 장님도 아니며, 어리석지도 않다. 어떤 경우든, 경영자가 직면하는 문제는 경영자에게만 지적으로 영향을 미치는 것이 아니라 문제를 다 함께 예견하도록 기업의 모든 지적 능력을 자극한다.

이론 2:

위기가 우리의 눈을 뜨게 해줄 때만 볼 수 있다

나는 수많은 심리학자들에게 "왜 경영자들이 선견지명을 발휘하는 데 실패하는가?"라는 질문을 던져보았다. 그들의 설명은 변화에 대한 인간의 저항이 존재한다는 것이다. 그러한 저항은 기본적으로 개인과 사회 모두에게 좋은 것이다. 인간은 변화 자체를 위해 변화해서는 안 된다. 하지만 생존을 위해 변화가 요구될 때에는 이러한 저항을 극복해야 한다고 심리학자들은 말한다. 이는 오직 고통을 통해서만 극복할 수 있으며, 그 고통은 아주 깊고 오래간다.

기업에서의 고통은 바로 위기이다. 긴 위기의 한가운데서 조직의 구성원들은 고통을 느끼고, 무엇인가 이루어져야 한다는 확신을 갖게 된다. 실제로 경영자들에게서 이런 이야기를 가끔씩 들을 수 있

56 살아있는 기업 100년의 기업

을 것이다. "이 회사에는 작은 위기가 있어야 한다. 그래야만 변화를 가져올 수 있다."

많은 근본적인 변화들이 그 근저에 위기 상황이 있었다는 점을 부인하기 어렵다. 구조적 변화를 경험한 기업의 경영자들과 이야기를 할 때면, 그들은 언제나 그 변화 과정에서 겪었던 고통을 분명하게 기억하곤 했다. 이는 기업에게만 해당되는 것은 아니다. 1986년의 OPEC나 1990년대의 많은 노조들, 붕괴된 소련도 마찬가지일 것이다. 각각의 경우에서 그들을 둘러싸고 있는 세상이 변했다. 경고 신호는 무시되었고, 마침내 부조화가 (기업에서는) 분기별 결과로 나타나기 시작했다. 심지어 그런 뒤에도 과거의 목표들은 집요하게 추진되었고, 허리띠는 더욱 조여졌다. 일자리들이 없어졌고, 사람들은 스트레스에 시달렸다. 결국 조직의 생존이 위기에 처했고, 마침내 사람들은 마지못해 학습을 시작했다.

비록 스트레스가 있다고 하더라도 많은 경영자들은 위기를 즐긴다. 드디어 뭔가를 할 수 있기 때문이다. 시간이 핵심이기에 기업은 외부 자문이나 장기간의 심사숙고 없이 행동에 들어갈 수 있다. 독단적이며 영웅적인 경영이 득세한다. 결정은 재빠르게 이루어져야 한다. 권력은 소수의 핵심부에 집중되고, 기업은 전력투구를 한다.

그렇다면 위기만이 학습을 위한 유일한 길인가? 아니면 위기는 필연적으로 학습을 낳는가? 조직적 적응이 전혀 일어나지 않았던 많은 위기들을 생각해볼 수도 있을 것이다. 예컨대, 적대적 인수합병의 압력이나 치열한 경쟁, 또는 예기치 못했던 법적 소송 등으로 기업이 시들어버릴 수도 있다. 이러한 위기들은 다음과 같은 동일한 패턴을 따르는 경향이 있다.

- 어떤 시점에서 전망이 악화됨에 따라 손실이나 위험이 명백해지고, 자의든 타의든 변화의 불가피성에 대한 공감대가 형성된다.
- 그러한 상황이 되면, 이미 시간은 얼마 없게 된다.
- 시간 부족으로 선택할 수 있는 대안이 얼마 없다. 그나마도 최선의 대안이 아니다. 이행하는 데 적은 시간이 드는 대안만 선택 가능하다.
- 불가피하게 이러한 대안들은 사기를 저하시키는 냉혹한 것들일 수밖에 없고 기업의 정체성을 유지하면서 해내기도 어렵다. 즉, 그 대안들은 현금 흐름을 극적으로 개선하고, 비용을 삭감하고, 자본 지출을 줄이고, 직원들을 해고하는 것이다.
- 이러한 위기는 자기 강화적인 순환이다. 더욱 깊이 빠져들면 들수록 더 많은 대안들을 포기해야 하며, 더욱 시간에 쪼들리게 된다. 이는 가능성을 더욱 위축시키고 더욱 깊은 위기에 빠져들게 한다. 선견지명을 가지고 대응하는 것이 분명 더 우월한 방법일 것이다.

그러나 근본적인 변화가 선견지명에 의해서만 가능한 것인가? 실제로 이는 경영자가 변화의 신호를 적시에 볼 수 있을 때만 가능한 일이다. 여기에서 적시란 회사가 선택 대안을 잃어버리는 지점까지 상황이 악화되기 전을 의미한다. 결론적으로 기업이 선견지명을 가지고 행동하기 위해서는 고통보다는 신호에 따라 움직여야 한다.

결국 근본적인 변화를 위한 유일한 길이 위기를 통해서 얻어진다는 심리학자들의 견해는 받아들이기 어려운 비관적인 견해이다. 이는 조화되지 않는 환경에 직면하게 되면 경영자가 스스로 할 수 있는 일은 아무것도 없다는 것을 의미한다. 결국 재앙으로 이르는 피할 수 없는 길로 접어들게 된다. 기업의 생애는 도박이 되거나 그리스 비극처럼 끝나게 된다. 우리는 고통 받고 대응하지만, 개선될 여지는 전혀 없다.

우리는 오직 경험한 것만 볼 수 있다

인지심리학의 출현과 함께, 몇몇 심리학자들은 사람들이 오직 자신이 경험한 것만을 볼 수 있다고 주장하기 시작했다. 외부 세계로부터의 신호를 받아들이기 위해서는 그 전의 사건들에 의해 생각 속에 내면화된 어떤 원형matrix과 일치되어야 한다는 것이다.

예를 들어, 금세기 초 일단의 영국 탐험가들이 싱가포르에 데리고 온 한 부족 추장의 이야기를 생각해보자. 탐험가들은 그를 말레이시아 반도의 격리된 고산 계곡지대에서 발견했다. 그의 부족은 문자 그대로 원시시대의 생활을 하고 있었다. 그들은 아직 바퀴조차 고안해내지 못했었다. 그럼에도 불구하고 그 추장은 매우 지적이었으며 상대방과 이야기하는 것을 즐겼다. 그는 자신의 세상에 대해 아주 사려 깊은 인식을 하고 있는 듯이 보였다.

그래서 탐험가들은 실험을 위해 이 추장을 싱가포르로 데려오기로 했다. 당시에 이미 싱가포르는 발달된 항구도시로 높은 건물들과 큰 배들이 정박할 수 있는 항구가 있었다. 싱가포르는 경제적으로는 거래가 자유롭게 이루어지는 시장경제였고, 사회적으로는 추장의 사회보다 훨씬 다층화된 구조였다. 탐험가들은 이 추장을 24시간 내내 데리고 다니면서 그의 부족 사회를 위한 잠재적 변화의 신호들을 받아들이게 했다. 그런 뒤 탐험가들은 이 추장을 다시 고산 계곡에 데려다놓고 그가 보고 느꼈던 것들을 말해보게 했다.

추장이 보았던 수많은 놀라운 것들 중에서 그에게 중요하게 보인 것은 단 하나뿐이었다. 한 사람이 운반할 수 있다고 생각했던 것보다 더 많은 바나나를 운반하는 사람을 본 것이었다. 추장은 높은 건물이나 거대한 배에 대해서는 아무런 느낌을 가질 수 없었다. 그러나 그는 한 장사꾼이 바나나를 가득 실은 수레를 밀고 가는 것을 보았을 때 그 유용성을 감지할 수 있었다. 잠재적 변화의 모든 다른 신호들은 그의 삶의 경험 밖에 너무나 멀리 존재하고 있었기 때문에 그의 머리는 눈이 이야기하고 있는 것들을 감지해낼 수 없었다.

이러한 설명에는 일부 진실이 있다. 그러나 그것은 기업들이 그들의 환경에서 일어나는 변화의 신호를 보지 못하는 이유에 대한 유일한 설명일 수는 없다. 만약 이 설명을 그대로 받아들인다면 이는 긴 역사를 지닌 오래된 기업들이 언제나 젊은 기업들을 압도한다는 것을 의미한다. 왜냐하면 오래된 기업들은 새로운 인식과 의미 있는 연결고리를 끌어낼 수 있는 훨씬 더 큰 경험의 저장고를 구축해왔기 때문이다.

실제로 이러한 동학dynamics이 일어나고 있음을 부인하기 어렵다. 아마도 좋은 조직 기억을 지닌 오래된 기업이 새로운 기업보다는 더 많이 볼 수 있을 것이다. 그럼에도 불구하고 오래되고 경험이 풍부한 기업들이 변화의 조짐을 일관되게 놓치고 있다. 통계 자료들이 확연히 보여주고 있듯, 이 오래된 기업들도 신생 기업들 못지않게 쉽게 위기에 노출되어 있다.

뭔가 또 다른 요인에 의해 설명되어야 한다.

감정적으로 보기 어려운 것은 볼 수가 없다

석유산업에서, 우리는 1970년대와 1980년대 세 번의 위기를 통해 처음으로 민감성의 가치를 이해하게 되었다. 그 세 번의 위기란 1973년 석유공급 위기, 1979년 이란 왕정의 몰락, 그리고 1986년 석유가격의 붕괴이다. 모든 대기업들에서는 소수의 사람들이 이러한 위기를 예상했고 그에 대한 대비를 강조했다. 그럼에도 불구하고 대부분의 기업들은 적시에 필요한 내부 변화를 이행하는 데 실패했다. 1980년대 중반쯤 이러한 선견지명의 결여는 그 대가를 지불해야만 했고, 그 결과 석유산업의 "세븐 시스터즈seven sisters" 중 두 기업이 쇠약해졌거나 합병당했다. 1970년대 초만 해도 이 메이저 기업들은 난공불락의 존재처럼 보였었다. 수많은 작은 석유회사들 역시 망해 버렸다.

그들에게 무슨 일이 일어났던 것일까? 한 가지 핵심 요인은 탐사와 생산 부문(E&P)의 성쇠였다. 석유회사의 핵심 하이테크 구성 부문인 탐사와 생산은 시추하고 채유해서 원유 상태로 판매하는 핵심 공정이다. 1973년 공급 위기로(OPEC의 원유 엠바고 때문으로 알려짐) 원유가격은 천정부지로 뛰었다. 그 후 13년 이상 고가격이 유지되었다. 이는 석유업계에 종사하든 아니든 모든 사람들에게 위기였지만, E&P 부문에게는 전혀 위기가 아니었다. 그들의 제품은 배럴당 2달러에서 30달러로 갑자기 뛰어올랐다. 그들로서는 바깥 세상과 아주 잘 조화를 이루는 것이었다

이러한 조화로운 상황은 자원 배분에서 분명한 전환을 가져왔다.

과거에는 석유회사의 전체 예산 중 30~70% 정도가 E&P 부문에 배정되었다. 그런데 이제는 50% 정도의 예산이 E&P 부문에 배정되었다. 기존 E&P 부문에 근무하던 경영자들의 경력은 더욱 일취월장했고, 능력 있는 젊은이들은 성공의 문이 열려 있는 E&P 부문으로 몰려들었다. 그 결과 주요 석유기업들에서의 최고경영자들은 E&P 부문 출신들로 채워졌다.

그런 다음 1986년이 도래하자, 갑자기 석유가격이 1배럴당 10달러로 하락했다. 이 사건은 특히 E&P 부문에게는 매우 큰 충격이었다. 더욱 어려웠던 점은 석유회사들이 당시 E&P 부문 출신을 중심으로 리더십을 재조직했다는 사실이다. 그들은 조화에 대해서는 성공적으로 대응했으나, 부조화를 다룬다는 것이 더욱 어렵다는 것을 알게 되었다. 최고경영진의 사고는 E&P 출신이라는 점에 영향을 받았고 E&P 부문은 계속 자원 분배에서 "사자의 몫"을 차지하고 있었다. 그들은 자신들이 사용하고 있는 자원에 대해 동일한 수준의 수익을 되돌려줄 수도 없었고, 그들이 행해온 방식이나 접근 방법들을 변화시킬 줄도 몰랐다. 많은 회사들에서, 그들은 "곧 상황이 반전되어 석유가격이 '정상으로' 돌아갈 거야"라는 희망적인 생각으로 변화에 대한 저항을 강화했다.

근본적인 변화를 시도한다는 것은 감정적으로 매우 어려운 일이었다. 그 한 예로 많은 석유회사들에서 E&P 경영자들은 자신들의 우선순위와 지식이 더 이상 승리의 결정적 요소가 아니라는 사실을 인정해야 했다. 더욱이 이 기업들은 근본적인 내부 변화를 위한 경영이 본질적으로 성장 지향의 경영에 비해 훨씬 덜 만족스럽다는 사실을 알게 되었다. 성장이 없는 환경 하에서는 끊임없이 팽창하는 자원을 분배하는 식으로 더 이상 경영할 수 없게 된다. 이제는 원가를 절감해야 하고, 근검절약을 배워야 하며, 훨씬 위험성이 큰 다른 사업을 모색해야 한다. 더욱이 실수를 허용할 수 있는 여지도 줄어들고, 보상의 불확실성은 더 커지게 된다.

그러나 이전 상황에 감정적으로 익숙해져 있던 그들은 이러한 상황을 수정하는 데 저항할 것이다. 그 이전 상황에서 선두를 달리던 사람들에게 방향을 전환하는 일은 결코 즐거울 수 없다. 결과적으로 신문의 지면은 수많은 실패 기업들의 사례로 채워질 것이다. 환경이 변했음에도 과거에 성공했던 정책들을 변화시키기를 너무 오랫동안 주저하다 깊은 위기의 수렁으로 빠져버린 기업들 말이다.

당신이 이러한 감정적인 고통을 제거하기 위해 할 수 있는 일은 없다. 이것은 근본적인 변화를 위한 불가피한 요소이다. 이 고통은 매우 강력하다. 그렇다고 모든 것을 압도하는 것은 아니다. 그렇지 않다면 기업들은 결코 변할 수 없기 때문이다. 우리가 스토라의 예에서 본 바와 같이 일부 기업들은 변한다. 지금까지 언급한 4가지 비관적인 이론들과는 달리 개선을 위한 충분한 희망이 존재한다.

더욱이 인간은 기업들보다 선견지명을 위한 훨씬 더 나은 능력을 개발해왔다. 쉘에서 우리는 처음 4가지 이론들을 살펴보고 나서 인간의 적응력에 대한 인지적 본질들을 탐색하기 시작했다. 심리학 연구자들은 인간에게 미래를 예측할 수 있는 능력을 부여한 요소가 무엇이라고 믿었는가? 그리고 기업들도 이러한 인간의 행동 요소를 배울 수 있는 것인가?

우리는 자신의 미래상에 적합한 것만 볼 수 있다

쉘에서의 이러한 탐구는 결국 우리로 하여금 데이비드 잉그바르 David Ingvar라는 스웨덴 룬드 대학교 신경생물학 교수의 연구에 관심을 갖게 했다."[5] 1985년에 출판된 그의 연구 결과는 인간의 뇌가 미래를 이해하려고 끊임없이 시도하고 있음을 보여준다. 삶의 모든 순간에 우리는 마음속의 한 부분에서 미래를 위한 행동 계획과 프로그램들을 본능적으로 창조해낸다. 수 초 후, 수 분 후, 수 일 후, 수 주 후, 수 개월 후, 수 년 후를 예측하면서 말이다. 이러한 두뇌 활동은 우리가 무슨 일을 하고 있든 관계 없이 낮 시간 내내 이루어진다. 그리고 그것은 밤에 자고 있는 동안에도 더욱 집중된 형태로 일어난다.

여러분은 아마도 이 장을 읽고 있는 동안 12개 또는 그 이상의 시간 경로들time paths을 만들어냈을 것이다. "만약 내가 한 시간 더 책을 읽는다면 마가렛에게 전화하기에는 너무 늦을 거야. 그런 다음 저녁 식사 전에 앤드류를 만나러 가야 해. 만약 앤드류가 술을 마시자고 하면 마르시아가 극장에 가기 전에 방문하기엔 너무 늦을 거야. 어쨌든 그녀에게는 내일 아침에 전화하는 게 더 좋겠군. 반면에, 내가 지금 당장 독서를 중단한다면 기차를 타고 시내로 갈 수 있을 거야. 만약 기차가 연착을 한다면 역에서 전화를 한 다음 지하철 대신 택시를 탈 거야."

이와 같은 계획들은 "만약 이 일이 일어나면 나는 저 일을 할 것이다"와 같은 일련의 잠재적 행동들로 정연하게 조직화된다. 이러한 계획들은 예측이 아니다. 그것들은 무엇이 발생할 것인지를 말해주려고 하지 않는다. 그것들은 예상된 미래로의 시간 경로들이다. 그리고 각각의 계획은 미래 환경에 대한 가정적 조건("만약에 기차가 연착을 한다면")과 행동 대안("택시를 탈 것이다")의 조합이다.

두뇌는 이와 같은 시간 경로들을 전두엽에서 만들어낼 뿐만 아니라 저장해둔다. 우리는 이러한 미래들을 방문하고, 우리의 방문을 기억한다. 다른 말로, 우리는 "미래에 대한 기억"을 가지고 있다. 그것은 우리의 상상 속에서 지속적으로 형성되고 최적화된다. 그리고 우리는 그것을 수시로 재방문한다. 잉그바르 교수가 명명한 것처럼 "미래에 대한 기억"은 두뇌 내부의 과정이며, 인간의 언어 능력 및 인식과 연계되어 있다. 이 기억은 뇌 속으로 들어오는 수많은 영상들과 느낌들에 대한 중요도를 정하고 분류하는 데 도움을 준다. 우리가 무엇인가를 의미 있는 것으로 인식하는 것은 우리가 만들어놓은 예견된 미래에 대한 기억과 의미 있게 조화를 이룰 때 가능하다.

잉그바르 교수의 주장에 의하면, 정상적인 사람들에게서는 예견된 미래의 약 60%가 긍정적이고 호의적인 것이고, 약 40%가 부정적인 것이라고 한다. 만약 그 균형이 교란되면 미래에 대한 지배적인 기억들이 더 긍정적인가 부정적인가에 따라 영원한 낙관론자도, 상습적인 비관론자도 될 수 있다. 어떤 경우든지 두뇌가 건강할수록 더 많은 시간 경로들을 만들어내며 유리한 조건과 불리한 조건들 간에 놀랄 정도로 합리적인 균형을 취하게 된다. 인간은 이룰 수 있는 것보다도 훨씬 더 많은 미래에 대한 선택 대안들을 만들어 저장해놓는다.

잉그바르 교수는 자신의 연구에서 이와 같은 "미래에 대한 기억"

이 어떤 기능을 제공할 수 있는지에 대해 답하고 있다. 왜 그것은 진화되어 왔는가? 분명한 한 가지 이유는 재방문된 미래들 중 하나가 현실화되었을 때의 행동에 대해 우리를 준비시키는 것이다. 그러나 잉그바르 교수는 또 다른 목적을 제시한다. 즉, 여과기로서 끊임없이 쏟아져 들어오는 과부화된 정보를 처리하는 것을 돕는다는 것이다.

잉그바르 교수는 인간의 신체가 과다한 감각 채널들을 갖고 있다고 한다. 눈과 귀, 코, 혀, 피부의 모든 부분들이 감각 채널이다. 이러한 각각의 감각 기관들은 주변 세상에 대한 지속적인 신호들을 두뇌에 전달한다. 너무나 많은 무작위 정보들이 뇌에 도달하기 때문에 거의 대부분의 정보들은 무시되어야만 한다. 그렇지 않고 만약 두뇌가 들어오는 모든 정보에 똑같은 우선순위를 부여한다면 뇌는 정상적으로 작동할 수 없게 된다. 잉그바르 교수의 가설에 의하면, 우리의 "미래에 대한 기억들"은 우리가 흘러 들어오는 정보들 중 어떤 것이 관련성 있는지를 결정하도록 돕는 잠재의식적 지침을 제공한다. 저장된 시간 경로들은 유입되는 신호들의 중요성을 평가하는 견본 역할을 한다. 만약 유입되고 있는 어떤 정보가 여러 시간 경로들 중 하나와 관련성이 있다면 그 정보는 이해된다. 이때 정보는 지식이 되고 그 신호들은 의미를 얻는다.

이 연구가 전하고자 하는 메시지는 분명하다. 우리는 이미 상상 속에서 만들어놓은 미래에 대한 선택 대안들에 적합하지 않은 외부의 신호들을 인식하지 않을 것이다. 우리가 "미래에 대한 기억들"을 더욱 개발하면 할수록, 우리는 외부 세계로부터의 신호들에 대해 더욱 개방적이고 수용적이 될 수 있다.

만약 학습이 인식과 함께 시작된다면, 잉그바르 교수의 이론은 소용돌이 치는 환경에서 기업을 이끌어가는 경영진들에게 중요한 함의를 갖는다. 실제로 그는 인식 행동이 단지 어떤 대상물을 살펴보고 모든 관찰 내용을 기록하는 단순한 정보 수집이 아니라고 말한다. 인식은 특히 인간에게 있어 세상과 적극적으로 관계하는 것 engagement을 의미한다. 기업의 경우도 마찬가지이다. 인식은 기업의 경영진들에게 "그들의 미래를 방문하고" 시간 경로와 선택 대안들을 개발하는 의식적인 노력을 요구한다. 그러한 노력이 없다면, 단순히 수집된 자료나 관찰들은 아무런 의미가 없다.

이와 같은 노력은 기업보다는 개인이 더 쉽게 할 수 있다. 왜냐하면 인간의 두뇌는 이러한 유형의 적극적인 활동들을 수행하도록 구조화되어 있기 때문이다. 프랑스에 거주하는 한 사람이 페리선에 자동차를 싣고 사업차 런던을 방문했다고 하자. 다음날 아침 그는 8시에 호텔을 출발해서 거래처까지 운전하기 시작했다. 낯선 도시의 출근길 교통 혼잡을 뚫고 길을 찾아가는 과정에서 과도한 정보들을 받아들였던 그는 뉴스를 듣기 위해 라디오를 켠다. 더욱 많은 신호들이 그의 뇌에 도달한다. 뉴스의 마지막 대목에서 아나운서가 도버의 페리항에 파업이 발생했다는 소식을 짧게 전한다.

대부분의 경우 사람들은 이와 같은 토막 정보를 듣지 못한다. 그러나 이 프랑스 거주자는 이미 자신의 생각 속에 시간 경로를 그려 놓았다. 그는 미래에 대한 기억을 지니고 있었고, 그날 밤 페리를 타기 위해 도버항으로 차를 운전해가는 자신의 모습을 보고 있었다. 그가 그 신호를 듣게 된 것은 그 기억과 관련성이 있었기 때문이다. 정보가 지식이 된 것이다.

기업은 이러한 종류의 미래에 대한 기억을 만들어내도록 구조화되어 있지 않다. 경영진은 미래에 대한 기억을 만들어내기 위해 특정한 행동을 취해야 한다. 잉그바르 교수의 이론은 기업의 인식 역량을 개선시킬 수 있는 방안들을 알려준다는 점에서 너무도 중요한 의미가 있다. 그의 이론은 어째서 경영자들이 위기를 불러올 외부의 사건들을 적기에 인식하지 못하는지를 잘 설명해준다. 그의 이론은 기업들이 그들이 필요로 하는 민감성을 개발할 수 있다는 사실을 제시해준다. 그것은 바로 조직의 "미래에 대한 기억"을 구축하는 방법들을 찾아내는 것이다.

03
선견지명을 위한 도구

기업은 인간만큼 미래를 다룰 수 있는 능력을 갖고 있지 않다. 경영자들은 잠재적 미래의 신호를 볼 수 있고 그것에 관해 함께 이야기할 수는 있을 것이다. 그러나 경영자들과 기업들은 그러한 미래에 대해 시의적절하게 대응하지 못하고 있고, 심지어는 미래가 현실이 되었을 때조차도 잘 대응하지 못한다.

기업들이 이러한 어려움을 겪는 이유는 바로 기업들이 미래를 예측predict함으로써 그것을 다루려 하기 때문이 아닐까? 미래를 예측한다는 것은 잉그바르 교수의 연구가 제시하는 미래에 대한 대안적 시간 경로들alternative time paths을 만들어내는 것과는 전혀 다르다. 1장 "자본주의에서 지식 사회로의 전환"에서 언급했듯이 일부 경영진들은 "우리에게 무슨 일이 일어날 것인가?"라는 질문을 던지곤 한다. 그들은 예측하는 일에 골몰하고 있다. 반면에 또 다른 경영진들은 "만약 그런 일들이 발생한다면 우리는 무엇을 해야 할 것인가?"라고 묻는다. 그들은 대안적 시간 경로들에 골몰하고 있다. 특히 그러한 질문이 의사결정권을 가진 기업 이사회의 의제로 올려 졌을 때 그렇다고 볼 수 있다.

예측이 미래를 생각하는 표준화된 방식이 될 경우 기업의 인식 역량은 엄청나게 줄어든다. 이는 아래 우화에 나오는 로테르담의 시장이 직면한 것과 동일한 난제에 이르게 만든다. 우리는 이 우화 가 쉘 그룹의 기획부서에 매우 의미가 있다는 사실을 발견했다.[1]

지금이 1920년이라고 생각해보자. 그리고 당신은 미래를 예측할 수 있는 절대적 능력을 부여 받았다고 하자. 당신은 우연한 기회에 로테르담의 시장을 방문하게 되었고, 그 자리에서 앞으로 25년 동 안 그 도시에서 일어날 일들을 생생하게 묘사하게 된다. 시장은 바 이마르 공화국의 출현과 초인플레이션, 1929년의 증권시장 붕괴와 뒤 이은 대공황, 독일에서 나치정권의 수립에 따른 로테르담의 경 제자립 정책의 훼손, 제2차 세계대전의 발발과 시 중심부에 가해진 융단 폭격, 그리고 마침내 1945년 그 비참한 겨울 동안 도시의 항만 시설들이 완벽하게 파괴되는 것에 대해 듣게 된다.

시장은 이러한 정보들을 차분하게 경청한다. 그의 표정은 그가 당신을 믿고 있음을 말해준다. 그런 다음 시장은 당신에게 질문을 던진다. "당신이 내 입장이라면, 하루 종일 수많은 의견과 사실들을 접하던 중 이 모든 이야기를 듣고서 이런 정보에 대해 어떻게 대응 하는 것이 합리적이라고 생각합니까?"

로테르담 시장이 어떻게 대응하는 것이 합리적인가?

내가 토론 그룹에게 이러한 질문을 던질 때마다 우리는 언제나 같은 결론에 도달하곤 했다. 즉, 시장이 할 수 있는 건 아무것도 없다는 것이다. 비록 시장이 당신의 예측을 다른 어떤 정보보다도 훨씬 더 신뢰한다고 하더라도, 그는 그와 같은 예측이 요구하는 지대한 영향을 가져올 결정을 내릴 용기도 설득력도 갖고 있지 못할 것이다.

미래는 예측할 수 없다. 설사 예측할 수 있다고 하더라도 우리는 감히 그 예측에 따라 행동하지도 못한다.

대부분의 사람들은 냉정하고 학문적인 토론에서는 이러한 논제를 받아들인다. 그럼에도 불구하고 실제 생활에서는 예측에 대한 채울 수 없는 요구가 있다. 미래에 대한 확실성을 갖고자 하는 바람이 너무 강한 나머지, 대부분의 사람들은 이따금씩 자신들의 더 나은 판단에 반하는 행동을 하고 미래에 대해 보다 정확한 예측을 요구한다. 이러한 까닭으로 미래에 대한 정보를 공급하는 산업이 전 세계적으로 번성하고 있다. 점쟁이나 점성가를 비롯해서 컨설컨트와 교수, 경제학자들이 그런 범주에 속한다. 이 산업들은 직설법이 아닌 완곡한 표현법으로 가득한 곳이며, 그 제품들은 전문용어와 멋진 인쇄물로 잘 포장되어 있지만 고객들은 대개 잘 읽지 않는다. 하지만 어쨌든 그것은 중요하지 않다. 왜냐하면 비록 처음에는 열성적으로 정보를 요청하고 돈을 지불했음에도 불구하고, 실질적인 권한을 가진 사람이 그에 근거해 감히 결정을 내리는 경우는 거의 없기 때문이다.

우리는 예측에 대한 기업들의 수요를 개인들의 수요를 살펴봄으로써 더 잘 이해할 수 있다. 예컨대, 점성가들의 예언에 대한 개인들의 수요는 매우 거대한 시장을 형성하고 있다. 몇몇 아주 성공적인 점성가들은 미래의 불확실성을 줄여보려는 개인들의 끊임없는 욕구를 충족시키려고 노력하고 있다. 이 중 유명한 영국인 점성가인 패트릭 워커는 루퍼트 머독의 뉴스 코퍼레이션을 통해 전세계에 점성 예측을 공급하고 있다. 뉴욕에 있는 머독의 신디케이트는 워커의 애독자 수를 최소 10억 명으로 추산한다.[2]

의사결정의 관점에서 볼 때, 워커와의 인터뷰는 아주 흥미로운 일이다. 그는 신문에 인기리에 연재되는 자신의 점성 예측 칼럼을 일기예보와 유사한 것으로 설명한다. 그러면서도 왜 독자들이 자기를 훌륭한 점성가로 믿고 있는지 설명하기 어렵다고 실토한다. "아마도 그 이유는 가능한 한 내가 단정적인 예측을 하지 않으려고 하는 데 있는 것 같습니다. 점성술은 당신의 결혼 생활이 파경에 이르는 것과는 아무런 관련이 없습니다. 파경을 초래하는 것은 당신 자신입니다. 내가 할 수 있는 전부는 그러한 상황들을 강조하는 것입니다. 어떻게 행동하는가는 오직 당신에게 달려 있습니다."

기업 의사결정을 위해 미래를 해석하는 심각한 문제를 고민하면서 점성가의 방법에 관심을 가질 이유가 없다고 생각할 것이다. 그러나 많은 재무 예측 시스템들이 묵시적으로 채택하고 있는 접근 방법과 패트릭 워커의 관점을 대비시켜보는 것은 흥미로운 일이다. 워커는 자유 의지를 위한 여지를 남겨둔다. 그는 독자들에게 최소한 부분적으로나마 독자들 자신이 스스로의 미래를 만들어간다고 이야기한다. 그러나 기업과 정부의 기획 담당자들은 이와는 정반대로 미래는 숙명적으로 정해진 것이라고 여긴다. 경영자들은 미래가 펼쳐지는 방식에 차이를 만들어낼 어떤 행동도 하지 않는다. 기획 전문가의 임무는 "올바른" 미래를 최대한 근접하게 알아맞히는 것이다. 그리고 경영자들은 자신의 의사결정이 잘못되었을 경우 자신에게 주어진 예측이 잘못되었다는 변명을 늘어놓는다.

이것은 경영자의 책임을 방기하는 것이다. 미래를 다루는 일은 절대로 다른 사람에게 위임될 수 없다. 그것은 경영자가 책임져야 할 불편한 임무이고, 고위 경영자에게 높은 급여를 지급하는 이유 중 하나이다.

풀리처상을 받은 석유의 역사에 관한 책, 『상The Prize』[3]의 저자 다니엘 예르긴Daniel Yergin은 1980년대 중반에 석유산업에서 이와 똑같은 유형의 저항을 발견했다. 그가 언젠가 나에게 말한 바와 같이 1985년경 석유회사들에서는 원유가격이 크게 하락할 것이라는 우려감이 있었다. 그런데도 고위 경영진들이 "원유가격이 떨어지면 우리는 무엇을 해야 하는가?"와 같은 질문을 제기한 석유회사는 하나도 없었다고 한다.

경영자들이 예측을 하려고 하는 것은 쉬운 일이다. 그들은 항상 장황한 질문들을 다루려고 한다. "우리에게 무슨 일이 일어날 것인가? 석유가격이 하락할 것인가? 경쟁자들이 사업 영역을 확장할 것인가? 남아프리카 공화국의 정부가 바뀔 것인가? 우리가 쓰고 있는 기술들이 쓸모없는 것이 될 것인가?" 가상의 로테르담 시장을 위한 수많은 조언자들처럼, 경영자들은 이런저런 미래의 개연성에 대해 논의하느라 많은 시간을 들이지만 어떤 결론에도 도달하지 못하곤 한다.

반대로 경영자들이 "이러이러한 일이 일어난다면 우리가 무엇을 해야 하는가?"와 같은 질문을 스스로에게 던진다고 생각해보자. 석유가격이 떨어진다면(또는 오른다면) 우리가 어떻게 대응할 것인가? 경쟁자들이 사업 확장을 한다면, 또는 정권 교체가 있다면, 기술의 전환이 있다면, 우리의 대응은 무엇인가? 이러한 질문을 해보거나 그 질문들에 대답해봄으로써 경영자들은 데이비드 잉그바르 교수가 말한 정신적인 시간 경로들을 하나둘씩 파악할 수 있다. 이렇게 함으로써 우리 스스로 일련의 미래에 대한 기억을 구축할 수 있다. 즉, 일어날 수도 있고, 안 일어날 수도 있는 사건들에 대한 예측을 해볼 수 있다.

그렇게 되면 우리는 준비가 된 것이다. 우리의 경로를 생각해보고 상상으로 실행해보는 것이다. 이것은 미래를 단순히 예측하려는 것과는 다르다. 왜냐하면 이미 방문해본 많은 미래들에 대한 우리의 기억에 의존할 수 있기 때문이다.

기획과 확실성의 환상

기업들이 미래를 체계적으로 다루고자 했던 최초의 시도는 1930년대로 거슬러 올라간다. 미래를 예견하는 일련의 도구들이 "기획planning"의 이름 하에 개발되었다. 그 후 30여 년 동안 모든 실무 경영진들은 이러한 기획의 도구들로부터 나온 결과물을 자신의 의사결정에 도입하는 방법들을 배워왔다. 그러나 우리가 알고 있듯이, 기획은 대개 가능한 미래들을 예측하고, 그것들에 대한 기억을 구축하고, 그것들에 우리 자신을 대비시키는 것을 의미하지 않는다. 기획은 일반적으로 예측을 통해 불확실성을 줄이는 작업으로 여겨진다.

내가 처음으로 기획이라는 개념을 접하게 된 때는 제2차 세계대전 직후의 학창 시절이었다. 불확실성을 줄이는 작업인 기획은 너무 복잡해서 숙련된 전문가만이 다룰 수 있었다. 1940년 무렵 많은 기업이 미래를 대비하는 업무를 기획부서 연구원들에게 전담시키기 시작했다. 실무를 맡은 사람들은 소중한 시간을 미래를 상상하는 데 헛되이 쓰지 말고 업무에 전념하도록 요구되었다. 따라서 경영진은 "계획하는 사람들"과 "실행하는 사람들"로 나누어졌다.

대부분의 기업들에서 이러한 전문화된 기획 활동은 재무부서, 더 정확하게는 회계부서에 맡겨졌다. 되돌아보건대, 회계부서는 "미래에 대한 기억들"을 발전시키는 데 최악의 환경이었지만, 기업 업무 관행의 기준으로는 기획자라는 새로운 직업이 자리잡기에는 논리적으로 완벽한 장소였다. 재무지표에 기초한 기획은 미래에 대한 실제적이고 계량화된 많은 정보들을 그럴듯해 보이고 정확성을 암시하는 형태(돈과 수치)로 제공할 것을 약속한다.

무엇인가 새로운 과제가 주어지면 대부분의 사람들은 자신들이 이미 알고 있는 숙련된 방법을 가지고 일하기 시작한다. 그래서 미래에 대해 알고자 하는 회사의 열망에 부응하기 위해 기업 재무팀의 회계 담당자들은 자신들의 강점, 즉 대차대조표와 손익계산서 작성 능력을 발휘하기 시작했다. 그들은 차기 연도의 매출액과 경상비의 추계에 바탕을 둔 예산과 대차대조표, 손익계산서를 예측하기 시작했다. 그들은 회사가 1년 뒤에 손실을 입을지, 이익을 낼지를 계산했다. 바인더로 품위 있게 철해진 최종 추정치는 기업의 실무자들에게 내일, 다음 달, 또는 내년도의 모습이 어떨지에 대한 계량화된 자료를 제공했다.

그렇지만 이 같은 활동에도 한 가지 유용한 면은 있다. 자신들의 정보를 축적해가는 과정에서 회계 담당자들은 바깥 세상에서 무슨 일이 일어나고 있는지에 대해 열심히 생각하지 않을 수 없었다. 차기 연도의 매출액을 추정해야 하는 사람들은 스스로가 무엇인가 생각을 하고 있음을 알게 될 것이다. 경제 활동이 어떻게 될 것인가? GNP가 올라갈 것인가, 아니면 불황이 올 것인가? 이러한 질문들에 대한 답을 진지하게 생각하다 보면 향후 1년 뒤의 인플레이션과 그것이 임금과 물가에 미칠 영향에 대한 아이디어가 떠오를 것이다. 즉, 안으로부터 밖을 내다봄으로써 회계 담당자들은 바깥 세상의 많은 것을 보게 되었다. 그리고 이러한 인식의 일부는 회사의 다른 영역들에도 스며들었다.

그러나 1960년대에 이르러 재무적 기획은 또 다른 개량을 거치게 된다. 차기 연도 매출에 대한 본사의 예측에 의존하던 방식에서 벗어나 많은 기업들이 "상향식bottom-up" 기획을 개발했다. 기획 담당자들은 실무를 담당하는 관리자들에게 가서 향후 1년, 2년, 심지어 5년 후의 매출 추계를 직접 물어보았다. 그들은 그 수치들을 취합하고 보완해서 그 결과물을 "예산안" 또는 "예측안forecast"으로 만들어냈다.

여기서 "목표에 의한 관리management by objectives"로 나아가는 데는 한 걸음도 되지 않았다. 일선 지역 관리자들에게 찾아가서 차기 연도의 예상 매출액을 물어보기 어려운 경우에는 서면으로 자신의 생각을 제출하게 했고, 제출한 추계치를 본사와 합의한 경우에 그 추계치가 그 관리자의 "목표"로 확정되었다. 그리고 그 관리자가 얼마나 자신의 목표를 잘 설정하고 충족했는가에 따라 성과가 평가되고 보상이 산정되었다.

이제 예측안은 내부적 계약이었다. 외부로부터의 정보는 거의 끼어들지 못했으며, 모든 결정들은 동일한 내부적 과정으로부터 나왔다. 과거 실무 경영자들의 의사결정으로부터 떨어져 나와 전문화된 지적 영역으로 강등되었던 기획이 이제는 의사결정의 핵심 요소들 중 하나가 되었다

1950년대와 60년대를 통해 쉘 그룹도 충실하게 이러한 발전에 동참했다. 드디어 쉘은 1967년에 "통합기획 시스템Unified Planning Machinery"이라고 불리는 기획 시스템의 가동과 함께 전문화된 기획 모델을 갖게 되었다. 모든 관리자들이 참조할 수 있도록 두툼한 교범으로 작성되어 있었고, 재무예측 시스템의 최신 기법들이 총망라되어 있었다. 목표설정 방법과 성과통제 절차들이 포함되었고, 상하 쌍방향으로 운영되었으며, 100여 개 국가에 산재되어 있던 쉘 그룹의 모든 계열사들에 적용되었다. 추정치들과 예측치predictions 들은 전세계의 지사들로부터 런던과 헤이그에 있는 두 본사의 조정 담당 부서로 모아졌다. 이렇게 집계된 예측치들은 최종적으로 경영 이사 위원회와 이사회에서 발표되고, 공식적으로 차기 연도의 예산과 운영 계획으로 승인받게 된다.

이러한 기획 과정은 오늘날까지도 지속되고 있다. 때로는 2년을 내다보기도 하고, 어떤 때는 5년을 내다보기도 한다. 매년 6월 또는 7월에 이 시스템이 계열사들에서 가동된다. 수많은 회의와 보고들이 진행되고 엄청난 노력과 생각들이 투입되며 최종적으로 12월에 이사회의 승인이 나게 된다. 통합기획 시스템은 매년 미래 활동에 대한 추정치를 제시하며, 그룹 전체는 매년 이러한 추정치에 기초해서 투자를 결정한다.

그런데 한 가지 문제가 있었다. 환경이 급변할 때, 그래서 미래를 예측하는 것이 가장 중요해질 때 통합기획 시스템은 오류가 발생한다는 사실이다. 틀려도 엄청나게 틀렸다. 그것은 1970년대 OPEC가 강력한 카르텔을 형성하면서 초래된 석유가격의 급등을 예견하지 못했다. 또한 1980년대 중반 OPEC 카르텔의 퇴조시에 야기된 석유가격의 붕괴도 예상하지 못했다. 그리고 1980년대와 90년대 석유산업의 구조조정을 예측하는 데도 실패했다. 이 시기에 수익의 원천은 한 영역(채유)에서 다른 영역(수송, 정제, 판매와 마케팅)으로 바뀌었다가 또다시 원래의 영역으로 되돌아갔다. 석유산업이 비교적 안정적이었던 1960년대에도 통합기획 시스템과 관련한 이러한 유형의 문제가 이미 발생하고 있었다는 사실을 알 만한 사람들은 알 수 있었다.

쉘의 시나리오 경험

다행스럽게도 로열 더치 쉘 그룹은 통합기획 시스템과 함께 미래를 내다보는 대안적 도구들을 개발하고 있었다. "시나리오 기획"이라고 불리는 이 기법은 미래에 대한 기억들을 구축하는 데 잘 들어맞았다. 전통적인 경영자들에게는 불행하게도, 이 시나리오 접근은 미래가 여럿 존재한다고 전제한다. 시나리오 기획은 경영자들에게 예측된 미래가 오직 하나뿐이라고 가정하는 단순한 접근 방식을 버릴 것을 요구한다. 시나리오 기획에서는 언제나 하나 이상의 시나리오들이 존재한다.

각각의 시나리오는 단순히 미래에 대한 상상의 이야기이다. 즉, 시나리오는 현재의 순간에서 미래로 전개될 수 있는 "많은 삶들"에 대한 스케치이다. 이 용어는 랜드코퍼레이션과 허드슨 연구소 출신인 유명한 미래학자 허만 칸Herman Kahn에 의해 대중화되었다(그는 이 용어를 영화산업에서 빌려왔다). 원래의 의미는 연극의 플롯에 대한 스케치, 즉 장면, 상황 등에 대한 설명을 제공하는 것이다.[4] 칸은 핵전쟁에 관한 시나리오로 잘 알려져 있는데, 그 시나리오에서 그는 사람들이 "생각할 수 없는 것을 생각해야만 한다"고 주장했다. 그래야 핵전쟁이 정말로 임박했을 때 사회는 덜 취약해지고 대학살로 치달을 가능성이 줄어든다는 것이다.

시나리오 기획은 1960년대 초부터 여러 가지 형태로 실무에 응용되어왔다. 그러나 오늘날까지도 그것은 모호함과 신비로운 분위기에 둘러싸여 있다. 사람들은 이 방법이 더 나은 결정에 도달하는 과정인지, 미래를 더 잘 알려고 하는 방법인지, 또는 양자의 결합인지 잘 모르고 있다. 공상과학 소설처럼 많은 시나리오들은 전체로서 인류의 미래나 전 지역의 경제 상태를 다루기도 한다. 그러나 기업 경영자들에게는 이 시나리오를 가지고 무엇을 해야 할지 불분명하다. 캐나다에 가루비누를 팔려고 하거나 스위스에서 발전기를 생산하려는 기업 경영자들에게는 이러한 거창하고 포괄적인 시나리오가 자신의 현실에 더 가깝고, 인식 가능하도록 전환될 필요가 있다. 즉, 시나리오의 구성은 특정한 청중에게 초점이 맞추어져야 한다.

시나리오를 기업 경영의 목적에 초점을 맞추는 학습은 사실상 쉘이 기여한 바가 크다. 통합기획 시스템이 도입된 직후인 1968년에 쉘 그룹 내에 "The Year 2000"이라는 연구 과제를 수행할 특별 연구팀이 구성되었다. 그것은 훗날 장기적인 생존을 위한 연구를 촉발하게 될 동일한 질문들에서 비롯되었다. 즉, "석유자원이 얼마나 빨리 고갈될 것인가? 만약 석유자원이 고갈될 경우 석유회사들의 미래는 별볼일 없는 저성장에 처하고 말 것인가?" 쉘 직원들이 말하는 것처럼 "석유 고갈 이후에도 회사가 살아남을 수 있을 것인가?"

"The Year 2000" 연구는 전문적으로 수행되었고 쉘 그룹에 실질적인 사업상의 결과들을 가져다주었다. 쉘은 금속생산 업체를 하나 인수했고, 핵 관련 벤처기업에 지분 50%를 투자했으며 국제적인 석탄 판매부서도 출범시켰다. 그러나 이러한 결과들이 모두 성공적이지는 못했고, 나중에는 많은 사업들에서 철수하고 말았다. 되돌아보건대, 다각화가 일어날 것임을 처음부터 알 수 있었다. 그것은 "석유 고갈 이후의 삶은 존재하는가?"라는 질문에 암시되어 있었다. 만약 계속 존재하기를 원한다면 당연히 다른 사업영역으로 진출해야 한다. 1970년대 초에 세계적인 석유회사에 걸맞은 규모로 그러한 사업을 창출할 수 있는 유일한 방법은 최상층부로터 중앙집권적 조치로 그것을 시도하거나 인수하는 것이었다. 즉, 다각화만이 유일한 길이었다.

그러나 "The Year 2000" 연구는 또 다른 결과물을 낳았다. 새로운 기획부서 하나가 탄생했는데, 쉘에서 매우 혁신적인 사람들로 구성된 핵심 그룹이었다. 거기에 포함된 피에르 웨이크, 테드 뉴랜드, 피터 베크, 나피에르 콜린스 등은 이미 기획 관련 업무와 저술로 쉘 그룹 외부에까지 잘 알려져 있었다. 그들은 허만 칸의 연구에 정통했고, 그것을 기반으로 다음 두 가지 질문에 대한 대답으로서 자신들의 시나리오 기법의 형식을 발전시키는 일에 착수했다.

- 어떻게 향후 20~30년 앞을 내다볼 것인가?
- 어떻게 사람들이 "생각할 수 없는 것"을 함께 토론하게 할 것인가?

허만 칸과 마찬가지로 이 시나리오 기획자들은 사회적 가치, 기술, 소비 유형, 정치적 사고, 금융 구조 등에 있어 변화 동인들을 파악하려고 했다. 그러나 칸과는 달리 그들은 석유산업의 미래에 초점을 맞추었다. 이 시나리오 팀의 리더였던 피에르 웨이크는 "시나리오는 관련성relevance이 있어야 한다"라고 끊임없이 강조했다. 경영자들에게 미래가 의미하는 바를 더 잘 이해시키려면, 그 시나리오 구성이 그들의 비즈니스 세계에서 재현되어야 했다. 그래야만 경영자들이 지구적인 변화 요인들과 가능한 미래의 관련성을 이해할 것이다. 그래야만 이러한 시나리오가 새로운 지평을 바라볼 수 있는 안목을 길러줄 것이다.

이러한 의미에서 볼 때, 시나리오는 신비롭거나 우월한 기획 방법이 아니다. 시나리오는 선견지명foresight을 위한 도구, 즉 논의이자 문서이며, 그 목적은 예측이나 계획이 아니라 사람들의 사고에 변화를 가져오는 것이다. 현재 인식의 맥락에서 미래에 관한 이야기를 함으로써 우리는 평상시에는 실제로 "생각할 수 없는" 발전에 대해 눈뜨게 된다. 개별 행위자 수준까지 설정된, 타당성 있는 시나리오는 경영자와 그 동료들이 형세를 살피고 더 넓은 안목으로 바라볼 수 있게 한다. 시나리오는 경영자들의 머릿속에 그 풍경landscape에 대한 새로운 견해와 생각들을 가져다주며, 경영자들이 시나리오 훈련이 끝난 후에도 그 풍경의 "생각할 수 없는" 측면들을 인식하는 방법을 배울 수 있게 한다. 피에르 웨이크Pierre Wack가 즐겨 말했듯이 "훌륭한 시나리오는 경영의 소우주microcosm를 변화시킨다."

이를 성취하려면 시나리오 작가들이 기업의 협소한 관점에서 세상을 바라보는 것으로는 충분치 않다. 기획 담당자들은 넓은 세상으로 나아가야 한다. 그리고 그곳에서 자신의 회사를 되돌아보며 질문을 던져야 한다. "우리가 외부에서 바라보는 변화 동인들은 우리 자신의 기업 및 산업이라는 더 한정된 세계와 어떤 관련성을 가질 수 있는가?"

더 폭넓은 관점에 대한 이러한 필요성은 피터 슈바르츠Peter Schwartz(장기 시나리오 기획자이자 1980년대 중반 쉘 그룹 시나리오 팀 리더)가 자신의 책 『장기적 안목의 기술The Art of Long View』에서 제시했던 영감의 원천에 관한 특이한 리스트를 설명한다. 슈바르츠에 의하면, 새로운 미래학자는 중심이 아닌 가장자리를 바라보는 법을 배워야 한다. "의견을 전혀 달리하는 사람들과 우호적인 대화를 할 수 있어야" 한다. 그리고 폭넓게 독서를 해야 한다. 자신의 사업과 직접 관련된 영역을 떠나 디자인 잡지에서부터 청소년 잡지는 물론 정부 간행물까지를 포함하는 다양한 독서가 필요하다. 그러나 〈이코노미스트〉 지는 빼놓지 말라고 말한다.[3]

1970년대 초반부터 쉘 그룹 기획부서는 외부 접촉을 위한 광범위한 네트워크를 구축했는데, 외부 세계의 변화를 이해하고 통찰력을 기르는 데 적합한 사람들이 선정되었다. 피에르 웨이크는 그들을 "비범한 인물들Remarkable People"이라고 불렀다. 역사가인 아트 클라이너Art Kleiner는 피에르의 방법을 다음과 같이 묘사한다.

> 웨이크는 날카롭고 지칠 줄 모르는 호기심을 가지고 예리한 관
> 찰자들을 찾아냈다. 이러한 사람들은 "보는 것seeing"에 몰두하
> 고 있었고 세상이 돌아가는 방식에 대해 지속적인 관심을 가졌
> 다. … 때때로 쉘과 관련 없는 외부의 비범한 인물이 시나리오
> 발표에 초대되어 대화에 자극을 불어넣는다. 1970년대 초, 이란
> 의 한 의사가 그 좋은 예였다. 그 둘은 절친한 사이가 되었고, 피
> 에르는 매년 그를 방문하여 그의 인식이 얼마나 바뀌었는지 묻
> 곤 했다.[6]

시나리오 기획자들은 다양한 영역에서의 변화를 간파하려고 했
다. 사회적 가치, 기술, 소비 패턴, 정치적 사고, 국제 금융 영역에
서의 변화에 주목했다. 석유와 관련된 변화들에만 관심을 갖고 있
는 쉘 그룹 재무전문가들이 주도하는 기획 업무와는 거의 중복되는
것이 없었다. 새로운 기획자들은 석유와 에너지에 대한 관심을 배
제하지는 않았지만, 석유와 에너지 세계에 영향을 미칠 외부의 "변
화 동인"을 찾고 있었다. 그들은 이러한 변화 동인들이 자신들의 사
업에 영향을 미칠 것인지 아닌지, 그리고 어떠한 변화를 가져올 것
인지를 분석했다. 한마디로, 시나리오는 그 사용자인 경영자들에게
큰 부담을 주는 일 없이, 대중이 거의 관심을 갖지 않는 약한 신호
들이 감지되고 고려될 수 있는 도구를 제공한다.

시나리오는 그러한 변화 동인들의 중요성에 대한 경영자들의 판
단을 예리하게 만들어준다. 쉘이 활동하는 넓은 세상에는 변화를

가져오는 수많은 동인들이 존재하며, 그것들은 서로 원인과 결과가 되어 상호작용을 한다. 그것들 모두에 대해 시나리오를 짜려 한다면 혼란과 절망에 빠지고 말 것이다. 어느 누구도 이 모든 것들을 감지할 수는 없다. 따라서 잘 작성된 시나리오는 수많은 변화 동인들을 결합해 아주 단순하게 보이면서도 실제로는 상당히 정교하게 짜인 이야기로 만든다.

시나리오를 논의하는 과정에서 경영자들은, 예를 들어 자신의 자본투자 계획과 고객기업들의 에너지 효율성, 중동 지역의 정치 간의 장기적인 상호작용에 대해 알게 된다. 그 과정에서 경영자들은 후일 그 주제에 관해 그들 간에 의사소통을 할 수 있는 언어를 개발하고, 그럼으로써 의사결정에 신속하게 도달하게 된다. 시나리오는 경영자들에게 학술 논문처럼 포괄적이지는 않지만 역동적으로 이러한 모든 동인들을 고려할 수 있는 맥락을 제공한다. 원유가격 폭락에 관한 이야기는 상상 속에서 이러한 모든 동인들을 생생하게 살려낼 수 있고, 그래서 그것들은 동료들에게 이해될 수 있는 언어의 형태로 "미래에 대한 기억들" 속에 오래도록 남아 있게 된다.

변화 동인들 간의 상호작용에서는 항상 다양한 결과들이 있게 마련이다. 시나리오를 들은 많은 사람들은 "무엇이 가장 가능성 있는 결과인가?"라는 질문을 할 것이다. 그러나 그 대답은 이렇다. 복잡한 시스템 내에서 동일한 변화 동인들 간의 모든 가능한 상호작용들은 똑같은 발생 확률을 갖는다.

그러한 이유로 여러 개의 시나리오가 작성되어야 한다. 경영자들이 간과하기 쉬운 것들을 볼 수 있을 만큼 충분한 시나리오들이 필요하다. 시나리오의 수는 매우 중요하다. 너무 많은 시나리오는 경영자들을 혼란스럽게 만든다. 셋 또는 다섯과 같은 홀수의 시나리오는 경영자들에게 불행한 탈출구를 제공한다. 중간 지점에 있는 안, 즉 양극단에 대한 대안으로 보여지는 절충적인 미래를 선택함으로써 시나리오들의 함의를 간과하기 쉽다. 두 개는 시나리오 훈련을 위해서 좋다. 그것은 경영자들에게 양자 간의 선택을 강요하고, 그럼으로써 두 가지 선택의 파급효과에 대해 숙고하게 해줄 것이다.

일단 작성된 시나리오는 시뮬레이션 모델과 석유와 자본 환경에 대한 회사 데이터 뱅크의 도움을 받아 검증되고 계량화된다. 계량화는 시나리오에 초점을 맞추게 하고, 이야기들이 내적으로 일관성이 있는지를 보여준다. 최종 결과는 일관되고 타당성 있는 일련의 미래들이며, 그것은 단순히 사고를 자극하는 데 그치지 않는다. 만약 시나리오들이 성공적이라면, 그것들은 놀라움과 흥분을 불러일으켜야 한다. 사람들의 입에서 "이런 일이 내게 일어나리라고는 전혀 생각지도 못했어!"라는 말이 나올 때가 그런 상황이다.

적은 수의 시나리오를 갖는다는 것은 필연적으로 시나리오 작성 과정이 축소의 과정임을 의미한다. 생각컨대, 수천 쪽에 달하는 면담과 연구 자료들을 얻기까지 2년에 가까운 연구와 분석이 있어야 하며, 이 모든 보고 내용들은 앉은 자리에서 간단히 읽을 수 있는 책자로 정리되어야 한다. 약 70쪽 이하의 책자가 바람직하다. 이 책자의 최종본을 작성하는 사람은 훌륭한 이야기꾼이어야 하고, 특히 주제에 정통해야 한다. 사실 가장 오래 남는 시나리오들은 전설이나 동화 같은 성격들이 가미되어 있는 것이다.

조셉 캠벨이 『천의 일굴을 가진 영웅The Hero with a Thousand

Face』에서 쓴 바와 같이, 영웅의 여정에 담겨 있는 신화적 요소들이 오늘날 대부분의 경영자들에게 잘 어울리는 것 같다. '출정'에서 시작해서 '고래의 뱃속', '고난의 길로 진입', 그리고 마침내 '(삶의 자유를 얻은) 금의환향'으로 이어지는 모든 과정이 시나리오의 이야기 전개와 공통점을 지니고 있다. 나의 경험에서 볼 때, 가장 쉽게 이해되고 가장 오래 남는 시나리오는 영원한 '모험Adventure'에 대한 캠벨의 묘사와 같은 요소들을 가졌다.

> 신화적 영웅은 자신의 오두막이나 성을 떠나 어쩔 수 없이, 또는 자발적으로 모험을 떠난다. 거기서 영웅은 길을 가로막는 암흑의 존재와 마주친다. 영웅은 그들을 물리치고 살아서 어둠의 왕국에 들어선다. … 낯선 세력들의 세상을 지나가는 과정에서 그중 일부는 그에게 심각한 위협을 가해온다. 최악의 상황에 처했을 때 그는 극도의 시련을 견뎌내고 보상을 얻는다. 마지막 과제는 귀환이며 … 영웅은 두려움의 왕국을 빠져나온다. 그가 가져온 혜택 덕분에 세상은 다시 회복된다.[7]

우리도 이러한 주제를 피에르 웨이크의 시나리오인 "급류Rapids"(1970년대 말의 혼란 예측)나 피터 슈바르츠의 시나리오인 "다가오는 물결The Next Wave"(1990년대 세계 경제에 대한 초기 전망)에서 본 바 있다. 이 두 세상에서도 기업의 영웅은 경제 불황이라는 최초의 급류나 세계적인 석유가격 하락의 위협에 맞서 이겨내야 했다. 그런 다음, (반도체 기술이라는) 혜택이 영웅에게 보상을 주고 세상은 다시 회복된다. 이 두 시나리오는 쉘 그룹의 기업 사고를 바꾸는 데 도움을 주었으며, 경제 불황과 석유가격 하락이라는 어두운 메시지에 눈을 뜨게 해주었다. 그로 인해 우리는 위기 속에서 살아남았고, 더 나아가 번영할 수 있었다. 이 시나리오들의 메시지는 아무런 저항 없이 받아들여졌다. 이것이 바로 강력하고 상징적인 이야기의 힘이다.

프리젠테이션을 통해 시나리오를 발표하면서 이야기 줄거리는 더욱 강력해진다. 시나리오들은 신호와 잡음의 여과장치로서 기능하여 변화 동인들은 명확해진다. 사건의 묘사는 배경 잡음 없이 마음속으로 들어오며 더욱 선명한 윤곽과 모습을 드러낸다.

시나리오는 경영자들이 자신들의 편견을 볼 수 있게 해준다. 그러나 시나리오 작성자의 편견 또한 고려해야 한다. 예술의 창조자로서 예술가들이 동일한 현실에 대해 개인적인 관찰에 따라 서로 다른 이야기를 쓰는 것은 놀랄 일이 아니다. 일부 시나리오 작가들은 메시지를 갖고 있다. 그들은 "규범적인" 시나리오를 쓴다. 즉, 청중들이 대안적인 세계를 창조하거나 방지하는 데 참여하도록 설득한다. 또 다른 시나리오 작가들은 세상을 바라보는 강력한 사고의 틀을 갖고 있다. 예를 들면, 그들은 기술의 영향력이 너무 거대하다는 것을 잘 알고 있어서 기술이 아무런 영향을 미치지 않는 세상을 쉽사리 상상할 수 없다. 또 어떤 시나리오 작가들은 좀더 귀납적이다. 그들은 1~2년의 연구 기간 동안 이야기가 스스로 전개되도록 내버려둔다. 그들은 자신들이 관찰한 것에 대해 다양한 사람들이 이야기할 때 드러나는 주제들에 귀를 기울인다. 만약 그들이 성공을 거두게 되면, 상당한 통찰력과 힘을 지닌 시나리오가 만들어진다. 그렇지 못할 경우, 그들이 들어온 모든 것들이 뒤죽박죽이 된 시나리오가 만들어진다.

일단 시나리오가 작성되면 당사자들은 각기 다른 방법으로 청중들에게 발표를 한다. 시나리오 작가의 의도가 잘 전달될지 여부는 부분적으로 발표자들의 재능과 자질에 달려 있다. 어떤 시나리오 작가들은 설교자 스타일이다. 그들은 사람들이 자신들의 메시지에 귀 기울이기를 원한다. 어떤 작가들은 포괄적인 주제를 강조하는 데 있어 거의 신비스러울 정도다. 그리고 또 다른 작가들은 미묘한 부분들에 초점을 맞춘다. 그래서 마치 쇠라Seurat 그림의 수천 가지 색조들에서 나오는 듯한 이미지가 떠오르게 한다.

시나리오 개발이 잘된 경우에는 거의 항상 그 결과들이 혼란을 초래하게 된다. 시나리오 발표자는 일선 경영자들이 그들의 경영 사고를 침해하는 것으로 여길 무언가를 말하게 된다. 감정적 거부감을 불러일으키지 않고 잘 듣게 하려면 시나리오 작가들이 일선 경영자들로부터 높은 신뢰성을 확보해야 한다. 이런 이유로 쉘 그룹 시나리오팀의 책임자는 경영이사 위원회 전체 구성원의 검토를 거쳐 임명된다. 경영이사 위원회는 시나리오팀 책임자를 승인할 뿐만 아니라 모든 새로운 시나리오들에 대해서도 발표 전에 승인을 해주고 있다.

승인을 한다는 것이 모든 이사들이 시나리오에 동의한다는 의미는 아니다. 몇몇 경우에는 오히려 그 정반대이다. 그러나 그들은 세부적인 부분에서 의견이 다르거나 현실성이 없어 보이더라도 핵심 주제에 대해서는 관심을 가질 필요가 있다는 점에 동의한 것이다. 만약 이사들이 시나리오 작성자들의 정직성과 판단력에 대해 확신을 갖지 못할 경우 시나리오에 대한 승인은 이루어지지 않는다.

공개적인 승인은 필수적이고 공식적인 관행이 되었다. 1970년대 초에 경영이사 위원회는 기획에 관한 규칙을 제정했다. 즉, 연간 자본 및 운영 예산안은 시나리오에 비추어 스스로를 옹호하도록 한 것이다. 실무 경영진들로서는 그것을 피할 방도가 없었다. 시나리오가 제기한 가능성들을 적어도 고려했다는 점을 보여줘야만 했다. 예산 승인을 받고자 한다면 시나리오를 면밀히 검토하고 반론을 확실히 준비해야 했다.

이는 기업의 규칙들이 현명하게 발효되고 엄격하게 준수된다면, 그것이 얼마나 강력한가를 잘 보여주는 사례이다. 그 결과는 너무 빈틈 없어서 잠시 동안 알아채지 못했던 외부 사건들에 대해 폭넓은 관심을 갖게 된 것이다. 처음에는 직관에 반하는 것처럼 보일 수 있는 외부 요인들의 영향에 대해 고려해보는 것이 "일 처리 관행"이 되었다. 이러한 규칙이 없었다면 오늘날 쉘 그룹은 여전히 외길만을 좇는 회사로 남아 있었을 것이고, 미래가 불확실하고, "선호하는" 단선의 예측과는 다르다는 사실을 알지 못했을 것이다.

그렇지만 시나리오에 주의를 기울이도록 승인하고 규칙화하는 것만으로 충분하지 않다. 시나리오 작성의 전 과정에 걸쳐 일선 경영자들 편에 서서 그들의 관심과 태도를 반영할 수 있는 시나리오 기획 책임자가 있어야 한다. 시나리오 기획 제도를 시행해온 25년 동안, 쉘 그룹은 그러한 활동을 이끌 책임자로 전문 기획자를 임명한 적이 단 한 번도 없었다. 그룹 기획실의 책임자나 실장을 역임한 6명 모두가 재무부서나 탐사개발부서 출신의 일선 경영자들이었다.

짐작컨대 이는 시나리오 활동이 비즈니스에 뿌리를 두도록 하는 데 도움이 됐다. 또한 실무진들에게 신뢰성을 심어주는 데도 도움이 되었다. 일선 경영자 출신 최고 기획 책임자의 임명은 그의 과거 동료들로부터 적어도 초기에는 선의 해석을 이끌어내는 이점이 있었다. 그렇다 하더라도 기획 책임자는 환영 받지 못하는 뉴스를 전달하는 역할을 종종 해야 했다.

대부분의 경영자들은 그것을 귀찮게 생각한다. 특히 그들이 영업권을 따내기 위해, 또는 정유공장을 확장하는 데 수백만 달러를 집행하느라 바쁜 상황에서 하던 일을 멈추고 시간을 내서 "생각할 수 없는 것을 생각하는 것"은 상당히 피곤한 일이다. 이러한 상황에서 기획 책임자가 형제애적 호의라는 자본마저 없다면 일하기가 더욱 어려울 것이다. 이는 기획부서의 책임자로 기획 전문가 대신 일선 경영자를 임명해야 한다는 주장의 근거이다. (그러나 젊고 야심 있는 일선 경영자를 그 자리에 오래 앉혀 놓지 말 것을 권하고 싶다. 왜냐하면 이는 그 사람의 미래 경력을 죽이는 것이기 때문이다. 어떤 기획 담당자도 결국에는 궁중의 어릿광대로 비추어지거나 또는 고위 경영자의 귀에 대고 기이한 계책을 속삭이는 모사꾼으로 전락하는 위험을 안게 된다.)

지금까지 도구로서 시나리오의 여러 측면들과 시나리오 기법의 특성을 설명했다. 쉘 그룹이 먼저 경험한 이래로, 기업의 예지력을 위한 이러한 새로운 방법에 대한 관심이 점차 증대되고 있다. 현재 이 주제와 관련된 여러 문헌들이 출간되어 있다. 피터 슈바르츠의 『장기적 안목의 기술』[8]은 시나리오 연습을 하는 방법을 설명한다. 키스 반드 하이예덴의 『시나리오: 전략적 대화의 기술』[9]은 시나리오 기획의 원칙을 담은 핸드북이다. 아트 클라이너의 『이단자의 시대The Age of Heretics』[10]는 허만 칸, 피에르 웨이크, 테드 뉴랜드 등이 어떻게 시나리오 기법을 발전시켰는지에 대해 이야기한다.

시나리오와 행동의 연계

아이러니컬하게도, 예측을 강조하지 않는 것이 미래에 대한 정확성을 가져오는 것처럼 보인다. 지금까지 쉘 그룹 내에서 출간된 시나리오들이 몇 년 앞서 쉘을 둘러싼 세상의 중요한 변화들을 자주 예측했던 것은 놀라운 일이다. 물론 이러한 사건들의 시기와 계량화가 항상 딱 맞아떨어지는 것은 아니었지만, 그 시나리오들은 종종 변화의 결과와 시사점들에 관해서 상당히 명확했다.

쉘의 시나리오 작성자들은 자신들이 시대를 앞서서 미래를 알아냈다고 주장한다. 그들은 1973년과 1979년의 에너지 위기를 예견했고, 에너지 절약운동의 확산과 석유 수요의 감소, 지구 환경운동의 전개, 심지어 소련연방의 해체까지 예견한 바 있다. 쉘의 경영진은 지구상의 중요한 변화들을 인식할 수 있는 기회를 갖게 되었으며, 이러한 외부 변화들로 인해 요구되는 결정들을 늦지 않게 내릴 수 있었다. 많은 사람들은 이것이 쉘 그룹에게 중요한 경쟁 우위를 가져다주었다고 말할 것이다.

그러나 1980년대 초 최고경영진과 기획 담당자들은 이 시나리오 접근 방법에 대해 다소 불만을 느꼈다. 우리는 지난 10년 동안 실제로 취했던 중요한 결정들에 대해 앞선 지식들이 인식 가능한 영향을 미쳤는지 알 수 없었다.

최고경영진은 다양한 이야기들로 구성된 이 비싼 기획안이 대외 홍보용으로는 아주 유용하지만, 실제 비즈니스와는 아주 거리가 멀다고 보았다. 그들은 기획 담당자들이 전혀 일어나지도 않을 미래를 그렸던 경우들을 기억한 반면, 그들이 "옳았던" 경우를 거의 알지 못했다. 따라서 최고경영자들은 이러한 기획 작업이 실제 비즈니스에 "좀더 근접해야 한다"고 말하기 시작했다.

분명 기획 담당자들은 자신의 판단에 대해 덜 가혹했지만, 그들도 결정적 변화를 강조한 시나리오를 따라 취해진 결정의 설득력 있는 예들을 인용하기가 어렵다는 사실을 발견했다. 이에 대한 변명으로 기획 담당자들은 시나리오란 원래 그와 같이 노골적이고 직접적인 방식으로 작동하지 않는다고 주장했다. 대신에 이미 언급한 바와 같이 시나리오는 경영자들이 세상을 바라보고 이해하는 방법을 변화시키는 데 기여한다고 주장했다. 즉, 시나리오는 경영자들이 자신들의 가정에 대해 의문을 갖게 하고 현실에 대한 자신들의 내적인 생각 지도를 재구성하도록 설계되었다는 것이다.

그렇다면 도대체 시나리오란 무엇을 의미하는가? 시나리오는 경영자들이 "아하! 이제 무슨 일인지 알겠군."이라고 말하게 하는 것을 의미했다.[11] 기획 담당자들은 의사결정자들이 시나리오를 몰랐을 때 내렸을 결정과는 다른 결정을 내릴 것이라고 주장했다.

그러나 이러한 "아하!" 경험이 경영자들의 마음속에서 어떻게 실현될 수 있는가에 대해서는 그리 분명하지 못했다. 이것은 시나리오 분석의 진정한 도전 과제로 보였고, 훌륭한 프리젠테이션과 멋진 차트만으로 해결될 수 있는 문제가 아니었다.

결론적으로 쉘 그룹 기획실의 우리들은 수수께끼와 같은 난제에 직면하게 되었다. 되돌아보면 우리는 시나리오들이 상당한 정도로 믿을 만한 예측을 해왔던 입증된 기록를 가지고 있음을 알 수 있었다. 그러나 우리는 이를 부정적으로 보고 있는 사람들에게 쉘 그룹이 행동을 변화시켰거나 적응력이 높아졌다는 분명한 근거를 제시하기는 어려웠다. 우리가 제시한 선행 지식과 그동안 행해졌던 실제 의사결정들 간에는 실오라기 같은 연계만이 있었을 뿐이다.

이 문제는 아마도 시나리오가 아니라 시나리오가 영향을 미치려고 시도했던 의사결정 과정에 관한 것이었다. 과연 기업의 의사결정 과정들이 개선될 필요성이 있는 것인가? 만약 그렇다면 쉘 그룹과 다른 기업들에서 의사결정의 진정한 본질은 무엇인가? 우리는 그룹 기획실에서 이 문제들을 탐색하기로 결심했다. 우리는 경영자들이 (그리고 전체로서 회사가) 학습하게 만들도록 의사결정이라는 행동이 재설계될 수 있는지 여부를 연구하기로 했다.

04
학습 활동으로서의 의사결정

쉘 그룹 기획실에서 1980년대 중반에 처음으로 의사결정 과정에 대해 생각하기 시작했을 때, 나는 지나치게 열정이 앞섰었다. 먼저 우리는 기업 내 의사결정 과정에서 기획의 역할에 관해 생각하기 시작했다. 석유 및 화학 산업에 종사해온 우리들로서는 "기획은 촉매다"와 같은 문구가 아주 쉽게 떠올려졌다. 그런 뒤 우리는 "기획은 학습이다"라는 생각으로까지 발전했다. 우리는 점진적으로 의사결정 자체가 학습 과정일 수 있다는 사실을 깨닫게 되었다.

나는 아주 자연스럽게 이러한 생각을 갖게 되었다. 지난 10년 동안 내 두 딸들이 학교에 다니고 있었고, 내 관심은 학습이라는 주제로 향해 있었다. 나는 존 홀트John Holt[1]의 저서를 읽게 되었고, 그것은 대학 시절 심리학에 대해 가졌던 관심을 되살려냈다. 그래서 나는 조직 수준에서의 "학습"과 "학습 촉진"에 대해 이야기하기 시작했다. 나는 우리가 학습의 속도를 높임으로써 이득을 얻을 수 있다고 주장했다. 그러나 항상 지지를 받은 것은 아니었다. 사람들은 조직이 학습을 하지 않는다고 말했다. 학습을 하는 건 사람이라는 것이다.

이와 같은 주장들은 로열 더치 쉘과 사회 전반의 지배적인 문화에 못박혀 있는 학습 및 의사결정에 대한 다른 관점으로부터 기인하고 있다. 이러한 관점들은 학계와 경영계의 이론과 관행에서 유래하는 것이다. 즉, 학습과 의사결정은 완전히 별개라는 것이다.

학계에서 의사결정은 과학으로 불린다. 학생들은 이에 대한 과목을 수강하고, 관련 책들이 출판된다. 경영 기술 훈련을 받은 이러한 과학의 실천가들은 사무실에 앉아서 적절한 의사결정을 위한 전문적 단계들을 따른다. 의사결정 과정 중에는 학습을 할 필요가 없다. 그들은 이미 알아야 할 모든 것들을 배웠다.

지배적인 견해에 따른다면, 학습은 당신이 (최소한 경영자라면) 이미 학창 시절이라는 삶의 특정한 시기에 끝마쳐야 하는 것이다. 학습의 시기는 그렇게 많은 책임을 질 필요가 없는 즐거움의 시간이다. 그런 뒤에 당신은 지식을 적용할 실제 삶이나 기업 업무에 뛰어들게 된다. 유희는 끝나고 냉엄한 현실이 등장한다. 사람들은 자신이 알고 있는 지식에 비례해 급여를 받는다. 더 많이 알수록(또는 학교에서 더 많이 배웠을수록) 더 많이 벌게 된다. 교육은 능력을 확장시켜주는 수단이라기보다 단순히 신분 상승의 자격증일 뿐이다.

더 많은 지식을 갖고 있다는 것은 당신이 종국적으로는 리더가 된다는 것을 의미할 수 있다. 그렇게 되면 사람들이 당신에게 귀를 기울이게 될 것이다. 사람들은 당신의 논리적인 주장과 월등한 사실 분석력에 설득당하게 된다. 만약 그들이 당신의 명령을 여전히 실행하지 않고 있다면(당신이 분명하고 타당하고 침착하게 설명했음에도 불구하고), 이는 아마도 조직 내의 다른 사람들이 방해를 하고 있기 때문일 것이다. 이러한 장애물들을 없애는 것이 리더인 당신의 일이다.

리더십은 의사결정과 마찬가지로 학습과 별 관계가 없다. 실제로 리더가 "전에는 알지 못했던 것을 배웠다"라고 말하면, 이는 확실해 보이고 신뢰감을 불러일으키는 리더의 능력에 손상을 가져오는 일이다. 배우는 리더는 불확실한 리더이기 때문이다.

이러한 태도는 지적인 인간의 삶에 대한 풍자 만화이다. 사람을 자동차에 비유해보자. 주유소(학교)에서 지식을 "두뇌 탱크"에 주입한 뒤 출발을 하게 된다. 인생의 고속도로를 질주하며 당신의 지적 연료를 소진한다. 이러한 관점에서 본다면, 학습이 더욱 효과적으로 또는 대규모로 이루어지게 할 제도적 장치들은 별로 필요가 없게 된다. 기업의 모든 필요한 지식은 이미 구성원들의 머릿속에 채워져 있다. 새로운 기술을 따라가기 위해 필요한 일시적인 "교정" 학습을 제외하고는 학습이 이미 완료된 것으로 간주된다.

이러한 관점은 기업이 사람들을 채용하고 보상하며 승진시키는 방식에 반영된다. 예컨대 위기로 전환될 수 있는 변화들을 살펴보기 위해 사람들을 모아서 외부의 사건들을 예측하려고 하는 사람이 최고의 자리에 올라설 여지는 없다. 모든 답들을 가지고 있지 않다고 인정하는 사람도 그럴 여지가 없다. 회사 자체가 스스로 학습을 할 수 있다는 생각은 어느 누구의 머릿속에도 들어 있지 않다.

의사결정의 실제

1980년대에 우리는 조직의 핵심적인 지적 활동에 대한 연구를 수행하면서 기존의 지배적인 가설을 거부하기 시작했다. 일단 그렇게 정하고 나자, 의사결정이 학습 과정이라는 사실을 쉽게 깨달을 수 있었다. 의사결정은 사실상 전혀 개인적인 것일 수가 없었다. 의사결정은 기본적으로 단순하고, 비영웅적이고, 비과학적인 사회적 과정이었다.

실제로 의사결정을 위한 회의에서 어떤 일들이 발생하는가? 사람들이 이야기를 나눈다. 순현재 가치, 수익력 산정, 최적화 모델과 같은 분석적 기법들은 회의를 위한 정보의 준비에 포함될 수 있다. 그러나 이 기법들은 본질적으로 의사결정에는 척박한 토양이다. 의사결정은 공식적, 비공식적 대화의 풍토 속에서 자라난다. 그것은 때로는 이사회나 예산심의 과정처럼 구조화된 대화일 수도 있고, 때로는 특정 계획의 실행을 위한 기술적인 대화일 수도 있으며, 때로는 즉석 대화일 수도 있다.

만약 여러분과 내가 팀의 구성원으로서 의사결정을 위한 회의를 하고 있다고 가정해보자. 회의에서 어떤 일들이 일어나는가를 면밀히 살펴보자. 우리는 자유롭게 열린 분위기 속에서 이야기를 나눈다. 우리가 결정에 도달하기를 희망한다면, 우리는 회의가 어느 한 사람에 의해, 특히 상사에 의해 일방적으로 주도되어서는 안 된다는 것을 안다. 우리는 방에 있는 누구도 즉각적인 해결책을 갖고 있지 않다는 것을 안다. 우리는 모두가 관심을 갖고 있는 사안에 대한 답을 찾기 위해 노력해야 할 것이다. 회의가 효과적으로 운영되기

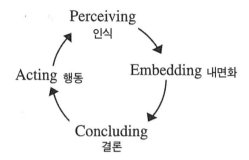

위해서는 우리는 인내심을 갖고 동료들의 의견을 들어야 한다. 우리는 자신의 주장만을 내세우거나 자신의 입장만을 고집해서는 안된다.

그러나 회의가 잘 조직화되지도 운영되지도 못한다 하더라도 회의는 여전히 대화를 통해 진행된다. 이러한 대화 과정은 4가지 단계를 거친다.[2] 그 단계들은 두뇌공학 용어로 가장 잘 기술될 수 있다.

1. 인식 Perceiving

회의가 소집되는 이유는 누군가가 정상적인 과정에서 벗어난 사건이나 현상을 보았거나 들었기 때문이다. 판매가 저조했다거나, 정부의 정치적 노선이 변했다거나, 또는 경쟁자가 신제품을 내놓았을 수 있다. 사람들은 "이 사건이 우리에게 무엇을 의미하는지를 규명하는 것이 좋겠다"라고 말한다. 하나의 사고 모델mental model, 즉 우리가 새로운 사건을 바라보는 방식에 영향을 미치는 내부적 해석을 발전시키는 단계가 시작된다.

2. 내면화 Embedding

이제 우리는 "그 문제를 어떻게 볼 것인지"를 서로에게 설명하면서 대부분의 시간을 보낸다. 우리는 그것과 우리 사업 세계와의 관계를 이해하고, 이전의 이해들 안에 그 변화를 내면화하려고 한다. 만약 우리 팀이 기술, 재무, 마케팅, 인적자원 관리 등 각 분야의 사람들로 다양하게 구성되어 있다면, 우리는 그 상황에 대해 점차 다양한 측면들의 그림을 그려볼 수 있을 것이다. 우리는 서로 공유하기 시작한 사고 모델의 틀에 명칭을 부여하는 공통의 언어들, 즉 회사 내에서만 통용되는 전문 용어들을 만들어낸다. 이는 그 상황에 관해 모두가 이해하고 있는 사항들에 대한 간략한 표현이다. 이제 모두가 함께 일관된 결정에 도달하기 위해 우리의 사고 모델을 밖으로 드러내고 조율하게 된다.

3. 결론 Concluding

이해의 공유는 점차 행동의 계획으로 이어진다. 어떤 사람은 "자, 만약 이러이러하다면 어떤 일이 일어나겠는가?"와 같은 질문을 하려 한다. 그 순간부터 회의는 더욱 무질서해지지만 더욱 생산적이 된다. 우리는 "만약 이러이러하다면 어떻게 될까?"라는 질문들을 통해 우리 선택 대안들의 결과와 잠재적 행동들에 대해 이야기한다. 이는 마치 우리가 공유하는 이해가 하나의 모델로 상정되는 것과 같으며, 우리는 다양한 결론들을 실험해본다. "우리가 만약 새로운 제품을 출시한다면 어떻게 될까? 또는 포장을 바꾸거나 가격을 바꾼다면?" 우리는 우리의 결정에 대한 가상적 반복을 통해 그 상황에 대한 모델을 모의실험 해보는 것이다.

4. 행동 Acting

마침내 우리는 실행과 행동에 들어갈 준비가 되었다. 의사결정 과정의 유일한 타당성은 그 과정으로부터 나오는 행동에 있다. 그렇지만 우리는 최선을 다해 그 효과를 측정하고 과정을 감시하고 평가할 수 있도록 행동을 설계한다. 결정이 성공을 거두리라는 것을 어떻게 알 수 있는가? 우리의 관찰에 확신을 가지려면 우리는 무엇을 해야 하는가? 우리는 과학자들과 마찬가지로 모델을 가동해서 아이디어들을 실행해봄으로써 그 효과를 인식할 수 있다.

이와 같은 4단계의 순환은 처음부터 다시 시작된다. 심리학자들은 인식, 내면화, 결론, 행동이라는 4가지 요소를 학습의 핵심 요소로 간주한다. 각각이 효과적으로 관리되느냐 아니냐는 중요한 문제가 아니다. 의사결정의 모든 행동들은 학습 과정이다.

적응 학습

스위스의 교육 이론가 장 피아제Jean Piaget는 아동의 발달에 대한 자신의 연구를 토대로 동화assimilation와 적응accommodation이라는 학습의 두 가지 유형을 제시한다.[3]

동화 학습learning by assimilation이란 학습자가 이미 가지고 있는, 신호를 인식하고 의미를 부여하는 구조에 맞는 정보만 받아들이는 것을 의미한다. (데이비드 잉그바르가 주장하는 바와 같이 학습자는 이미 이러한 정보와 부합하는 "과거나 미래에 대한 기억"을 갖고 있다.) 학습자는 이러한 정보를 쉽게 인식하고 소화하며 그에 따라 행동한다. 예컨대, 학생이 교과서에서 무엇인가를 보고 나면 그것을 시험 문제를 푸는 데 사용할 수 있고, 숙련공은 기술을 보면 그것을 자신의 작업에 사용할 수 있다.

기업에서 운영상의 결정들에 사용되는 대부분의 정보는 이러한 범주에 속한다. 예컨대, 은행 경영진은 이자율의 중대한 인상에 관련된 신호를 즉각적으로 감지한다. 은행은 그 신호에 의미를 부여할 모든 절차와 구조들을 갖추어놓고 있다. 모든 수준에서 은행은 그 신호를 소화할 준비가 되어 있다. 즉 예금과 여신거래, 금융시장 운용, 그리고 그밖에 모든 은행 업무에 관한 결정들에 있어 그 신호에 따라 결론을 내리고 행동에 들어간다.

이는 대부분의 사람들이 학습에 대해 생각할 때 마음속에 갖는 행동이다. 즉, 사실들에 직면하게 되면 그것을 지적으로 흡수하는 것이다. 이런 활동에는 그 상황에 맞도록 이미 만들어진 생각들과 구조들이 있다. 이러한 생각들은 한 사람에게서 다른 사람에게로 전달될 수 있다. 이것은 전통적인 강의실이나 교실에서 행해지는 학습 활동이다. 이러한 학습 활동은 너무나 지배적이어서 대부분의 사람들이 학습learning을 가르침teaching과 동일시하게 된다.

기업에서 가르침을 받는 것의 가장 가까운 예가 바로 전문가나 컨설턴트가 경영자들 모임에서 자신의 지혜를 설파하는 것이다. 이러한 가르침은 기업들의 교육 훈련에서 권장할 만한 방법이 아니다. 특히 교육 성과의 측면에서 볼 때 가르친다는 것은 비효과적인 학습 방법이라는 것을 기업에서는 잘 알고 있다.

장 피아제가 주장한 또 다른 학습 유형인 적응 학습learning by

accommodation을 보자. 이 학습 유형에서는 신념과 생각, 태도에 있어서 내적 구조 변화를 겪게 된다. 동화 학습에서는 우리가 전통적인 학교 학습에서 사용하는 강의와 교재들로 충분하다. 그러나 적응 학습은 그 이상을 요구한다. 적응 학습은 모든 지성과 감성을 발휘하여 전적으로 참여하는 적극적인 시도들을 통해, 변화하는 세상에 적응하는 경험적 과정이다. 당신은 그 최종 결과가 무엇인지는 알지 못한다. 아는 것은 종국에 가서 당신이 달라질 것이라는 사실뿐이다. 이와 같은 환경과의 상호관계는 실제로 당신이 성장하고, 생존하고, 잠재력을 발전시키게 만든다.

군대에서 훈련 과정을 마친 군인들의 경우를 보면 그들은 더 이상 입대 전처럼 생각하거나 행동하지 않는다. 전문 학교에서 강도 높은 과정을 이수한 사람도 마찬가지이다.

기업들도 적응 학습의 형태를 지니고 있다. 적어도 성공적인 기업에서는 그러하다. 앞장에서 이미 서술한 바와 같이 장수 기업들은 비즈니스 환경에서의 변화 신호들에 대응하는 방법들을 자신의 내부 구조를 변화시킴으로써 찾는다. 은행가들이 당연하게 받아들이는 이자율의 인상은 부동산 회사에게 전혀 다른 의미를 갖는다. 이자율 인상으로 인해 부동산 회사는 자신의 내부 구조를 변화시켜야 한다. 즉, 대출을 재협상해야 하고, 전체 사업포트폴리오의 일부를 폐기시켜야 하고, 개별적인 사업계획을 수정하거나 연기시켜야 한다. 또는 새로운 동업자를 찾거나 인력을 재배치해야 한다

이러한 형태의 학습은 의사결정에 내면화되어 있기 때문에 결국에 가서는 성공을 거두게 된다. 새로운 이해에 도달하고 행동이 취해지는 진정한 의사결정들이야말로 적응을 통한 학습의 예들이다.

전통적 학습의 문제점들

의사결정이 학습이라면 모든 기업들은 늘 학습을 한다. 따라서 학습 조직을 구축할 필요가 없다. 당신의 기업은 이미 학습 조직이기 때문이다.

그러나 대부분의 기업들이 이러한 학습을 성취하는 전통적인 방법들은 불완전하다. 끊임없는 회의와 토론은 몇 가지 두드러진 취약점들을 갖고 있다.

너무 느리다. 쉘의 한 연구에서 우리는 회사 내부구조의 변화를 포함하는 의사결정을 할 때 결정에 이르기까지 걸리는 시간을 측정해 보았다. 예컨대 제품 범위 변경, 시추공 폐기, 조직 재설계 등과 같은 결정들이었다. 이러한 결정의 경우 신호의 감지에서 변화의 실행에 이르기까지 대체로 1년 6개월이 걸렸다. 어떤 경우에는 의제 제시에서 내적 변화라는 최종 실행까지 5년 또는 그 이상이 걸렸다.

의사결정이 늦다는 것은 변동이 잦은 세계에서 특히나 위험한 일이다. 이미 또 다른 변화가 다가오고 있는 상황에서 사라져가는 혼란에 반응하는, 즉 "지난 전쟁을 치르는 것fighting the last war"과 같은 위험에 처하게 된다.

선택 대안들을 봉쇄한다. 새로운 사업 기회를 논의하거나 기존 사업의 축소 같은 고통스러운 결정을 내릴 경우에는 항상 자원의 재분배 문제가 따른다. 만약 회사가 생산설비를 폐쇄하거나 다른 나라로 옮기는 것을 고려한다면 해당 경영자들은 위협을 느끼거나 자신들이 희생을 요구받고 있다고 믿는다. 이런 경우 의사결정 과정에 협상 요인들이 개입하게 된다. 협상은 보통 단 하나의 결과를 가질 수 있을 뿐이다. 즉, 타협이 이루어지거나 직책이 높은 쪽에서 정하는 것이다. 그 선택 대안은 "계획"이나 "전략"이 되고, 다른 선택 대안들은 전혀 검토되지 않는다.

시뮬레이션 대신 경험 학습에 의존한다. 이는 정상적인 경영은 현실에 대한 끊임없는 실험이 필요하다는 것을 의미한다. 브리티시 에어웨이즈British Airways는 파일럿들이 모의비행에 충분한 시간을 들이지 않을 경우 보잉 747기를 조종하지 못하게 한다. 파일럿이 승객을 가득 태운 실제 비행기로 비행을 학습할 수는 없는 일이다. 그런데도 우리는 경영자들이 자신의 기업을 시행착오를 통해 운영하는 것을 그럴 수 있는 일이라고 여긴다. 불행하게도 브리티시 에어웨이즈 파일럿의 의사결정만큼이나 경영자들의 의사결정에도 수많은 인간들의 운명이 달려 있다.

두려움을 불러일으킨다. 근본적인 변화를 수반하는 중요한 의사결정을 논의하라고 하면 우리는 그 결과에 대해 미리부터 염려하는 경향이 있다. 위험에 대한 두려움이 사유 과정에 끼어들기 시작한다. 이는 결국 상상력을 억누르기 때문에 창의적이거나 과감한 선택 대안들은 종종 진지한 고려 대상이 되지 못한다.

피아제가 주장하듯이, (두려움의 상황 하에서) 선호되는 해결책은 진정한 변화보다 동화assimilation가 되고 만다. 경영자들은 최초의 변화가 단지 일시적인 일탈이기를 계속해서 바란다. 그들은 비용

삭감, 자본 지출 삭감, 채용 축소, 또는 품질 기준 낮추기 등과 같은 결정들을 내린다

(이와 같은 결정들이 언제나 문제가 된다는 것은 아니다. 이러한 결정들도 경우에 따라서는 아주 훌륭한 결정이 된다. 예컨대 경쟁사에 비해 불리한 입장에 처해 있거나, 과잉투자가 이루어졌거나, 인력을 과잉 보유하고 있거나, 또는 다른 근본적인 취약점으로 인해 고통을 겪고 있는 경우이다. 그러나 만약 이러한 결정들이 수요의 급격한 하락과 같은 외부 세계의 변화에 대한 재빠른 대응책으로 만들어진 것이라면, 이 결정들은 적응이 요구되는 때에 동화라는 해결책을 제시한 꼴이다.)

동화에 근거한 의사결정들은 위험한 결과를 초래할 수 있다. 만약 외부 세계에 근본적인 변화가 있는데도 경영자들이 앉아서 "그래, 이것은 변화야. 그렇지만 곧 정상으로 돌아올 것이고, 그러면 우리는 더욱 비용을 절감하고 효율적이 될 거야"라고 스스로를 안심시킨다면, 위험은 더욱 빠르게 고조된다. 시간이 흐르면서 동화는 내부 시스템을 약화시킨다. 현금 흐름이 막히고, 직원들은 회사를 떠나며, 고객들도 등을 돌린다. 어느 단계에 이르면 주주들도 떠난다. 만약 최초의 변화가 일탈이 아니고 계속 유지된다면 그 기업은 내부 시스템의 약화와 더불어 위기 상황으로 치닫게 된다.

두려움은 또한 이전의 성공 방식을 반복하는 것을 선호하게 만든다. 누군가는 꼭 나서서 "이것은 우리가 20년 전에 겪었던 상황을 기억나게 하는군"이라고 말한다. 그는 계속해서 당시에 성공했던 해결책을 설명한다. 그리고 "그때 성공했으니 이번에도 성공하겠지"라며 안도의 숨을 내쉰다.

물론 역사는 되풀이되기도 한다. 그러나 똑같은 방식으로 되풀이

되는 것은 결코 아니다. 현재의 조건들이 과거의 조건들에서 2~3%만 벗어나더라도, 좋은 결정과 진부한 결정이라는 큰 차이를 만들어낼 수 있다.

요약하자면, 자연적인 학습 과정은 선택 대안의 수를 제한하는 경향이 있다. 그리고 그것은 느리다. 조직의 생존을 위해서는 학습의 속도, 개방성, 창조성, 그리고 용기 등 모든 것들이 더욱 향상되어야만 한다.

그렇다면 우리 앞에 놓여진 문제는 분명하다. 우리는 기존의 의사결정 과정을 어떻게 개선할 수 있는가? 이미 이루어지고 있는 학습을 어떻게 가속화하고 강화할 것인가?

놀이를 위한 학습과 학습을 위한 놀이[4]

나는 더 나은 학습 방법들을 연구하면서 몇몇 유명한 교육 연구자들의 문헌을 접하게 되었다. 가장 중요한 도움을 준 3가지 문헌은 영국의 심리학자이며 타비스톡 연구소 출신인 위니코트D. W. Winnicott의 『놀이와 현실Playing and Reality』, 미국의 교육학자 존 홀트John Holt의 『아이들이 학습하는 방법How Children Learn』, 그리고 MIT 대학 메디아 연구소의 세이모어 페이퍼트Seymour Papert의 『마인드스톰: 아동, 컴퓨터, 그리고 강력한 아이디어Mindstorms: Children, Computer, and Powerful Ideas』이다. 세 명의 저자들 모두 아이들과 학교 수업에 관해 쓰고 있지만, 그들의 책을 기업을 염두에 두고 읽어보면 유사점이 매우 많다는 점에 놀랄 것이다. 교실의 상황은 경영이사 위원회실을 연상시키며 실제로 쉘 그룹의 기획실도 그와 유사했다.

세 명의 저자는 근본적으로 동일한 주제를 다루고 있다. 즉, 학습의 핵심은 놀이를 통한 발견이며, 학습을 촉진하는 의사결정 과정은 오직 놀이의 노련한 활용을 통해 그렇게 할 수 있다는 것이다.

타비스톡 연구소의 정신의학자들은 이러한 사실을 1940년대 중반부터 알고 있었다. 그들은 1943년 연합군의 프랑스 상륙작전 준비라는 금세기 가장 큰 규모의 훈련과 학습 노력들 중 하나를 책임지고 있었다. 전쟁이 끝난 뒤까지도 그들은 그 노력을 지속적으로 이어가기 위해 연구소를 만들었다. 그들의 선도적인 연구 결과들로부터 우리는 진정한 "놀이"가 무엇이고, 어떻게 그것이 개인들 또는 집단 내에서 지식의 습득을 강화하는지 더 잘 알게 되었다.

1971년에 첫 출간된 『놀이와 현실』에서 위니코트는 "이행 대상 transitional object"이라는 개념을 만들어냈다. 그의 논리에 의하면 놀이는 항상 손에 무엇인가를 들고 행해진다고 한다. 여자아이들은 인형을 가지고 놀고, 남자아이들은 레고 세트를 가지고 논다. 유아기의 아기들은 피셔 프라이스 사의 장난감을 가지고 논다.

장난감을 가지고 노는 것은 시합을 하거나 스포츠 경기를 하며 노는 것과는 사뭇 다르다. 장난감 놀이에는 이기는 일이 결코 없다. 놀고 있는 아이는 단지 어떤 식으로든 현실을 나타내는 대상물을 가지고 실험을 하고 있는 것이다. 이것이 바로 놀이와 게임 간에 차이를 가져다주는 기초이다. 놀이는 아이가 자신의 현실을 나타낸다고 여기는 장난감을 가지고 실험하는 것이다. 장난감은 실제 세계의 표현이며, 이를 통해 학습자는 결과에 대한 두려움 없이 실험을 할 수 있게 된다. 모든 재미의 이면에는 아주 중요한 목적이 자리하고 있다. 즉, 자신의 현실을 갖고 놀이를 해봄으로써 자신이 살아가는 세상을 더욱 잘 이해할 수 있게 되는 것이다. 놀이를 하는 것은 바로 학습을 하는 것이다.

위니코트는 이 장난감들을 "이행 대상"이라고 불렀는데, 장난감이 아이들을 삶의 한 단계에서 다음 단계로, 즉 세상에 대한 이해의 한 수준에서 또 다른 수준으로 이행하는 것을 돕기 때문이다. 예를 들어, 여자아이는 자신의 현실의 일부를 인형에 부여한다. 아이의 마음속에서 그 인형은 남동생이거나 친구이다. 아이는 인형을 가지고 실험을 한다(논다). 그 인형은 단지 장난감이기 때문에 결과에 대한 두려움 없이 실험할 수 있다. 아이는 그 장난감을 망가뜨릴 수도 있으며, 어떤 특정 행동들이 실제로 인형을 망가뜨린다는 것을 알게 된다. 허공으로 던지거나 땅에 떨어뜨릴 수도 있다. 엄마는 살아있는 동생을 갖고 그렇게 노는 것을 결코 허용하지 않을 것이다. 그 여자아이는 인형 놀이를 통해 관계에 대한 지식과 원인과 결과에 대한 지식을 얻게 된다. 아이는 더 높은 발달 단계에서 실제 삶에서의 행동을 시작하는 법을 배운다.

경영자들도 이와 거의 유사한 행동을 한다. 쉘이 북해의 유전지대를 개발하기 위해 새로운 석유시추 시설을 건설해야 할 때, 우리는 현실을 가지고 실험하지 못한다! 즉, 구조물을 만들어서 10미터 깊이의 바닷물 속에 집어넣고 어떤 일이 일어나는지 알아볼 수는 없다. 대신에 우리는 축소 모형을 만들어서 해저 모형 위에 설치한 다음 그것을 가지고 실험을 한다. 실험은 때로는 수 년이 걸리기도 한다. 우리는 우리의 "장난감"을 파도와 바람과 시간 등 상상이 가능한 모든 요소들 앞에 내어놓고 어떤 일들이 일어날 것인지 알아 본다. 그런 뒤에야 비로소 실제 시추 시설을 건설한다.

화학회사에서도 마찬가지로 새로운 공정을 개발할 때 모형들을 만들어 여러 달 동안 실험을 한다. 최종 설계대로 건설에 들어가기 에 앞서, 연구용 축소 모형으로, 또는 파일럿 공장이나 차선의 생산 시설에서 실험이 이루어진다. 대규모 댐이나 사고나 희생을 원치 않는 어떤 기술적인 상황에서도 동일한 논리가 적용된다.

한 번의 실수로 삶과 죽음이 갈리는 군대에서도 끊임없는 "전쟁 게임"을 해보지 않고는 움직이지 않는다. 1991년에 벌어진 걸프전 에서도 실전이 있기 전에 수많은 작전들이 모든 병참지원과 연계한 컴퓨터 모의실험을 거쳐 수립되었다. 비즈니스에서도 위험 요소가 큰 경우 현실에서 실험을 할 수 없다. 실행에 들어가기 전에 우리는 현실을 반영하는 모형을 통해 일정 기간 단계별로 실험을 실시하게 된다. 이런 의미에서 스프레드 시트 프로그램도 "장난감"이라고 볼 수 있다. 경영자들은 실제로 엄청난 돈을 직접 투자하는 모험을 걸 기 전에 현실의 다양한 버전들을 시도해봄으로써 중요한 재무적 의 사결정들을 모의실험 해볼 수 있다.

이러한 모든 예들은 한 가지 사실을 분명히 한다. 기업에서도 놀 이가 최상의 학습 방법이라는 사실이다. 그런데 놀라지 않을 수 없 는 것은 대부분의 기업에서 의사결정, 즉 놀이가 학습 도구로 고려 조차 되고 있지 않다는 점이다. 우리는 현실을 모의실험 해보기보 다는 경험을 통해 학습한다. 즉, 현실을 가지고 실험하는 것이다.

우리는 문제를 인식하고 그것을 다음 번 회의의 안건으로 제기한 다. 회의가 열리면 모든 것을 한번에 처리해버린다. 안건이 무엇에 관한 것인지 이해하고, 그와 관련해 미래에 무슨 일이 일어날지 생각해보고, 취해야 할 행동을 그려본 다음 그것의 이행을 추진한다. 우리는 이 모든 것들을 한 번의 회의에서 해버린다. 어떤 때는 구석에 앉은 두 명의 핵심인사가 비행 시간에 맞추어 자리를 뜨기 전에 두 가지 이상의 안건을 처리하기도 한다.

이러한 람보 스타일의 경영이 상당히 퍼져 있다. 이는 지식과 우선 순위가 외부 세계와 조화를 이루고 있을 때에는 이상적이지는 않을지라도 충분히 적절한 운영상의 의사결정 방법일 수 있다.

은행이 이자율 상승에 대응하거나 부자 회사가 비교적 소규모 투자를 결정할 때는 이런 식으로 의사결정을 할 수도 있다. 그러나 영웅적인 의사결정은 공장 폐쇄, 연구 프로그램의 방향 설정, 신제품 출시나 폐기 등과 같이 유일한 출구가 적응adaptation인, 어렵고 심각한 비즈니스 상황에서는 극도의 위험을 수반하는 도박이다.

따라서 우리는 기업의 변화관리에 치명적 실수들이 수없이 범해지고 있고, 수많은 경영자들이 끊임없이 불을 끄는 데 매달리느라 생각할 겨를이 거의 없다는 사실에 놀라지 말아야 한다. 이러한 불행을 막기 위해서는 경영상의 실책에 대한 관용의 수준을 기업의 기술적인 분야에 적용되고 있는 것과 동일한 수준으로 해야 한다는 것이 나의 주장이다.

북해유전 시추선 위에 있거나 보잉 747기를 탔을 때 위험에 처하게 되는 것만큼이나 많은 사람들의 운명이 기업의 인수 합병, 공장 폐쇄 또는 제품 변경 등과 같은 경영상 결정의 질에 달려 있다. 쉘 케냐Shell Kenya와 같이 비교적 작은 회사의 마케팅 담당 경영자도 자신의 의사결정을 통해 350명의 승객을 태운 보잉 747기의 조종사보다 더 많은 사람들에게 영향을 미친다. 우리는 단지 실책의 결과가 즉각적인 재앙으로 나타나지 않는다고 해서 비기술적 영역에서 더 많은 위험을 기꺼이 감수하려 해서는 안 된다.

경영자의 레고 세트 만들기

1980년대에 쉘 시나리오 팀을 이끌었던 피터 슈바르츠가 캘리포니아의 대학 도시인 팔로 알토 거리를 거닐고 있는데, 갑자기 낯선 사람이 다가와 이렇게 말을 건넸다고 한다.

"미래가 어떨 것 같습니까?"라는 낯선 사람의 질문에 피터는 멍하니 바라보고만 있었다. 그러자 그는 "당신은 피터 슈바르츠가 맞지요? 미래에 관한 책을 쓰지 않았습니까? 당신은 컴퓨터와 아이들에 대해 관심을 갖고 있지요? 그렇다면 세이모어 페이퍼트Seymour Papert가 쓴 『마인드스톰Mindstorm』이라는 책을 읽어보아야 할 것입니다. 아마도 그 책을 매우 좋아하게 될 것입니다."[6]

낯선 사람은 이런 말을 남기고 떠났고, 피터는 길 건너 서점에서 책 한 권을 구입해서 쉘 본사로 가져왔다. 그 책은 우리에게 경영자들을 위한 이행 대상들을 개발하는 데 있어 다음 단계를 제공했다.

페이퍼트는 PC를 아이들의 학습을 위한 이행 대상으로 사용하고 있었다. 페이퍼트가 개발에 도움을 준 LOGO라는 컴퓨터 언어를 사용해서 아이들은 로봇 거북이(또는 화면 위의 거북이)를 다양한 방향으로 움직이도록 프로그램할 수 있었다. 거북이의 세계는 페이퍼트가 이름 붙인 "마이크로월드microworld"가 되었는데, 아이들은 그것을 통해 실제 세계에 대해 학습할 수 있었다.

LOGO 프로그래밍의 경험은 사람이 상상할 수 있는 순수한 놀이에 가까웠다. 예를 들면, 아이들은 위치와 속도를 설정하는 명령을 사용해 거북이의 동작을 통제함으로써 운동 법칙과 같은 뉴턴 물리학의 개념에 대한 직관적이고 심층적이며 "적응적인accommodated" 이해를 개발했다. 세이모어 페이퍼트의 책을 읽는 데는 전혀 어려움이 없었으며, 그의 마이크로월드가 또 다른 형태의 이행 대상임을 알 수 있었다.

페이퍼트의 책을 통해서 우리는 현실의 모습을 컴퓨터에 입력하고 쉘의 경영자들이 그러한 "놀이" 역학을 사용해 보다 깊은 이해를 갖도록 할 수 있을 것이라는 결론에 도달했다. 우리는 이를 실험해 보기로 하고, 갓 대학원을 졸업한 컴퓨터 과학자 한 명을 채용했다. 그는 석유공급망 모형 하나를 개발했다.

그러나 불행하게도 그 모형은 너무 단순했다. 경영자들이 PC를 켜고 잠깐 들여다본 뒤에는 뒤로 제쳐놓았다. 여기서 우리는 소중한 교훈을 배웠다. 경영자들은 아이들보다 융통성이 너무 없다는 것이다. 아이들은 상상적인 대체 능력이 엄청나서 어떤 대상에도 그들의 현실을 부여해서 그것을 가지고 놀이를 한다. 그러나 우리는 나이를 먹으면서 그와 같은 능력을 잃어간다. 어른들은 반쯤은 현실에 부합하고, 현실로 인식하기에 충분한 정도의 모습을 담고 있는 "장난감"을 가지고 놀고 싶어한다.

따라서 우리는 경영자들의 다차원적인 세계를 2차원적인 컴퓨터 화면에 담아보려고 노력했다. 결국 우리는 지도 제작의 문제를 다루고 있음을 알게 되었다. 지도를 제작할 때 종이 위에 한 나라의 복잡한 현실을 오직 색을 달리하면서 표현해야 하는 문제와 유사한 것이다. 지도 제작에서는 이 문제를 해결하기 위해 단순하고 일관성 있는 부호들을 개발하면 되었다. 예를 들어, 철로는 검은 선으로, 고속도로는 붉은 선으로, 강은 푸른 선으로 정하면 되는 것이다. 우리는 경영 문제에 대한 지도 제작을 위해 이와 유사한 단순한 부호 집합을 개발할 필요가 있었다.

이러한 우리의 탐구 단계에 대해 들은 피에르 웨이크는 우리에게 "제이 포레스터 교수를 찾아가보라"고 조언해주었다. MIT 경영학 교수인 포레스터 박사는 시스템 다이나믹스라는 이름 하에, 어떤 비즈니스 상황도 완벽하게 지도로 작성할 수 있는 아주 간단한 부호 집합을 개발해 컴퓨터 프로그래밍 언어로 만들었다. 우리는 MIT로 포레스터 교수를 방문했고, 다이나모DYNAMO라고 불리는 그의 컴퓨터 프로그래밍 언어가 복잡성을 가진 모형을 설계하는 데 매우 적합한 것임을 알게 되었다.

불행하게도 컴퓨터 모형화는 너무 복잡해서 실시간 모형화가 불가능했다. 모형 구성에는 고도로 훈련된 전문가 팀이 필요했고, 그들이 모형을 작동시키는 데도 여러 달이 걸렸다. 또한 모형이 작동할 쯤에는 상황이 바뀌어 더 이상 경영 현실을 반영하지 못했다. 우리는 실시간 사용할 수 있는 모형을 위한 컴퓨터 모형화 시스템을 찾아내는 데 여러 달을 소모했다. 즉, 모형이 경영자들의 불신을 없애기 위해서는 그들이 있는 자리에서 그들의 생각과 인식들을 집어넣으면서 프로그램되어야 했다. 그들이 보지 않는 곳에서 만들어진 어떤 것도 모두 "블랙박스black box"로 간주되었다. 그것은 전혀 흥미를 유발시키지 못했고 그들은 "놀고" 싶어 하지 않았다.

다이나모 모형을 만드는 과정도 여러 달이 걸렸다. 그러나 포레스터의 제자들 중 한 명인 베리 리치몬드는 스텔라Stella라는 간편한 소프트웨어를 개발했다. 베리 리치몬드는 스텔라가 다이나모에 비해 100배 이상 효과적이라고 말했고, 쉘의 팀도 이에 동의했다.

우리는 스텔라(나중에 iThink로 알려짐[7])를 가지고 우리 사업의 마이크로월드[8], 즉 생산자 가격, 소비자 수요 등과 같은 석유 공급망의 주요 변수들을 보여주는 컴퓨터 환경을 구축했다. 그것은 현실에서 상호작용하는 방식을 그대로 반영하는 것이었다.

우리는 경영자가 실제로 내릴 수 있는 결정들을 해보고 그 결과가 시간의 흐름에 따라 어떻게 달라지는지를 볼 수 있었다. 또한 실제 석유 공급망에 대해 더 잘 이해하게 되면서 실제 세계를 보다 정교하게 반영하도록 모형에 변화를 줄 수 있었다. 그리고 마침내 실시간으로 운영될 수 있는 모형화 소프트웨어를 갖게 되었다.

시스템 다이나믹스는 우리가 그동안 시나리오를 통해 영향을 미치려고 했던 생각 지도들을 만들어내는 데 이상적인 방법으로 판명되었다. 경영자들에게 그들의 비즈니스 문제들을 이야기하도록 요청해서 그것을 컴퓨터 소프트웨어에 입력했다. 포레스터와 그의 시스템 다이나믹스 그룹 동료들은 몇 개의 단순한 부호들을 개발했는데, 이를 통해 아주 복잡한 기업 상황들을 그려낼 수 있었다.

영향을 표시하는 화살표, (석유 저장량이나 현재 인력 수준 등) 다양한 용량들의 "재고stocks"를 표시하는 사각형, (판매율, 고용률 같은) 변화율을 나타내는 "흐름flows"을 표시하는 원, 그리고 시스템의 일부가 계속적으로 성장을 가속화하는지 아니면 평형 상태를 향해 가는지를 보여주는 피드백 고리가 바로 그러한 부호들이었다.

그 이전까지만 해도 쉘의 경영자들이 알고 있던 컴퓨터 모형은 정유시설이나 운송선단의 수와 같은 물리적 상황에 대한 선형 모형들이었다. 이 모형들은 정유시설의 최적화와 같은 것을 계산하는 데 사용되었다. 그러나 시스템 다이나믹스 모형들은 달랐다. 이 모형들은 실제로 발생하고 있는 복잡한 기업의 상황들을 비선형적 관계로 보고, 그 인과관계들에 대해 시간의 흐름에 따라 설명할 수 있는 특징을 지니고 있었다. 경영진들을 위해 만들어진 한 모형은 쉘이 자체 석유 거래소를 설립하는 것의 가치를 보여주었다. 또 다른 모형은 쉘 그룹 내 작은 생물공학 회사의 경영진들이 전략적 선택안을 계획할 수 있도록 도움을 주었다. 1986년 석유가격 하락 후에 새로운 천연가스 전략이 개발되었던 것처럼, 네덜란드에서는 새로운 자동차 판매 정책이 개발되었다.

이 모형들이 이전의 모형들과 다른 점은 무엇인가? 우리는 이 질문에 대답하는 작업에 착수했다. 누구도 결정의 질을 측정할 수는 없기 때문에 우리는 질 대신 결정의 속도를 측정해보기로 했다. 즉, 외부 세계의 변화를 인식한 때로부터 근본적인 운영의 전환을 실행한 때까지 걸린 시간 말이다. 측정을 해본 결과, 학습 과정이 2~3개 요인에 의해 가속화되는 것으로 나타났다. 이제는 새로운 내부 시스템을 실행하는 데 과거보다 2~3배 정도 빨라졌다. 예를 들어, 종합 석유 거래소로의 전환은 국제 석유 시장에서 발생한 변화에 대한 대응이었다. 아랍 산유국들의 국유화에서 비롯된 압력 때문에 40년간 지속되어왔던 석유 시장의 수직적 통합이 빠른 속도로 해체되고 있었다. 이전에는 석유 거래에 있어서 현물 시장만 있었는데, 석유회사들은 그들의 경영방식을 전환할 필요성을 즉각적으로 인식하지 못했다. 하지만 자사 내에서만 석유 흐름을 최적화하는 것에서 "내가 가지고 있는 석유는 원칙적으로 단 한 방울이라도 자신의 회사들뿐만 아니라 다른 어떤 회사에게도 판다"라는 정책으로 전환할 필요성이 이미 대두되고 있었다.

쉘이 이러한 전환을 시도한 최초의 회사는 아니었다. BP는 쉘보다도 먼저 전면적인 자체 석유 거래소를 구축했다. 어찌되었든 쉘은 스스로의 생존을 위해 그러한 변신을 적기에 해냈다. 이 결정은 1980년대 초에 최고경영자들이 "가지고 놀던" 스텔라Stella 모형 덕분에 가능했다. 그들에게는 그러한 결정을 내릴 권한이 있었고, 조직으로서 쉘의 학습은 그들의 인식에 달려 있었다. 따라서 최고경영자들이 변화하는 환경을 감지하면 곧바로 쉘도 변화를 인식했다.

그 순간부터 쉘은 스스로 석유 거래소를 만들기로 방향을 정했고, 이를 위해 필요한 모든 조치들을 강구했다. 이에 걸린 시간은 단지 6~7개월 정도였다. 그 다음 1~2년간 이 시스템에 의한 석유 거래량은 정유소와 저장소 등 실제 시스템을 통해 이동된 석유량보다 40~50배가 될 정도로 치솟았다. 과거에는 이와 유사한 결정들이 내려지기까지 1년 6개월 이상이 걸렸다.

컴퓨터가 할 수 없었던 것들

시스템 다이나믹스 모형들의 이러한 성공에도 불구하고 1980년대 후반에 와서는 이것이 만병통치약이 아님을 알게 되었다. 특히 모든 팀 학습 훈련의 첫 번째 단계인 "개별 팀 구성원들의 사고 모형 파악"에 문제가 있었다.

팀 학습 훈련은 세 부분으로 구성되어 있었다. 첫째, 일단의 경영자들이 스스로 지니고 있는 세계에 대해 이해를 파악하는 것이다. 둘째, 이해하고 있는 세계를 컴퓨터 화면에 2차원적인 형태로 나타내는 것이다. 셋째, 경영자들이 한 자리에 모여서 실시간 컴퓨터 모형을 만들어내는 것이다. 이 모든 단계를 거치고 난 뒤에야 경영자들은 비로소 컴퓨터 화면의 부호들이 자신들이 말로 표현했던 견해들과 상응하는지 알 수 있었다.

그러나 그 과정이 그렇게 순탄하게만 이루어진 것은 아니었다. 이따금 서로 다른 입장을 보이는 경영자들의 의견을 같은 모형에 함께 돌려보면, 컴퓨터 "블랙박스"에 대한 회의적인 태도들이 드러났다. 그런 회의들은 엉망진창이 되고 말았다. 그러한 경영자들이 놀이를 하게 하는 건 거의 불가능했다. 외부 세계에 대한 자신들의 경험과 학습을 모의실험도 하기 전에 그들은 모형에 대해 비판자가 되어버렸다. 그들은 환경에 대한 학습은 하지 않은 채 빠진 부분들을 지적하고 가정에 의문을 제기하고 모형화 기법을 비난하는 데 많은 시간을 허비했다.

그 당시에 나는 왜 아이들이 어른들보다 훨씬 더 많은 상상력을 가졌는지에 대해 궁금해했다. 아이들은 현실을 똑같이 반영하지 않는 장난감들을 가지고 놀 준비가 되어 있었고, 이러한 장난감들로부터 배울 수 있다는 것을 알고 있었다. 어른인 경영자들은 모형이 현실뿐만 아니라 외부 세계에 대한 자기 자신의 가정들과도 같기를 바랐다. 만약 의심이 가면 그들은 놀기를 거부했다.

다른 회사들도 이와 유사한 경험을 했을 것이다. 이따금 "이것은 누구의 모형인가?"라는 질문이 "이 모형이 무엇을 말하려고 하는가?"라는 질문을 압도해버린다. 예를 들어보자. 피터 센게와 그의 몇몇 MIT 동료들이 매사추세츠 주 워체스터에 있는 하노버 보험사를 위해 클레임 조정 과정 모형을 개발해준 적이 있었다. 나도 하노버 직원들이 이 모형을 가지고 노는 것을 본 적이 있었다. 그런데 경쟁 요인이 즉시 이러한 놀이 상황에 끼어들면 학습은 단지 부산물에 지나지 않는다. 그들은 모의실험에 의해 제기되는 상황들에 대해서는 거의 관심이 없고, 단지 "어떻게 하면 내가 이 게임에 정통해서 상사보다 더 많은 점수를 낼 것인가?"에 몰두했다. 그들은 그 게임이 자신들에게 가르칠 수 있는 것을 배우기보다는 게임을 솜씨 있게 다루고 싶어했다.

분명 컴퓨터 자체가 시스템의 이해라는 우리의 중요한 목표에 방해가 되고 있었다. 우리는 경영자들에게 한 회의에서 몇 가지 익숙하지 않은 과정들을 처리할 것을 요구했다. 첫째로, 그들은 회사에서 신성시되어온 전통적인 회의 방식을 깨면서 각자의 가정들에 대해 서로 이야기를 나누어야 했다. 둘째로, 그들은 젊은 컴퓨터 전문가들이 아주 재빠르게 컴퓨터 화면에 입력한 많은 부호들을 주시해야 했다. 그리고 마지막으로 그들은 화면상의 부호들을 잠자코 바라보면서, 이것이 믿을 만한 토론의 모습이라 여겨야 했다. 우리가 그들에게 지나치게 많은 것을 요구하고 있었다.

그래서 우리는 컴퓨터를 없애고, 대신에 아날로그 기법으로 되돌아갔다. 6각형 컬러 메모지에 각자의 생각을 적고, 누구나 그것을 볼 수 있도록 화이트보드에 붙여놓은 다음 연관 개념이나 생각들 간의 연관성을 보여주기 위해 메모지들을 마음대로 재배열해보는 것이다.9 다른 "소프트 매핑soft mapping" 기법들도 있다. 실제로 영국에서는 소프트 모형화와 인지적 매핑 분야에서 흥미로운 시스템 다이나믹스 연구가 수없이 많이 진행되고 있다.

심지어 고위 경영자들의 팀조차 사고 모형을 매핑하는 초기 단계에서 6각형 메모지와 같은 소프트 모형화 기법들에 긍정적으로 반응한다.10 우리는 거기에서 팀의 개념이 시스템 모형으로 전환되는 두 번째 단계로 이동하는 것이 아주 유용하다는 사실을 발견했다. 그러한 컴퓨터 모형은 팀에게 제이 포레스터가 행동의 "반직관적 결과counter-intuitive consequences"라고 일컫는 것들, 즉 내부 정책들과 선택 대안들의 장기적이고 전혀 예기치 못했던 광범위한 결과들을 발견하는 유일한 길을 제공한다.

컴퓨터 모형은 비즈니스 상황에 대한 근본적인 관계와 역학들을 단순한 소프트 모형화 기법보다 훨씬 탁월한 방식으로 보여준다. 그러면서도 경영자들이 이 과정에서 컴퓨터 과학자가 될 필요도 없다. 사람은 누구나 자전거를 설계할 줄 몰라도 자전거 타는 법을 배울 수 있다. 마찬가지로 경영자 팀도 컴퓨터 모형을 설계하는 게 아니라 그것을 사용함으로써 자신의 환경에 대해 배운다.

이러한 관점을 받아들이는 것은 공유하는 6각형 지도를 완전히 계량화된 컴퓨터 모형으로 전환하는 어려움에 직면한다는 것을 의미한다. 이 문제를 해결하는 데는 꽤 많은 시간이 걸린다. 경영진들, 특히 최고경영진들의 경우에는 이 과정을 참기가 어렵다. 그들은 자신들의 인식이 계량화되어 컴퓨터 모형으로 바뀌는 동안 앉아서 기다리지 못한다. 그래서 플립차트와 6각형 메모지들을 컴퓨터 모형 설계자들에게 넘겨주고 회의를 마치려는 유혹이 항상 존재한다. 그렇게 되면 모형 설계자들이 밀실에서 그 프로젝트를 마무리하게 된다. 경영자들이나 컴퓨터 모형 설계자 누구도 더 나은 결과를 얻고 싶어하지 않는 것처럼 보인다.

이러한 유혹은 저지되어야 한다. 모형 설계자들이 밀실에서 만들어낸 모형은 경영자 팀들에 의해 거부될 확률이 매우 높다. 모형 설계자들은 경영자들이 아는 것을 알지 못한다. 그들은 경영자들의 현실에 대한 이해를 반영하는 모형을 만들 수 없다. 나는 이러한 문제들에 대한 해답이 궁극적으로 세이모어 페이퍼트의 LOGO와 같은 컴퓨터 언어를 설계하는 데 있다고 믿는다. 만약 6살짜리 아이들이 그들 자신의 마이크로월드를 설계할 수 있을 정도로 단순한 컴퓨터 언어가 만들어질 수 있다면, 경영자들을 위한 컴퓨터 언어를 만드는 것도 충분히 가능할 것이다.

경영자들은 왜 놀이를 잘 못하는가?

나는 이 장에서 어떻게 기업에서의 의사결정 과정이 실제로는 학습 과정이고, 그 결정의 속도를 개선시킬 수 있는 방법들이 있다는 사실을 보여주고자 했다. 모의실험을 하면 할수록, 놀이가 상상력과 학습을 더욱더 촉발시키고, 의사결정 과정은 더욱더 효과적이 되는 것처럼 보인다. 대규모 내부 변화를 시도하려고 하는 회사들에서 이는 특히나 진실이다. 결정은 과거의 권위주의적 방법으로 이루어져서는 안 된다. 결정은 상호작용과 직관적 성찰, 협력적 사고 모형의 발전을 필요로 한다. 결정은 놀이를 필요로 하고, 학습을 필요로 한다.

이는 매우 합리적인 것임에도 불구하고 경영자들이 귀담아듣지 않는 메시지이다. 그리고 대부분의 사람들이 자신의 경력 포지션을 바라보는 전통적인 방식에 반하는 것이다. 그들은 자신의 일을 학습의 관점에서 생각하지 못한다. 머리로는 동의할지 모르지만 그들은 아직도 자신들의 리더십이 "아는 것," 즉 자신의 정보에 대해 자신감 있는 확신을 부여하는 능력에 달려 있다고 느낀다. 당연한 귀결로 "최선의 학습 방법은 놀이를 통한 것이다"라는 메시지는 경영자들의 입맛에 맞지 않는다.

이것이 내가 5년여 동안 쉘 그룹 기획 실장으로 일하던 1980년대 중반의 현실이었다. 그때까지 나는 동료들에게 의사결정이 학습 과정이라거나 놀이처럼 학습해야 한다는 말을 쉽게 전할 수 있는 방법을 찾지 못했었다. 1986년에야 비로소 캐나다 반프에서 개최된 쉘의 기획 담당자 회의에서 나는 감히 이 주제에 관해 이야기할 수 있었다. 그 주장은 큰 호응을 얻었지만 여전히 런던이나 헤이그의 최고경영진들과 논의하기에 쉬운 주제가 아니었다.

"나는 배웠다"라는 말조차 쉘의 많은 그룹들에서 받아들여지기 어려웠다. 이는 사람들이 우리가 의사결정을 향상시킬 수 있게 돕는 대화에 들어가는 것을 어렵게 했다. 무엇인가를 "배워야" 한다는 것은 곧 내가 몰랐다는 것을 의미하며, 사람들에게는 몰랐다고 인정하는 것보다는 거짓말을 하거나 어떤 대답이라도 하는 것이 더 나은 것으로 생각되었다. 이러한 태도는 아직도 많은 회사들에 깊이 각인되어 있다.

결국 나의 동료들 중 한 명인 나피에르 콜린스는 내게 조언을 해주었다. 안에서만 이야기하기보다는 "밖에서 안으로from outside in"이야기한다면 좀더 경청하는 청중을 발견할 수 있을 것이라는 조언이었다. 그래서 나는 〈하버드 비즈니스 리뷰〉지에 논문을 기고했고, 1988년 '학습으로서의 기획Planning as learning'이라는 제목으로 게재되었다. 이 논문에서 기획 분야는 세심하게 논의되었지만 이 책의 주제인 기업의 의사결정과 본질에 대해서는 간접적으로만 다루었다. 이 방법은 성공적이었다! 쉘 경영진들의 발언에서 학습이라는 말을 들을 수 있게 되었으며, 경영상의 의사결정에 대한 더 실험적인 방법을 개발하는 것이 가능해졌다. 그 후 쉘 그룹에서의 논쟁은 몇 단계 더 중요한 발전을 이룩했고, 조직 학습의 이론 및 실행과 관련된 많은 분야들에서 더욱 광범위하게 응용되고 있다.

궁극적으로, 기업들이 "학습의 촉진"에 대한 가설과 "놀이"의 개념을 받아들이지 않는다면, 그들은 경쟁자들에 비해 지체된 학습의 심각하고 장기적인 영향으로 어려움에 처하게 될 것이다. 따라서 살아있는 기업은 외견상 옳지 않아 보이는 것에 대한 자연스런 저항에 대처할 방법을 찾아내야 한다. 기업의 구성원들이 기업의 정체성에 대해 안심을 하고, 그래서 안전하게 자신을 드러내고 주장을 펼 수 있도록 무언가가 행해져야 한다. 이는 학습의 범주를 넘어서는 문제로, 일관된 정체성을 구축하는 것과 관련 있다.

Persona(Identity)

제2부

인격체(정체성)

05
살아있는 존재만이 학습한다

　"놀이"라는 개념을 이해하고 난 뒤에 우리는 경영자 개인 수준의 학습을 넘어 기업들이 어떻게 학습할 수 있는지에 대해 관심을 갖기 시작했다. 회사 내에 "놀이"라는 확고한 규범을 가진 팀이 있다고 가정해보자. 사람들은 정규적으로 그 팀에 참여했다가 다른 프로젝트를 수행하기 위해 팀을 떠난다. 따라서 3~4년 뒤에는 초기에 참여했던 구성원들이 하나도 남아 있지 않게 된다. 그럼에도 불구하고 팀의 능력은 계속해서 향상된다. 이 팀이 수행하는 프로젝트들의 성과가 계속해서 개선되는 이유는 각각의 새로운 팀 구성원들이 동일한 학습의 질을 경험하게 되기 때문이다.

　이제 이 회사 전반에 이와 유사한 팀들이 있다고 가정해보자. 여전히 사람들이 들어오고 떠난다. 그러나 이 놀이의 관행이 기업 내에서 제도화되어 있기 때문에 학습의 성과는 지속된다. 이 회사의 재무적, 사회적 성취를 지켜보는 외부인들은 "이 회사가 이렇게 발전했다니 놀라운 일이야! 전보다 훨씬 능력 있고 활기차 보이는 군!"이라고 감탄하게 된다.

그들은 어떤 실체에 관해 이야기하고 있는 것인가? 그것은 학습하는 팀들의 집합인가, 아니면 단순히 회사에서 활동적으로 일하는 경영자들의 합인가? 아니면 회사의 공장, 유전시설, 배, 트럭 등에 구현되어 있는 더 큰 역량인가? 다시 말해, 대차대조표가 회사의 역량들을 개발할 수 있는 능력을 반영하는가? 이 회사는 왜 10년 전보다 더 또는 덜 가치가 있는가? 이러한 변화가 대차대조표상의 자산 계정에 들어 있는가? 한 묶음의 자산이 학습할 수 있다는 게 가능한가?

자산은 단지 생명이 없는 대상물이다. 자산은 한 기업을 움직이고 전진하게 하는 고유한 정신spirit을 갖고 있지 않다. 또한 기업은 결코 개인들의 집합이나 개인과 자본의 집합이 아니다. 우리는 기업들이 자산과 사람들을 잃고도 어떻게 생존할 수 있고, 여전히 그들의 핵심적인 본질을 그대로 유지할 수 있는지 이미 보아왔다. 따라서 모든 기업들을 살아있는 존재로 생각하지 않고는 조직 학습에 대해서 이야기할 수 없다. 그러나 이것도 통상적인 생각은 아니다. 살아있는 존재란 세포와 신체를 가지고 있어야 하며, 태어나거나 죽고 재생산되어야 한다. 또한 영양분을 섭취하고 배설물을 쏟아낸다. 추상적으로 말한다고 해도 과연 기업들이 법적으로 신체를 창조하고, 생명 있는 존재와 같은 행위를 하는가?

만약 기업이 살아있는 존재라면 어떤 모습인가?

이러한 질문들은 1971년을 즈음해서 내게 아주 중요한 과제로 떠올랐다. 당시에 나는 개인적으로 전환기에 놓여 있었는데, 남은 직장 생활과 진로에 대해 심각하게 고민하던 때였다.

당시에 나는 쉘의 브라질 지사 총책임자로 임명되었다. 이 시기에 남미에 있는 주요 석유회사의 최고경영자로 임명되는 것은 매우 불길했다. 그 이유는 내가 브라질에 부임한 지 2년 뒤에 세계는 석유위기에 휩싸였기 때문이다. 많은 나라들에 대해 석유수출 금지조치가 취해졌고, 실제로 공급이 중단되었다. 당혹스러워하는 운전자들의 행렬이 주유소 앞길에 길게 늘어서 있었다. 미국과 유럽뿐만 아니라 세계 어디나 마찬가지였다.

브라질은 역사상 비교적 잘 나가던 때였다. 이 나라는 소위 "브라질의 기적" 한가운데에 있었다. 15년간 지속적인 경제 성장을 누려왔던 것이다. 이러한 성장은 수많은 양의 석유를 필요로 했으며, 석유를 전부 수입에 의존했다. 그러나 정부 소유 석유회사인 페트로브라스Petrobras는 공급선을 확보하기 위해 재빠른 조치를 취했다. 이로 인해 계속해서 석유를 공급받을 수 있었고 경제는 지속적으로 성장했다. 브라질의 수출 증가는 끊임없이 오르는 석유수입 가격을 충분히 지불할 수 있었다.

그럼에도 불구하고 석유위기는 폭발 직전의 화산과 같은 브라질의 민족주의 열기에 다시 불을 댕겼다. 과거 브라질의 석유산업은 "석유는 우리 것"이라는 슬로건 아래 정부에 의해 독점화된 적이 있었다. 브라질 내에서 정유와 수송뿐만 아니라 탐사와 생산도 전적으로 페트로브라스의 관할 하에 있었다. 쉘과 같은 사기업에게는 석유를 수입해서 국내 시장에 판매하는 것을 마지못해 허용하고 있었다. 그러나 이제 페트로브라스는 석유 공급 경쟁에서 외국기업들을 제치고 브라질의 성장에 필요한 석유를 들여오는 데 성공했다.

따라서 외국기업들을 그들의 마지막 보루인 판매시장에서 쫓아 낼 것을 요구하는 목소리들이 튀어나왔다. 페트로브라스가 더 잘할 수 도 있다는 것이다. 브라질의 민족주의뿐만이 아니라 그러한 목 소리가 전세계적으로 점점 더 거세져 갔다. 여론 법정에서는 다국 적 기업들이 석유위기의 충격과 분노에 책임을 져야 하는 범죄자였 다. 당시 전세계적으로 개인들이 대형 대학, 군대, 정부, 다국적 기 업에 대해 자신들의 권리를 주장하고 있었고, 작은 것이 아름답다 는 선언이 나오기도 했다. 이러한 수사적 표현의 관점에서 본다면, 보통 국가들보다도 규모가 더 큰 글로벌 석유회사들이 국가의 주권 적 통제권을 무력화시킬 수 있는 힘을 가졌다고 보기가 쉬웠다. 다 국적 석유기업들이 자신들의 힘을 사용하여(또는 남용하여) 자신들 의 이익만을 위해 인위적으로 공급부족 사태를 만들어냈고, 터무니 없는 이익을 더욱 증가시키기 위해 시장을 조작했다는 것이다. 이 로 인해 개인들은 자신들이 원하는 때에 자동차를 몰고 다닐 수 있 는 기본적 권리를 박탈당했다는 것이다.

당시 이와 같은 이야기들은 정치가들과 언론 매체, UN공동선언 문을 통해서 흘러나왔으며, 심지어 나의 몇몇 친구들도 그런 이야 기를 했다. 이러한 비난은 나를 곤경에 처하게 만들었다. 나는 이미 다국적 석유회사에서 20년 이상 근무해왔던 터였다. 나의 부친도 같은 회사에서 근무했었다. 견실한 대기업에서 일하게 된 것은 축 하 받아야 할 일이지 비난 받을 일이 아니었다. 더욱이 나는 유럽과 중동, 아프리카, 그리고 지금은 남미에 있는 쉘에서 일해왔고, 거의 모든 직급에 있는 수백 명의 동료들을 알게 되었다. 그런데 정치가 들이나 언론이 묘사하고 있는 그런 것들을 나 자신이나 동료들에게서 찾아 볼 수 없었다.

분명 나는 많은 비판적인 발언들을 정치가들의 냉소적이며 자기만족적인 주장이라고 일축할 수도 있었다. 그러나 사람들이 표출한 감정의 깊이나 진실성에 대해서는 의심의 여지가 없었다.

비난의 대상이 된 다국적 기업들에서 일해온 나의 동료들은 나와 비슷하게 놀라고, 상처 받고, 오해 받는 기분이었다. 어려서부터 지금까지 우리는 교회, 사교클럽, 노동조합, 전문 조직, 그리고 기업과 같은 다양한 형태의 조직들에 참여해왔다. 왜 우리가 대기업에서 일하고 있다는 이유만으로 사회적으로 의심받아야 하는가? 교회나 클럽의 구성원들처럼 받아들여지지 못하는 것인가?

그러나 오래지 않아서 우리는 두려워할 것이 아무것도 없다는 사실을 알게 되었다. 우리는 침묵을 지킴으로써 우리 자신을 방어할 수 있었고, 회사를 대중의 주목에서 벗어나게 함으로써 스스로를 보호할 수 있었다. 공격은 모두 기업에 집중된 것이지 결코 기업에 속하는 개인에게 맞추어진 것이 아니었다. 기업은 자신의 목적과 개성을 가진 하나의 실체로 보여졌다. 외부인들은 기업의 의도나 책략들을 알기 어렵다. 특히 쉘과 같은 기업이 외국에 뿌리를 두고 있고, 국가의 통제를 받지 않는 것처럼 보일 때는 더욱 그렇다. 외부인들에게 쉘과 같은 기업은 직원들이 개인적으로는 결코 하지 않을 일들을 하게 만드는 신비한 힘을 보유하고 있는 듯했다.

이 모든 것이 합해져서 쉘의 이미지를 숲 속의 거대한 망령으로 보이게 만들었다. 이 괴물은 잘 보이지도 않고 형체도 없으며, 사람들을 해칠지도 모를 막강한 힘을 갖고 있는 것으로 비추어졌다. 더욱이 이 괴물은 아주 조용한 망령이었다. 다국적 기업들은 스스로 어떤 이야기도 꺼내지 않았다. 오직 외부인들만이 왜 이것이 존재하는지, 무엇 때문에 살아가는지, 왜 브라질까지 왔는지, 그리고 이 기업이 존재하지 않았다면 세상이 어떻게 달라질 것인지 등에 대해 추측할 따름이었다.[1]

쉘과 다른 다국적 기업들의 많은 경영자들은 이러한 외부의 견해들을 무시해버렸다. 그들은 아마도 기업을 경영하는 데 너무 바빠서 정치가들과 언론의 비방들에 관심을 기울일 수 없었을 것이다. 그러나 브라질에서는 이를 결코 무시해버릴 수가 없었다. 쉘맨으로서의 나에 대한 스테레오타입이 과연 진실인지 궁금했다. 나의 개인적인 정체성은 내가 속한 회사에 의해 규정되는 것인가? 아니면 종사하는 개인들에 의해 기업의 모습과 형태가 결정되는 것인가?

내게는 어느 쪽도 진실이 아닌 것처럼 보였다. 조직은 기존 구성원들에 의한 창조물이 아니라 별개의 실체, 즉 그 자체로서 하나의 인격체persona였다. 그것은 자신의 개성과 역사를 가졌다.

따라서 조직에 들어간다는 것은 개인으로서는 택하지 않을 수도 있는 일련의 견해와 신념에 대한 복종을 의미했다. 이는 교회나 노조, 정당에 참여하는 것이 한 개인을 특정 관행이나 입장을 지지하도록 만드는 것과 같다. 그러나 기업에 들어가는 것은 교회나 노조, 정당 등에 참여하는 것과 같이 판단이나 비판 능력마저 포기하는 것을 의미하지 않았다. 그것은 대규모 집단적인 노력의 한 참여자로서 판단을 내리기 위해 학습해야 한다는 것을 의미했다. 나의 목소리와 기업의 목소리가 다를 수 있지만 그렇다고 별개의 것은 아닐 것이다. 다시 말해, 내가 쉘에 속해 있는 한 나는 쉘의 실체와 연관되어 있을 것이다.

나는 브라질 언론과 정치인들에 의해 반만 모욕을 당했을 뿐이었다. 나는 그들이 내가 전혀 하지도 않은 일들로 나를 비난하고 있었고, 그와 똑같이 내 부친과 동료들을 비난하고 있다고 느꼈다.

그러나 비로소 나 자신이 비난 받고 있지 않다는 것을 알게 되었다. 쉘이라는 실체가 비난을 당하고 있는 것이지 내가 아니었다. 동시에 나는 쉘이라는 실체의 한 부분이었고, 그래서 "왜 우리는 분명한 답을 갖고 있는 않은가?"라는 문제로 고민을 했다. 일부 경쟁 기업들의 경영자들도 분명 똑같은 느낌을 가졌다. 바로 모빌 사가 논쟁적인 신문광고를 싣기 시작한 것이다. 그들은 석유를 둘러싼 정치와 국제거래, 그리고 환경문제 등에 대한 회사의 입장을 알렸다.

그러나 쉘은 전혀 그런 광고를 시도하지 않았다. 우리도 그 가능성에 대해 논의해보았으며, 그런 와중에 우리가 개인 자격으로는 몇몇 답들을 제시할 수 있었겠지만 조직의 입장에서는 어떤 답도 없다는 점을 분명하게 알게 되었다. 우리는 분명 우리 자신보다도 더 큰 실체의 일부였다. 만약 우리가 적절한 대응을 생각해내기로 했다면, 우리는 그 실체의 요구와 정신을 표현할 수 있는 방법들을 찾아내야 했다. 우리는 인격체인 실체와 환경 간의 건강한 관계를 발전시킬 방법을 찾아내야 했다.

살아있는 존재의 인격체

인격체persona로서의 실체라는 개념은 이미 오래 전 학교 다닐 때 배운 적이 있다. 나는 1950년대 대학 시절에 독일의 심리학자인 윌리엄 스턴William Stern의 저작을 통해 그것을 알게 되었다. 스턴은 유럽 대륙 외부로는 잘 알려져 있지 않지만 발달심리학과 학습심리학의 창시자들 중 한 명이었다. 가장 잘 알려진 것은 아마도 지능지수 공식의 개발일 것이다. 그러나 내게 살아있는 기업을 이해할 수 있도록 가장 큰 영향을 끼친 것은 그보다 더 철학적인 그의 저작이었다.

나는 특이한 연구 과정을 통해 그의 아이디어를 접하게 되었다. 1950년대에 대부분의 기업 관련 학문들은 경제학에서 시작되었다. 이 학문은 가측성, 예측성, 인과성 그리고 분명한 답에 초점이 맞추어졌다. 학문으로서의 신임은 결국 물리학과 같은 엄격한 과학적 접근 방법들을 따라야만 획득될 수 있었다. 그래서 경제학자들은 인간의 행동을 이야기할 때 경제인Homo economicus이라는 신화적 창조물을 상정했다. 경제인은 완벽하게 합리적인 인간으로, 언제나 자기 이해에 따라 행동하며 모든 행동과 결정에는 분명하게 정의된 이유가 있다. 따라서 경제 이론은 복잡하고 대규모적이며 집합적 활동들을 서술하기 위해 정교한 공식들을 포함하게 되었고, 이는 "경영 과학"으로 전환될 수 있었다.

그러나 이러한 공식들은 인간Homospiens의 실질적인 행동들에 대해 말해주는 게 거의 없었다. 인간은 불가측성과 예측 불가능성, 그리고 모호성을 갖고 있다. 당시 쉘 정유공장에서 시간제로 일하던 나 같은 19살짜리 학생조차도 일터는 그러한 인간들로 가득 차 있지만 경영 과목에는 그들을 위한 자리는 없다고 말할 수 있었다.

실제로 5년간의 독일 점령은 네덜란드의 노동자들을 권위주의적 권력의 압력에 대한 수동적인 저항의 대가로 만들었다. 네덜란드

기업들의 성과는 분명 말을 안 듣고 수동적으로 저항하며 적극적으로 협동하지 않는 것에 영향을 받고 있었다. 그런데 나는 왜 대학에서 시스템과 수치들을 이해하는 데 많은 시간을 보내면서도, 정작 인간을 이해하는 데는 전혀 시간을 할애하지 않는지 궁금했다.

그에 대한 대답을 구하고자 나는 내 박사 과정 연구에 일반심리학을 포함시키기도 했다. 경제학, 재무관리, 조직구조론과 같은 주전공 과목 외에 두 개의 부전공 과목을 선택할 수 있었다. 나는 내가 잘 모른다는 이유로 일반심리학을 선택했고, 정신병원 원장인 반 데르 스팩크 박사가 그 과목을 가르쳤다. 스팩크 박사는 내가 경제학도로서 심리학에 대한 지식이 전혀 없다는 점에 놀라는 듯했다. 그리고 (쉘에서 하루 종일 근무하느라) 수업 일정을 따라갈 수 있는 시간도 거의 없다는 점에 기막혀했다. 무지와 싸우는 유일한 방법은 나에게 읽어야 할 긴 도서목록을 주는 것뿐이었다. 그래서 나는 1년 동안 심리학적 사고의 역사에 관한 문헌들을 읽었고, 그 뒤 성격학과 장 폴 사르트르의 존재론적 심리학과 같은 현대학파의 글을 읽어 나갔다.

이 과정에서 나는 윌리엄 스턴이 창시한 인격주의Personalismus 학파의 문헌들에 매료되었다. 스턴은 부인인 클라라와 더불어 아동심리학의 선구자였다. 그들은 함께 임상진료소를 운영하면서 아동들의 언어에 관한 고전적인 저서들을 출판했다. 제1차 세계 대전이 끝나고 그는 함부르크에 새로운 대학을 설립하는 데 참여했으며, 1933년에 부인과 함께 나치 박해의 첫 희생자들 중 하나가 되었다. 그들의 임상진료소는 폐쇄되었고 저서는 금서로 규정되었다. 결국 그는 가족과 함께 미국으로 망명의 길을 떠났고, 5년 뒤인 1938년

노스캐롤라이나 주 듀램 시에서 운명했다.

내가 아는 한 스턴은 영어로 저술한 바가 없다. 이러한 연유로 그가 커다란 공헌을 했음에도 불구하고 이름이 잘 알려지지 않았다. 독일 외의 나라들에서 그의 논문을 읽어본 사람들은 거의 없었다.

독일 내에서조차도 1933년 이후에는 그의 이름과 저서, 명성이 모두 사라져버렸다. 오직 인접국인 네덜란드에서만 그의 영향력이 보존되었다. 독일어로 된 지식들이 널리 알려져 있던 네덜란드에서 일부 학자들이 제2차 세계대전 뒤에 그의 사상에 대한 진지한 연구를 시작했다. 그의 마지막 저서 『인격주의의 기저에 대한 일반심리학』은 1950년 독일어로 헤이그에서 재출간되었다.

나는 스턴의 사상에 깊이 빠져들었는데, 그가 인간을 바라보는 체계적인 시각 때문이었다. 1871년에 태어난 스턴은 경제학과 마찬가지로, "과학"이라는 지위를 얻기 위해 힘들게 싸워야 했던 학문 분야에서 경력을 쌓았다. 당시에는 학문적 존경을 얻기 위해서는 어떤 학문이든 물리학과 같은 엄격한 학문들의 접근 방법을 따라야 했다. 심리학자들도 종합이나 일반화를 피하고, 분석, 전문화, 그리고 그들의 문제와 연구과제에 대한 좁은 정의를 택했다. 이로 인해 심리학에서도 형태심리학, 행태주의 심리학, 심층심리학 등 많은 전문 영역들이 등장하게 되었다.

이 모든 심리학의 세부 분과들은 잠재의식이나 조건반사, 심지어는 (신체와 격리된) 영혼과 같이 인간의 일부에만 초점을 맞추었다. "보는 것seeing"과 같은 복잡한 현상들에 대한 연구가 전파나 전류에 대한 물리학자들의 연구와 동일한 방법으로 행해졌다. 연구 영역들이 아주 좁게 설정되었고, 따라서 실험 결과들은 반복적이고 예측 가능한 결과들을 얻어낼 수 있었다. 그러나 당시의 경제학과 마찬가지로 전통적인 심리학도 내가 대학을 졸업하고 들어간 페르니스 정유공장에서 일하는 사람들에 대해 말해줄 수 있는 게 거의 없었다.

그와 정반대로 스턴은 체계적 이론을 개발하려고 했다. 그 이론은 정유공장에서 일하는 사람들의 행동과 그들을 둘러싸고 있는 셀의 시스템, 그리고 그들을 결속시키는 관계를 포괄하는 것이었다. R. B. 맥레오드라는 그의 동료 학자는 다음과 같이 썼다.

> (스턴에게) 심리학은 단지 인간에 대한 이해, 그리고 종국에는 우주에 대한 이해로 나아가는 길이다. 스턴은 자신의 심리학을 인격주의론이라는 보다 일반적인 학문의 전문 영역으로 간주되는 것을 선호했다. 스턴은 그 학문이 언젠가는 인간에 대한 모든 학문의 연구결과, 즉 생리학적, 심리학적 그리고 문화 역사적 연구결과들을 단일 시스템 내에 통합하게 되기를 희망했다.[2]

스턴에 의하면, 각각의 살아있는 존재는 자신만의 개성을 지닌 분리될 수 없는 전체성을 지닌다고 한다. 그는 이를 인격체persona라고 불렀다. 살아있는 존재가 인격체가 아니라면 그것은 이해될 수 없다. 즉, 인격체라는 사실은 살아있는 존재의 핵심이다. 그것은 물론 더 큰 세계의 일부이지만, "얇은 막membrane"에 의해 더 큰 세계와 분리되어 그 자체로 소세계를 구성하며 자신만의 가치와 경험을 지닌다. 인격체는 신체와 정신 모두를 나타낸다. 스턴은 인격체가 다음과 같은 몇 가지 핵심적 특성을 지닌다고 주장한다.

1. 인격체는 목표지향적이다. 인격체는 가능한 한 오래 살기를 원하며, 자신의 재능과 소질에 따라 지니고 있는 잠재력을 발전시키고자 한다.

2. 인격체는 스스로를 의식한다. 인격체는 스스로를 "나"라고 인식할 수 있다. 물론 인격체는 부분들과 요소들로 구성되어 있으며, 그 각각이 인격체이기도 하다. 한 병사는 소대의 부분이고, 그 소대는 한 중대의 부분이며, 그 중대는 상급 부대의 부분이고, 그 상급 부대는 국가 전체 군대의 부분이 되는 것처럼, 인격체는 차례로 더 큰 실체의 부분이 될 수 있다. 스턴은 이러한 개념을 라틴어로 다음과 같이 표현했다. "인격체는 유니타스 멀티플렉스Unitas Multiplex, 즉 구조들의 구조이다."3

3. 인격체는 외부 세계에 열려 있다. 음식, 박테리아, 먼지, 빛, 소리와 같은 외부 요소들이 끊임없이 인간 시스템 안으로 들어온다. 하지만 인간 개개인과 그들의 생각 또한 끊임없이 기업과 같은 상위 인격체 에게로 들어간다. 동시에 인격체는 자신을 둘러싼 외부 세계와 지속적으로 관계한다.

4. 인격체는 살아있다. 그러나 한정된 수명을 가지고 있다. 어느 날 태어나지만, 언젠가는 죽게 마련이다.

살아있는 시스템, 인간의 잠재력, 전체적 건강 등과 같은 말이 유행하던 1980년대보다도 60년이나 앞선 1919년에 이미 스턴은 실체의 행동, 사회학적 환경, 심리학적 역사, 그리고 경제적 삶을 한 존재의 상호 관련된 구성요소들로 바라볼 것을 제안했다.

스턴의 이러한 주장이 나를 감동시켰다. 나는 당시 경제학 교과서들에서 생명 없는 꼭두각시, "경제인Homo economicus"으로 묘사되어온 인간에 대해 무엇인가 새로운 이해를 찾아낼 수 있기를 바랐다. 스턴은 오히려 이러한 꼭두각시들은 결코 사람이 아니라고 주장했다. 스턴의 저서 『사람과 사물Person and Sache』의 중심 논제는 사람과 사물을 구분하는 본질에 관한 것이었다. "사물"은 모두 죽은 대상물들이며, 아무런 의지도 생명력도 없는 물체이다. 사물은 사건들에 의해 영향을 받지만 사건이 발생하도록 결정을 내리지는 못한다.

기온이 올라가면 산기슭의 바위가 팽창한다. 밤 사이 기온이 내려가면 바위는 수축한다. 그 과정에서 틈새가 생길 수도 있다. 그러나 바위는 곧 이 차가운 환경과 다시 조화를 이룬다. 의지가 없는 세상, 즉 사물의 세상에서는 인과관계가 반복되고 측정이 가능해진다. 어떤 사물에 대해 똑같은 조건과 방법으로 일정하게 힘이 가해진다고 하면, 한 번을 하든 백만 번을 하든 그 결과는 언제나 동일하다. 따라서 "경제인"은 바로 사물이었다. 경제인은 목표도 의지도 없었다. 오직 수요와 공급과 같은 다른 요인들에 반응하기 위해 존재했다. 외부 세계의 요인들이 일단 "경제인"에게 동일한 조건으로 영향을 미치면, 한 번이건 백만 번이건 그 결과는 언제나 동일한 것이다.

반대로 직장이나 학교를 다니는 진짜 인간은 제멋대로이기 때문에 정확하게 가늠할 수가 없다. 인간은 각자의 목적에 따라 행동을 하며 경제학자들이 이러한 목적들을 예측할 수는 없다.

인간과 같은 살아있는 실체는 외부 요인들에 흔들리는 수동적 대상물이 아니다. 사람으로서 우리는 선택을 한다. 우리의 행동은 인과관계만으로 설명될 수 없다. 아무도 "내 이웃에게 이러이러한 일이 일어났고, 따라서 당연히 그가 이러이러한 방법으로 대응했다"라고 말할 수 없다. 우리 중 누구도 주어진 상황에서 어떻게 대응할 것이라고 확언할 수 없다. 우리의 개인적 행동은 오직 우리의 목표라는 내부 요인과 합목적적 동기 그리고 외부 환경으로부터 오는 요인에 대한 이해를 통해서만 설명이 가능하다. 동일한 힘을 동일한 조건에서 두 번을 가한다고 해도 똑같은 반응을 불러일으킬 수는 없다. 그 이유는 우리의 내부 목표가 변할 수 있기 때문이다(예컨대, 우리는 최초의 충격으로부터 두 번째 충격에 다르게 반응하는 방법을 충분히 배울 수 있다).

윌리엄 스턴의 이러한 통찰력을 접하게 된 것은 훗날 나에게 커다란 도움이 되었다. 물론 구체적인 결정 하나하나에 대해 이야기할 수는 없지만, 그의 통찰력은 분명 내가 택한 모든 결정들과 행동들에 스며들어 있었다. 나는 사람들이 합리적 존재여서 규칙들을 준수할 것이라고 기대하지도 않았다. 그리고 사람들의 행동을 결코 예측할 수 없다는 사실도 알게 되었다. 비록 이러한 예측 불가능성이 사업의 위험성을 한층 더 높였지만, 그것은 또한 내가 잠재적 보상reward을 개발할 수 있다는 의미이기도 했다. 즉, 사람들은 용기가 북돋워진다면 "경제인"이라면 엄두도 못 내었을 활동이나 발명과 같은 대도약을 성취할 수도 있다.

그러나 1974년 브라질에서의 사건들은 나를 더욱 혼란스럽게 만들었다. 그 시기는 내가 스턴을 접하고 난 뒤 20년이 지난 때였다. 곰곰이 생각을 해본즉, 쉘 또한 가늠하기 어려운 존재임을 깨닫게 되었다. 쉘도 역시 살아있었을 뿐만 아니라 개발 가능한 잠재적 보상들을 갖고 있었다. 로열 더치 쉘은 사물이 아니었다. 윌리엄 스턴이 말한 대로라면 로열 더치 쉘은 살아있었다.

인격체들의 사다리

스턴은 나의 통찰을 예견한 것처럼 보인다. 1919년에 쓴 책에서 그는 인격체의 사다리에 대해 기술한 적이 있다. 이를 도형화한다면 다음과 같을 것이다

신

국가

집단

가족

개인

스턴은 물론 이것을 1919년에 썼다. 오늘날에는 개인 아래에 "신체 시스템"이나 "세포" 같은 계단을 추가할 수 있을 것이다. 인간보다 상위이든 하위이든 사다리 안의 모든 것들은 그 자체로 하나의 인격체이거나, 스턴이 불렀던 대로 유니타스 멀티플렉스Unitas Multiplex, 즉 구조들의 구조이다.

스턴에 의하면, 살아있는 존재는 항상 계층적 구조를 지니고 있다. 사다리는 그러한 계층 구조의 표현이다. 우리의 인격체 안에는 언제나 더 작은 구성요소들이 있고, 우리는 우리 자신보다 더 큰 인격체의 구성요소들이다. 우리는 유니타스 멀티플렉스다. 밖에서 볼 때는 하나이고, 안에서 볼 때는 나뉘어진다.

스턴의 관점에서 볼 때, 인간은 인격체들의 사다리 중간에 해당된다. 그 아래에는 신체의 하위 시스템과 세포들이 놓여있다. 실제로 생물학자이자 인공지능학자인 프란시스코 바렐라는 어떻게 세포와 같은 하위 시스템들이 그 자체로 집단적 목표와 실체를 지닌 실질적 조직인지를 보여준 바 있다.[4]

이 사다리에서 인간보다 위에는 사람들의 참여를 통해 형성되는 집단적 조직들과 사회제도들이 있다. 가족, 집단, 국가 모두가 사람들이 참여하는 살아있는 시스템들이다. 노조와 스포츠클럽, 그리고 비영리조직도 마찬가지이다.

이 살아있는 실체들은 러시아 인형처럼 서로의 안에 둥지를 틀고 있다. 밖에서 보면 하나의 큰 단위이다. 예를 들면, 로열 더치 쉘이나 카톨릭 교회가 그것이다. 신문들은 "북해에서의 쉘의 활동"이나 카톨릭 교회의 정책들에 대해 이야기한다. 이러한 견해는 타당한 것이다. 쉘의 인격체가 있고, 카톨릭 교회의 인격체가 있기 때문이다. 그러나 그러한 관점이 완전한 것은 아니다. 안에서 바라볼 때, 예수회는 카톨릭 교회 내에 스스로 존재하는 살아있는 시스템이다. 쉘 브라질도 쉘 그룹 안의 살아있는 시스템이다. 예수회와 쉘 브라질 모두 상위 시스템들과 마찬가지로 스스로를 보전하고 발전시키고자 한다.

이러한 실체들 각각의 하위 단계로 내려가보면 다양한 개인들이 있음을 알게 된다. 그들도 각자의 목표를 가지고 자기발전과 생존을 추구한다. 개인들은 이따금 공생하기도 하며 서로 충돌하기도 한다. 각자가 다른 특성들과 잠재력들을 지니고 있다.

쉘 같은 기업은 다음과 같은 인격체들의 사다리를 가지고 있다.

사회
그룹
계열사
사업부
부서
팀
개인

회사의 각 단위들은 살아있는 시스템이다. 각각은 뚜렷하게 구분되고 스스로 결정을 내린다. 동시에 각 단위들은 더 큰 전체에 소속되어 있다.

이러한 단위들이 스턴이 말한 살아있는 인격체의 기준들을 어떻게 충족시키는지 살펴보자.

1. 각 단위들은 **목표지향적**이다. 각자 모두 자기보존과 발전을 향해 움직인다. 경영자 개인들이 느끼는 것과 무관하게 각각의 사업단위들은 스스로를 보존하기 위해 행동하고 활동 영역을 넓히려고 한다. 개인과 마찬가지로 기업의 행동은 외부적인 원인과 결과들을 통해서만 설명될 수 있는 것이 아니다. 예컨대, 누구도 GM이 자신의 제품라인을 바꾸게 만든 것이 일본 차와의 경쟁이나 수익성의 하락이라고 말할 수는 없다. 경쟁이나 수익성 하락에 처한 GM의 행동은 내부의 다양한 살아있는 시스템들을 이해할 때 비로소 설명이 가능해진다. 캐딜락 생산부서는 더 비싼 차들을 팔려는 목표 때문에 제품라인을 바꾼 반면, 시보레 생산부서는 더 나은 품질의 자동차라는 목표 때문에 전혀 다른 방식으로 대응했다. 또한 GM의 행동은 미국 자동차 산업의 더 큰 대응의 일부였을 수도 있다. 어찌되었건 GM의 행동은 예측하기 어렵다. 누구도 다음번에 사건이 똑같은 방식으로 펼쳐질 것이라고 장담할 수 없다.

2. 각 단위들은 **스스로를 의식한다.** 이런 단위들 중 하나와 연관된 모든 사람들은 그것의 경계를 알고 있다. 즉, 누가 포함되고 누가

제외되는지를 안다. 예컨대, 쉘 브라질의 운명은 분명히 쉘의 고객들과 공급자들 그리고 판매 대리점들의 운명들과 연결되어 있다. 그러나 누구도 브라질에서 쉘의 주요 공급자인 페트로브라스가 쉘 브라질의 일부라고 생각하지 않는다.

3. 각 단위들은 외부 세계에 열려 있다. 사람과 생각이 회사 내부로 계속해서 들어오고 나간다. 마찬가지로 개인도 자신의 소화기와 털구멍, 눈과 귀를 통해 정보와 물질을 교환한다. 일상적인 거래에서부터 복잡한 시나리오 훈련까지, 거의 모든 기업의 경험은 조직 외부 요인들과의 평생에 걸친 끊임없는 대화를 통한 교환을 의미한다.

4. 각 단위들은 살아있지만, 한정된 수명을 갖고 있다. 언젠가는 쉘 그룹 내의 운영부서들이 없어질 수도 있으며, 그룹이 죽기 전에 다른 단위들이 먼저 없어질 수도 있다. 반대로 몇몇은 쉘이 없어진 뒤까지도 살아남을 수도 있으며, 다른 기업의 부분으로 남아있을 수도 있다. 모든 조직의 단위들은 잠재적 수명을 지니고 있다. 그들은 수명을 다할 수도 그렇지 않을 수도 있다.

아마도 자신은 개인적인 살아있는 존재지만 기업은 단순한 집합체라고 주장하는 사람들도 있을 것이다. 기업이 많은 인격체들을 포함하고 있을지라도, 그것들은 인간처럼 살아있는 것이 아니라는 것이다. 그러나 사람의 신체 내부에는 의식적인 통제를 받지 않고 활동하는 세포들이나 바이러스들, 박테리아나 기생충 같은 것들이 존재한다. 기업도 경영자, 직원, 주주, 계열사, 건물, 기술, 금융자산 등을 포함하고 있다. 사람과 기업, 양 인격체들은 내부의 모든 작은 실체들이 전체의 생존과 잠재력 발휘에 잘 기여할 때 최상의 성장을 가져온다.

대부분의 기업인들에게 이 사다리의 함의가 조금은 못마땅할 수 있다. 경영자들은 기업의 세계가 사물의 세계와 같기를 바랄 것이다. 즉, 언제나 환경과 조화를 이루고, 자신의 의지 없이 수동적이며, 결과가 예측 가능하고 측정 가능한 세계를 선호한다. 반면 살아있는 조직으로서의 기업은 언제나 불확실하고, 불안정하며, 외부 세계와의 관계가 언제든지 변할 수 있다.

이와 같은 이해 덕분에, 1974년 나는 쉘 브라질에서의 딜레마로부터 벗어날 길을 찾게 되었다. 그 딜레마는 바로 쉘 브라질이 외부 환경에 대해 계속 열려 있으면서도 스스로를 대변할 수 있는 방법을 정의하는 것이었다.

성찰

살아있는 실체들에 대한 또 다른 강조사항이 있다. 그들은 학습할 수 있는 유일한 존재들이라는 점이다. 두뇌공학자이자 생물학자인 프란시스코 바렐라Francisco Varela는 그 생각을 "움직이는 모든 살아있는 존재들은 뇌를 지니고 있다"라고 표현했다. 두뇌는 학습을 가능하게 한다. 움직임이 있는 곳에서는 학습이 존재한다.

나는 대화 자리에서 "기업은 학습할 수 있다"라는 가설을 제기했다. 이에 대한 회의적 의견은 거의 없는 편이다. 나는 다음 문장은 거의 덧붙이지 않는다. "기업은 학습할 수 있다. 왜냐하면 살아있는 존재이기 때문이다." 만약 기업이 단지 "자산의 덩어리들"에 지나지 않는다면 죽은 물체에 지나지 않을 것이고, 학습이란 가당치도 않은 것이다.

기업이나 모든 조직들(노조, 클럽, 교회, 정부)을 "사람" 또는 "살아있는 시스템"으로 생각하는 일이 나에겐 그다지 어렵지 않다. 이는 입법에서도 마찬가지이다. 거의 모든 서방 국가들에서는 기업은 "사람person"이라는 법적 정의를 따르고 있다. 일상의 언어도 기업을 그와 같이 대하고 있다. 예컨대, 우리는 "GM의 결정"이라거나 "유니레버가 제품을 마케팅하고 있다"라는 표현을 쓴다. 우리가 기업에 대해 이야기하는 방식은 광석 덩어리나 곡물 자루에 대해 이야기하는 방식보다는 사람에 대한 우리의 언어에 훨씬 더 가깝다.

그렇다면 기업들이 학습할 수 있다는 사실이 왜 중요한 것인가? 그 이유는 부분적으로는 "성찰introception"이라는 능력 때문이다. 윌리엄 스턴은 모든 학습하는 존재들에 공통적인 이 능력에 대해 "세상의 나머지 것들과 비교하여 자신의 입장이나 위치를 아는 능력"이라고 기술했다.

스턴의 주장에 의하면 성찰은 한 실체가 주변 세상과 상호작용하는 세 가지 유형들 중의 하나이다. 그 첫 번째 수준은 환경의 위협이나 자극, 천연자원과의 생물학적 관계이다. 더운가? 먹이가 있는가? 환경이 우리를 고무시키는가, 아니면 겁을 주는가? 대부분의 동물들이 이러한 생물학적 수준에서 살아간다.

상호작용의 두 번째 수준은 우리가 세상과 조화를 이루고 있다고 느낄 때의 그 세상에 대한 직접적인 경험이다. 이 경험들은 인격체의 기억 속에 저장되어 있다가 긍정적인 것들을 강조하기 위해 선택적으로 호출된다. 우리는 가능한 한 오랫동안 주변 환경들과 평화롭게 살려고 한다. 물론 조화롭지 못할 때면 긴장감을 느끼겠지만, 그것을 제거하려고 노력할 것이다.

그러나 때로는 이러한 긴장감이 참을 수 있는 한계를 넘어설 때가 있으며, 우리는 위기에 이르게 된다. 이때 바로 세 번째 수준인 "가치와 신념"의 수준으로 진입하게 된다. 이 수준에 이르기 위해 언제나 위기가 필요한 것은 아니다. 우리는 지속적인 성찰을 통해 이 단계에 이를 수도 있다. 일단 이 수준에 이르게 되면 우리의 모든 원칙들과 태도들은 우리의 환경에 대한 가치와 태도에 비추어 의문시된다. 예컨대, 우리는 도덕과 윤리에 대한 지배적인 태도, 즉 부모나 상사들과 같은 권위자들에 의해 만들어진 태도를 받아들이는가? 만약 동의하지 않는다면 얼마나 강하게 반발할 것인가? 더 큰 시스템의 지배적인 감성과 우리의 차이들을 어떻게 조화시킬 것인가? 스턴에 의하면, 이러한 질문이 사람들(기업들)을 더 큰 인식을 구축하는 과정, 즉 "성찰"이라는 과정으로 밀어 넣는다.

스턴은 성찰이야말로 복잡한 실체의 인격체가 가진 핵심 기능이라고 주장했다. 이 실체들은 세상에서 자신의 위치를 찾아야 하고, 자신의 인격체의 윤리적 우선순위와 주변 세상의 가치 사이의 관계에 대한 감각을 개발해야 한다. 예를 들어, 살아있는 기업은 언제나 자신이 살고 있는 세상의 윤리에 비추어 스스로의 가치 체계에 의문을 던지며 살아간다. 이러한 과정은 그 기업의 인격체와 곧바로 연결되며, 이는 사실상 현재의 법인체legal incarnation 이전으로까지 거슬러 올라가기도 한다.

예를 들어보자. 마이클 맥매스터라는 경영 컨설턴트가 자신이 방문했던 한 건설회사를 소개한 적이 있다. 영국 동북부에 위치한 오래된 조선소 지역에 있는 회사였다. 북해유전 플랫폼의 부품들을 만들어온 회사였는데, 새로운 북해유전 플랫폼 건설이 중단되면서 이 회사의 일감들이 곧 없어질 판이었다. 이 회사가 어떻게 대응해야 하겠는가? 시행착오 끝에 그들은 자신의 기업 역사를 되돌아보기 시작했고, 그런 뒤에야 비로소 길이 보이기 시작했다. 그 지역 강 어귀에서는 항상 과거에서부터 경제적 활동들이 있어 왔다. 한때는 거기에서 바이킹의 배들을 건조했었고, 그 후에는 범선을, 그리고 증기선을 건조했다. 이제는 해양유전 기지를 건설하고 있다. 다음에는 무엇일까? 자신할 수는 없지만 무엇인가 이 지역의 물리적 환경과 수 세기 동안 존재해 온 인간의 능력 간에 조화를 찾을 수 있는 방안이 있을 것이다. 이 지역과 이 지역공동체는 이 회사의 인격체와 깊게 얽혀 있으며, 그래서 그들은 위대하고 혹독한 노력과 위험부담을 통해서만 그 인격체를 바꿀 수 있을 것이다.

역사학자인 사이먼 샤마Simon Schama는 17세기 네덜란드에서의 기업 가치와 기업환경의 윤리 사이의 서로 다른 종류의 춤에 대해 기술한 바 있다. 당시 전환기에 있던 네덜란드 사회는 새로운 형태의 상업 기관들에게 활동 공간을 만들어주려 했다.

네덜란드인들은 개인적으로든 집단적으로든 재산을 모으려고 혈안이 되어 있을 때조차도 돈을 버는 것이 비난 받아야 한다는 (강력한 칼빈교적) 인식이 지속되었다. 이러한 원칙과 실제 간

의 괴리로 야기된 이상한 결과는 결국 지출을 많이 하는 것이었
다. … (특히) 종교적인 대상물들과 … 종교인들의 비위를 맞추
기 위한 자선적인 기부 행위 등에 과다한 지출을 하는 행동들이
만연해 있었다.[5]

세상에 민감했던 이 새로운 상업 기업들은 자연스럽게 행하는 수
준보다 훨씬 더 많은 자선을 베풂으로써만이 아니라 제도적인 변화
를 조성함으로써 적응했다.

암스테르담에서 가장 안전한 장소는 1609년에 설립된 뷔셀 은
행이었다. 이 은행의 주된 관심사는 기업들을 위해 자금을 만들
어내는 것이 아니었다. 오히려 반대로 자금이 교환될 수 있는 조
건들을 통제하는 일이었다. … 이 은행의 존재 이유는 고리대금,
채무불이행, 사기, 부정 등 돈의 세계와 관련된 가장 나쁜 죄악
들을 단죄하기 위한 결심을 표명하는 것이었다. 그래서 이 은행
의 좌우명은 "이윤이 아닌, 정직성"이었다.[6]

기업의 인격체와 국가의 인격체 간의 관계에서, 어느 쪽도 즉각
적으로 영향을 받지 않을 수 있다. 종국에는 한쪽이 다른 한쪽을 압
도할 수도 있다. 그러나 양쪽 모두 결국에는 불가피하게 상대방의
가치 체계에 의해 영향을 받게 될 것이다. 왜냐하면 양쪽이 모두 동
일한 핵심 세력, 즉 양측 모두에 속해 있는 사람들의 가치들에 의해
영향을 받기 때문이다.

인격체와 세상이
조화를 이루지 않을 때

쉘과 같은 다국적 기업들은 종종 내가 1974년 브라질에서 겪었던 것과 같은 딜레마에 빠진다. "올바름"과 공정한 행동에 대한 기업의 인식과 기업이 속한 사회의 윤리가 맞지 않을 때가 있다. 그러한 딜레마들은 한 경영자의 삶의 근본적인 가치를 흔들어놓을 정도로 심각할 수도 있다.

예를 들어, 쉘의 기업헌장에는 정치인들에게 뇌물을 주거나 향응을 베푸는 것을 금지하고 있다. 그러나 많은 나라들에서 관리들에게 뇌물을 주는 것이 사업상의 관행으로 여겨지고 있다. 1974년의 브라질과 같은 나라들에서는 지배적인 윤리가 자국 내에 진출해서 사업을 하고 있다는 이유만으로 외국기업을 비난하는 데 경도되어 있는 것처럼 보인다. 1970년대 말과 80년대 초의 남아프리카공화국과 같은 또 다른 나라들에서는 정치적으로 비난 받을 만한 정권이 들어서면, 야당 사람들이 외국기업들에게 떠나라고 요구하는 경우도 있다.

이러한 어려운 상황에서 회사는 그 나라에서 영업을 하지 말아야 하는가? 그 지역 사람들을 고용하지 말아야 하는가? 해당 국가의 가치와 원칙들, 즉 그 인격체가 끔찍이 혼란스러워 보이는 환경에 대해 회사는 어떤 책임감을 가져야 하는가?

이러한 의문들을 스턴의 이론에 입각해서 생각해보기 시작했고, 가장 직관적으로 끌리는 해결책, 즉 자신의 도덕적 원칙들을 고수하고 그 나라를 떠나는 것은 결국 최악의 손실을 가져다줄 것이라는 점이 명백해졌다.

1970년 말 나는 아프리카 지역을 관할하는 총괄책임자로 있었다. 당시에 쉘의 경영진들은 미국, 스웨덴, 네덜란드 등의 운동권 활동가들로부터 남아프리카공화국의 계열사를 철수하라는 압력을 받고 있었다. 쉘이 남아프리카공화국에 남아서 석유를 공급하는 것이 인종분리 정책에 정당성과 힘을 실어주는 것으로 여겨졌다. 여러 해에 걸쳐 최고경영진들의 골머리를 아프게 했던 문제였다. 우리도 기본적으로 인간의 존엄을 믿는 사람들이었다. 그리고 인종분리의 폐해에 대해서도 비판론자들만큼 잘 알고 있었다. 우리가 직접 목격했고, 우리도 싫어했다. 나와 나의 동료들도 저항세력에 힘을 실어주고 쉘의 남아프리카공화국 철수를 지지하는 것을 진지하게 검토했다.

그러나 종국에는 남기로 결정했다. 개인적으로 나는 두 가지 이유 때문이었다. 첫째는 정치적 저항이 쉘의 역할은 아니었다. 우리의 전공은 석유와 가스를 만들어 판매하는 것이었다. 이러한 규모와 영향력을 지닌 기업을 얼마나 효과적으로 철수시킬 수 있는지 그 방법에 대해 확신이 서질 않았다. 정유시설과 저장소 같은 자산은 없앨 수가 없었다. 그 시설들을 운영하는 사람들은 대부분이 남아프리카공화국 사람들이었다. 철수는 바로 실질적 가치는 낮고 도덕적으로만 높은 허황된 몸짓에 지나지 않는 위험을 안고 있었다.

두 번째 이유는 성찰과 관련되었기 때문이다. 스턴의 이론이 제시한 바와 같이, 만약 진정으로 사회를 변화시키려면 오직 사회 내부로부터, 즉 단일한 환경에 있는 서로 다른 가치체계들의 충돌을 통해 그것을 성취할 수 있다. 비록 나도 인종분리 정책이 바뀌어야 한다는 점에는 동의했지만, 오직 남아프리카공화국 사회의 일부로서, 내부로부터의 활동만이 그것을 변화시킬 수 있다고 확신하게 되었다. 밖으로 쫓겨난 경우에는 그 일을 할 수 없을 것이다. 우리가 만일 그 국가에서 떠난다면 인종분리주의 정부는 우리를 상대하기 위해 필요한 성찰을 할 필요가 없어질 것이다. 우리는 단지 잊혀질 또 하나의 적으로만 여겨질 것이다. 그 나라 안에 남아 있었기 때문에 우리는 자신의 정체성에 대한 남아프리카공화국의 의식에 영향을 미치는 힘들의 일부가 될 수 있었다.

이러한 결정을 내리기까지 나는 아프리카 국가들에서 경험한 두 가지 예를 참고했다. 1978년 내가 아프리카 지역 총괄책임자가 되었을 때 쉘 앙골라는 막 폐쇄된 상태였다. 앙골라에서 혁명이 발발해 공산주의 정권이 수립되었으며 동독의 고문단들이 진주해 있었다. 나의 선임자는 이 새로운 환경이 쉘의 직원들에게 위험을 가져다줄 것이라고 확신했다. 쉘 직원의 누구도 생명을 잃는 모험을 해서는 안 된다는 생각에 그는 쉘 앙골라를 폐쇄하고 철수했다.

그 뒤 얼마 안 가서 우리는 앙골라 정부사절단의 방문을 받았다. 사절단 단장은 혁명군의 장성이었으며 당시에는 에너지 장관이 되어 있었다. 그는 자신을 몽티 장군이라고 했다. 그가 사절단을 인솔했고 우리는 일단의 경영자들을 구성하여 대응했다. 그는 거의 영어를 하지 못했다. 아침회의 내내 아무런 진척이 없었다. 점심 때 나는 의도적으로 그와 마주앉아 식사를 했다. 브라질 근무를 마칠 때쯤 나는 포르투갈어를 할 수 있게 되었고, 그 언어는 앙골라의 상용어들 중 하나였다. 쉘의 경영진들 중 누구도 포르투갈어를 하지 못했다. 그래서 나는 점심식사를 하면서 그에게 포르투갈어로 말하기 시작했고 그는 눈을 번쩍 떴다. 그리고 마침내 마음속에 있는 말을 하기 시작했다.

그는 "당신들은 잔인한 겁쟁이요. 우리 나라에서 도망을 치다니…" 라고 말했다.

나는 말했다. "맞는 말입니다. 우리 직원들의 목숨이 위태로웠으니까요. 당신들이 수도인 두안다에 사격을 하며 들이닥칠 때, 우리는 앙골라를 떠나야만 했습니다."

그는 말했다. "그럴수도 있겠지요. 그러나 당신들은 쉘입니다. 당신들은 크고 잘 알려져 있으며, 기본적으로 정치와 무관합니다. 당신들의 철수가 바로 앙골라로부터 대탈출의 신호가 되었습니다."

그것은 사실이었다. 당시 앙골라에서 리스본으로 향하는 엄청난 난민 탈출비행이 있었다. 쉘이 철수하자 포르투갈 여권을 가진 모든 사람들이 떠나려고 했다. 이것은 하룻밤 사이에 앙골라의 중산층이 사라지는 것을 의미했다. 상점 주인들과 기능공들, 엔지니어들, 역장들 과 전화회사를 운영하던 사람들까지 모두 비록 아프리카 혈통을 갖고 있어도 자신들은 포르투갈 사람이라고 생각하고 있었다.

그 장관은 계속 말했다. "당신들이 호루라기를 불자 그들은 도망쳤습니다. 그러니 당신들은 우리나라에 엄청난 손실을 끼친 것입니다. 물론 모빌이 쉘의 사업을 인수했지만 쉘 철수의 영향은 강력했습니다. 쉘이 호루라기를 불자 그들은 도망갔습니다."

그는 항공기의 급유시설과 자동차 주유시설들이 허물어져 갔다고 덧붙였다. 그들은 전쟁 중이었기 때문에 쉘이 떠난 뒤 남아 있던 모든 공급선들을 군대가 접수했다. 전쟁이 끝난 뒤 앙골라는 국가로서 기능하기 위한 인프라를 유지하고 개발하는 데 엄청난 어려움을 겪고 있었다.

그가 반복해서 말했다. "그렇기 때문에 당신들은 잔인한 겁쟁이입니다."

그 대화는 내 머릿속에서 오랫동안 잊혀지지 않았다. 그는 내게 생각할 무언가를 던져주었고, 나는 수 년 동안 그것에 대해 숙고하게 되었다.

그 후 곧바로 또 다른 혁명이 에티오피아에서 발생했다. 황제는 폐위되었고, 소련의 지원을 받는 일단의 공산주의자들이 정권을 잡았다. 그들은 일련의 전제적인 조치들을 취했고, "적색인민위원회"를 결성했다. 서방세계와 연결된 사람이면 누구든 새벽에 잠자리에서 끌어내어 낮 동안 고문을 가한 뒤, 저녁 무렵에 총살했다.

쉘 에티오피아를 폐쇄하는 것은 쉬운 일이었다. 비교적 규모가 작았기 때문이다. 그러나 스코틀랜드 명문가 출신인 젊은 최고책임자가 나를 감동시켰다. 그는 에티오피아에 머물기를 결심했다. 매일 아침 6시 30분부터 그는 쉘 사무실 입구에 서서 직원들의 수를 헤아렸다. 그리고 한 사람이라도 빠진 경우 그는 아침 9시까지 빠진 사람을 찾아 오도록 직원들에게 지시했다. 결근한 사람들이 가끔씩은 적색 인민위원회의 손에 잡혀 있었다. 그런 경우 점심 때면 그는 국방장관 사무실에 나타나서 이렇게 이야기하곤 했다. "내 직원들 중 한 명이 인민위원회에 잡혀 있습니다. 만약 오후 5시까지 돌려보내지 않으면 군대에 대한 석유 공급을 중단할 것입니다."

우리는 이 혁명의 와중에서 단 한 명만을 잃었다. 혁명이 끝났을 때 에티오피아에 남아 있는 서구의 다국적 기업은 쉘뿐이었고, 다른 기업들은 모두 짐을 꾸려 떠나버렸다. 쉘의 경우를 제외하고는 모든 인프라와 생산설비들이 가동되지 못했다. 2년이 지난 뒤에 공산혁명 정부는 우리가 주주들에게 배당이윤을 지불할 수 있도록 허락했다. 우리는 아직도 그 회사를 운영하고 있으며, 주로 에티오피아 사람들을 경영자로 활용하고 있다. 이는 자기 나라를 떠나지 않고도 경영기법을 배울 수 있는 몇 안 되는 기회들 중 하나였다.

나는 우리가 속해있는 지역사회들에 대한 우리의 책임을 상황에 맞게 정의할 수 있다는 사실을 위의 두 가지 경험을 통해 알게 되었다. 남아프리카공화국을 생각하면 그것은 분명 유쾌하지 않은 정권이었다. 그러나 모로코에서 미얀마에 이르기까지 내가 관할했던 지역 내에는 수많은 불쾌한 정권들이 있었다. 가장 불쾌한 정권들은 종종 외부 활동가 그룹의 눈에 잘 띄지 않았다. 우리는 이 정권들을 싫어했지만, 물러나지 않았다. 우리의 책임은 물질적 부를 생산해내는 것이었으며, 그 과정에서 우리는 이 억압적인 정권들이 스스로를 성찰하도록 하는 데 기여했다.

실제로 쉘은 수 년 동안에 걸쳐 많은 나라들이 자신의 가치체계를 변화시키는 것을 보아왔다. 남아프리카공화국에서 인종분리주의는 1950년대에 시작되었고 30년이 지난 뒤에야 폐지되었다. 그러한 변화가 일어날 때면 언제나 기업들은 그 국가의 다른 거주자들과 마찬가지로 그 국가의 가치체계가 자신의 가치체계와 분리되는 위험에 직면하게 된다. 기업은 개인들과 동일한 선택권을 갖고 있다. 적응할 것인가, 아니면 떠날 것인가? 떠나버리거나 보이콧하거나 제재를 가하는 것은 그 국가가 그 기업의 가치체계에 더 이상 가까이 다가올 수 없게 만들 것이다.

월리엄 스턴은 이러한 관계의 복잡성에 대해 기업과 국가에 대한 성찰을 바탕으로 다음과 같이 말한 바 있다.

> 인격체는 자신을 둘러싼 세상에 대해 "역할모형"으로서의 영향력을 갖는다. 그러나 인격체는 세상의 가치들을 자신의 가치와 동등하게 만들 수는 없다. 마찬가지로 세상이 자신의 가치들을 개별 국가에게 완벽하게 강요할 수도 없다. 더욱이 상호간의 영향은 현재로서는 미미하다. 인격체가 사회에 대해 발산하는 것 radiation과 사회로부터 영향을 받는 것infection의 가장 중요한 효과는 미래에 나타나게 된다. 아이디어들이 제공하는 모범들이 받아들여지려면 시간이 필요하다.[7]

제 아무리 끔찍한 정권이라고 하더라도 언제나 남아 있어야 한다는 것인가? 내 생각은 한 가지 예외적인 것만 빼고 '그렇다' 이다. 그 예외는 바로 선택권이 주어지지 않는 경우이다. 사람들을 죽이기 시작하고, 국유화를 하며, 퇴거를 강요하는 모든 정권들은 그런 선택권을 제공하지 않는다. 그런 경우는 떠나야 한다. 쉘이 그런 국가들에서 철수한 예들로는 1917년 이후의 러시아와 1946년 이후의 중국을 들 수 있다. 다른 예로 1930년대에 독일을 떠났던 유태인들을 들 수 있다.

나는 전세계 100여 개 이상의 국가들에서 활동하고 있는 다국적 기업이 그 자신이 되는 것과 자신의 인격체에 대해 진실되게 남아 있는 것을 선택할 수 있다는 것을 믿게 되었다. 선택권이 주어지면 남아있어야만 한다. 하지만 이는 바로 많은 현지 국가들에서 수용된 정치적 가치들에 대해 중립적이 되는 것을 의미한다. 만약 우리 자신이 편안함을 느끼는 가치체계에서만 일하려고 한다면 전세계 국가들의 약 15%에서만 사업을 하게 될 것이고, 결국 세상에 기여할 수 있는 우리 인격체의 기회를 포기하는 것이 된다.

누가 속하는가?

쉘에 근무하는 동안 나는 내가 만나는 모든 사람들의 "멤버십" 수준을 의식했다. 나는 동아프리카에서 만난 영업사원이나 북부 파키스탄의 석유저장소에서 만난 감독자가 우리 중의 하나, 즉 내가 신뢰할 수 있는 쉘의 식구임을 알았다. 그들 역시도 나에 대해 알았을 것이다. 반면에 나는 사외 이사회 멤버를 만날 수도 있었지만 그들을 쉘의 식구라고 여기지는 않았다. 그들 스스로도 쉘의 식구라고 생각하지 않았을 것이다. 그렇다고 그것이 좋지 않은 일이라고 생각할 필요는 없었다. 경우에 따라서 사외 이사는 쉘에 속해서는 안 된다. 마찬가지로 쉘의 회계 감사에 대부분의 시간을 보내는 외부 감사들도 비록 내부의 어떤 사람보다도 회사에 대해 더 알고 있어도 여전히 "우리들 중 하나"는 아니다.

멤버십이 크건 작건 간에 구성원들 간 결속의 필요성은 기업뿐만 아니라 모든 조직에서 항상 존재한다. 교회에서는 신도들의 가치체계와 교회의 가치체계 사이의 조화가 특히 강력해야 한다. 따라서 모든 새로운 멤버들에게 신앙고백이 요구된다. 병사는 원칙적으로 군대의 가치체계에 반대할 수 없다. 로열 더치 쉘 그룹에서도 신입사원은 회사의 기업원칙 헌장에 서명해야 한다. 원칙을 위반하는 것은 심각한 범죄 행위로 간주되며, 대개 쫓겨나게 된다.

최근의 섣부른 기업합병이나 다운사이징은 기업을 찢어놓는 경향이 있다. 왜냐하면 그것들은 결속의 필요성을 혼란스럽게 만들기 때문이다. 이러한 유형의 변화들은 기업 정체성의 핵심에 있는 인격체에 엄청난 압력을 가한다. 그리고 구성원들의 가치와 기업의 가치 사이의 연결을 약화시킨다. 경영자들 스스로 "나는 여전히 이 회사의 멤버인가? 내 멤버십은 안전한가?"와 같은 질문을 하게 만든다.

이러한 논의가 설득력이 있다고 생각되면 여러분은 이미 기업이 살아있는 존재라는 생각을 받아들일 자세가 갖추어진 것이다. 그러면서도 몇 가지 의문이 남을 수 있다. 도대체 이것이 경영에 무슨 의미가 있는가? 살아있는 시스템을 경영하는 것이 자산을 모으는 것처럼 전통적인 방식으로 기업을 경영하는 것과 과연 차이가 있는 것인가? 살아있는 기업이 경제적 기업과 동일한 방식으로 경영될 수 있는가? 좋다. 기업은 살아있는 존재일 수도 있고, 인격체를 가질 수도 있다. 그래서 어떻다는 것인가?

06
이익을 위한 경영 VS 장수를 위한 경영

　지난 몇 년 동안 업계에서는 인원감축 문제가 현안이 되어왔다. 경영자들은 감원 뒤 남은 인력들의 업무과중에 따른 비용, 충성심의 결여로 인한 비용, 그리고 경기가 호전될 경우 헌신성이나 역량이 부족한 직원을 고용해야 하는 비용에 대해 잘 알고 있다. 우리는 이 모든 비용들을 이해는 하지만, 투자수익률이 개선되어야 할 때마다 언제든지 계속해서 인원을 감축하려고 든다.

　그 이유는 바로 그와 같은 인원감축을 기업의 진정한 본질이라는 맥락에서 바라보지 않기 때문이다. 오늘날의 기업들은 사업을 하려는 주된 목적에 따라 두 가지 유형으로 구분할 수 있다. 첫 번째 유형은 순전히 "경제적" 목적을 위해 운영하는 기업들이다. 즉, 최소의 자원으로 최대의 산출을 만들어내려는 기업들이다. 이런 "경제적 기업" 유형은 이윤 추구가 경영의 목적이다. 직원들은 "자산", 즉 회사가 가진 자본 자산의 확장으로 간주된다. 경제적 기업에서는 자본 자산과 마찬가지로 인적 자산에 대한 투자도 가장 단기간에 가장 큰 수익을 만들어내기 위해 최소한으로 제한된다.

경제적 기업은 일 공동체가 아니다. 어쩌다 그럴 수도 있지만, 역시 이 기업들은 기계와 다름없다. 경제적 기업의 유일한 목적은 경영자와 투자자들로 이루어진 내부 소집단들을 위해 부를 창출해내는 것이다. 이 기업들은 전체로서 구성원들에게 전혀 책임을 느끼지 않는다. 그것은 직원들과 경영자들을 위한 어떤 공동체도 제공하지 않는다. 공동체가 있다 해도 그것은 자본과 인적 자산에 대한 투자 수익이라는 주된 목적의 부산물에 지나지 않는다.

이러한 경제적 기업도 가능한 선택이다. 업계의 많은 사람들이 일 공동체를 만드는 것을 원치 않을 수도 있다. 누구든 자신이나 가족들의 생계 유지를 위해 기업이라는 기계를 보유한다는 것은 지극히 합당한 일이다. 더욱이 이러한 선택은 철학적 관점에서도 타당한 것이다. 자산은 매우 소중하다. 마찬가지로 투자수익률도 중요하다. 이러한 재무적 개념들이 없었다면 인류 문명이 지금과 같은 수준의 부를 생산할 수 있는 역량을 발전시키지 못했을 것이다. 그러나 이러한 선택은 또 다른 결과들을 낳게 마련이다.

어디에서나 그렇듯, 공짜 점심은 없다. 경제적 기업들을 운영하는 사람들에게는 경영방식에 있어 거의 선택의 여지가 없다. 오직 소수의 사람들만이 이너서클에서 "우리들 중 한 명"이 되는 자격을 얻는다. 기업 활동에 기여하기 위해 채용된 다른 모든 사람들은 누군가의 돈을 만들어내는 기계의 부속물에 지나지 않는다. 그들은 외부인일 뿐이며 자신들이 지닌 재능 때문에 고용된 것뿐이다. 따라서 그들은 결코 구성원이 될 수 없다. 그들은 시간과 재능을 돈과 맞바꾼다. 그들은 실체로서 회사에 대한 충성심을 거의 갖고 있지 않다. 그들은 회사 내의 사람들에 대한 신뢰도 거의 없고, 자신들의 모든 것을 던지려는 열망도 거의 없다. 이것은 위계적인 통제가 강화되어야 한다는 것을 의미한다. 그렇지 않을 경우 이 경제적 기계는 효과적으로 작동하지 않을 것이다. 강력한 위계적 통제는 결국 회사 내의 모든 사람들의 두뇌 역량이 효과적으로 활용될 수 있는 조건들이 축소된다는 것을 의미한다.

만약 경제적 기업이 어느 정도 성장하려면 회사 내 핵심부에 새로운 구성원들이 추가되어야 할 것이다. 새로운 핵심 구성원들은 분명 창업자들에 의해 선정될 것이다. 그들은 가족의 일원이거나 가까운 친구들로 채워질지도 모른다. 이 "속해 있는 사람"들은 가능한 한 작은 집단을 이루려고 할 것이다. 따라서 능력 있는 신입 직원들은 비록 채용은 되었지만 그곳에 오래 머물지 못할 것이라고 생각하게 되고, 결국 언젠가는 떠날 것이라는 마음을 갖고 일하게 될 것이다.

그러다 어느 날 내부 핵심 집단의 승계 문제가 대두되는 중요한 시기가 필연적으로 도래한다. 창업자 또는 그의 계승자는 회사를 떠난다. 이때 경제적 기업들은 또 다른 내재된 취약점을 드러낸다. 바로 그들은 학습조직이 되기가 어려울 뿐만 아니라 경영진의 세대 교체에 있어 상당한 장애물에 직면하게 된다.

경제적 기업은 내게는 빗물 웅덩이처럼 보인다. 빗방울은 모여서 패인 곳에 웅덩이를 만든다. 비가 더 내리면 더 많은 빗방울들이 웅덩이에 보태어지고, 웅덩이는 주변의 땅을 적시면서 영역을 넓혀간다. 그러나 제일 먼저 떨어진 빗방울들은 여전히 그 한가운데에 남아 있다.

역설적이지만 이러한 안정성은 취약성으로 전환될 수 있다. 빗물 웅덩이들은 열기에 살아 남을 수 없다. 햇빛이 비춰지고 기온이 올라가면 웅덩이는 증발해버린다. 한복판에 안주해 있던 최초의 물방울들도 열기 때문에 증발될 위험에 처한다. 실제로 대부분의 웅덩이들은 생명이 아주 짧다.

이것이 바로 경제적 기업이다.

반대로 두 번째 유형의 기업은 자신을 지속적인 공동체로 영속시키려는 목적 아래 조직된다. 이런 유형의 기업은 강물과 같은 수명을 갖는다. 웅덩이와는 달리 강은 영속적인 모습을 지닌다. 비가 올 경우 강물은 불어나고, 햇빛이 비추면 강물은 줄어든다. 그러나 강물이 없어지려면 심한 가뭄이 오래 지속되어야만 한다.

그러나 물방울의 입장에서 보면 강은 엄청난 소용돌이다. 어떤 물방울도 중앙에 오래 머물러 있지 못하며, 물방울은 강의 한편에서 다른 한편으로 순간순간 위치를 바꾸어간다. 물방울은 그 이전의 물방울이 아니다. 결국 물방울은 바다로 흘러간다. 강물은 그것을 구성하는 개개의 물방울보다도 훨씬 더 오래 수명을 유지한다.

장수하는 기업들은 물웅덩이처럼 한곳에 머물러 있기보다는 강물의 흐름과 같은 행동을 하는 것처럼 보인다. 어떤 물방울도 오래도록 그 회사를 지배하지 못하며, 새로운 물방울들이 오래된 물방울을 승계하고, 그런 다음 차례로 바다로 흘러간다. 이 물방울들은 사라지는 것이 아니라 앞으로 이동해가는 것이다. 강은 스스로 영속하는 공동체이다. 강은 들어오고 나가는 물방울들로 이루어져 있고, 강둑 사이로 물의 흐름이 계속 이어질 수 있도록 보장하는 장치를 가지고 있다. 기업은 구성원들의 계속성과 움직임을 위한 규칙을 수립함으로써 강이 지닌 수명과 힘을 보유할 수 있다.

이러한 "강물 기업"에서도 투자수익률은 여전히 중요한 요소이다. 그러나 경영자들은 자본의 최적화를 사람의 최적화에 보완적인 것으로 간주한다. 기업 자체가 본래 공동체이다. 기업의 목적은 장수이고 스스로의 잠재력을 개발하는 것이다. 수익성은 그 목적을 위한 수단이다. 수익성과 장수 모두를 이뤄내려면 공동체 구축을 위한 다양한 과정들, 즉 멤버십에 대한 정의를 내리고, 공동의 가치를 설정하고, 사람들을 채용하고, 그들의 능력을 개발하고, 잠재력을 평가하고, 인간적인 계약을 준수하고, 외부인 및 계약자들과의 관계를 잘 관리하고, 품위 있는 퇴사를 위한 정책을 수립하는 데 관심을 기울여야 한다.

강물처럼 흐르는 기업을 만들려면 그 흐름을 담을 수 있는 수로의 설계에 관심을 가져야 한다.

정체성의 경계

강물 기업은 바깥 세상에 대해 열려 있다. 즉, 새로운 개인들과 생각들이 자유롭게 들어올 수 있도록 개방되어 있다. 새로운 개념들과 지식이 회사의 일상적인 활동의 흐름 속으로 흘러 들어온다.

그러면서도 동시에 강물 기업은 결속력 있는 정체성을 유지한다. 구성원들은 "누가 우리인지" 잘 알고 있다. 그리고 그들은 자신들이 가치를 공유하고 있음을 알고 있다. 진정한 의미에서 그들은 서로에게 속해 있다. 5장 "살아있는 존재만이 학습한다"에서 서술한 대로, "성찰"이란 자신의 가치와 그것을 바깥 세상의 다른 가치들과 조화시키는 방법에 대한 인식이다. 그러나 대부분 기업들의 내부에는 또 다른 종류의 성찰이 존재한다. 기업의 가치는 그 내부에 있는 개인의 가치와 공존하며, 모든 구성원들이 이러한 공존에 대해 알고 있다.

기업은 회사의 정체성에 관한 단정적인 질문들에 대해 답하는 데 있어 집합적인 인식을 갖고 있다. 누가 속해 있는가? 누가 "우리"의 부분들로 인정되는가? 반대로, 누가 우리에게 속해 있지 않고 바깥 세상의 부분들인가? 같은 질문들 말이다.

누가 속하고 속하지 않았는지에 대해서는 어떤 모호함도 없다. 기업의 구성원들은 성찰의 단계에서 누가 기업 가치들을 수용할 준비가 되어 있는지를 잘 알고 있다. 이 가치들을 수용할 수 없는 사람들은 그 누구든 구성원이 되어서는 안 된다. 구성원이 아닌 사람은 그 가치들을 공유할 필요가 없다. 하지만 그들은 노조와 같은 다른 기관들의 가치를 공유할 수 있고, 이 회사의 직원이면서 구성원 자격은 없는 상태로 남아 있을 수 있다. 물론 그들은 회사의 필요보다 다른 실체들의 필요를 우선시하면서 비구성원으로서 행동할 가능성이 높다. 구성원이라면 인격체로서 기업의 핵심에 놓여 있는 조직의 가치를 공유해야만 한다.

쉘에서는 이미 서론에서 서술한 바와 같이 기업의 장수에 대한 연구를 통해 이 점을 확인한 바 있다. 아주 광범위하게 분권화되어 있고 다각화되어 있는 기업들도 경영자들과 직원들이 "이 회사는 무엇을 의미하는가?" 또는 "이 회사는 무엇에 관한 것인가?" 등에 대해 비교적 잘 이해하고 있었다. 그리고 그들은 기꺼이 이러한 원칙들과 스스로를 동일시했다.

이러한 가치 체계들은 많은 경우 창업자에 의해 제시되었으며, 때로는 헌장의 형식으로 공식화되기도 했다. 쉘의 보고서는 다음과 같이 적고 있다.

> 기업은 스스로를 하나의 선단으로 여긴다. 개별적인 배는 독립적이지만 전체 선단은 부분들의 합보다 더 강력하다. 조직에 대한 귀속감과 조직의 성취와 스스로를 동일시하는 능력은 변화의 추상적인 특성으로 쉽게 치부될 수 있다. 그러나 기업 사례들에서 보듯이 직원들의 강한 연대의식은 생존과 변화에 핵심적이었다. 성공하는 기업들은 모든 수준에서 결속력을 유지하는 것으로 보인다.[1]

결속력은 신체의 구성분자들을 굳게 결합시키는 힘이다. 기업에서 결속력은 직원들을 통합시키는 것을 의미한다. 결속력을 갖기 위해서는 직원들이 "누가 속해 있고," "누가 우리가 아닌지"를 알아야 한다.

살아있는 기업에는 결속력과 다양성이 공존하고 있다. 기업은 분명 단일한 정체성을 가진 하나의 개체이지만, 그 내부의 사람들과 하부구조들은 엄청난 다양성을 보여준다. 그들은 서로 다르게 구성되어 있으며, 상이한 성격과 역량을 지니고 있다. 그렇지만 그들 모두는 결속된 전체의 한 부분이다. 예컨대, 쉘 브라질과 쉘 독일은 상당히 다른 특성을 띠고 있지만 하부구조로서 그들은 그룹 차원에서 유기적으로 협력한다. 동시에 쉘 독일은 내부적으로 사업부와 정유공장, 마케팅 부서 등과 같은 하부구조들을 갖고 있으며, 그들은 전체로서 쉘 독일을 위해 유기적으로 일한다.

이러한 통찰은 우리가 다국적 기업(또는 카톨릭 교회)과 같이 넓게 분산되어 있는 시스템들에 관한 낙관주의를 유지할 수 있게 한다. 이러한 시스템들은 단합을 할 수 있다. 개별 계열사나 교구, 교회 같은 하부구조들은 전체의 단합을 위해 획일적일 필요는 없다. 오히려 다양한 것이 더 가치가 있다. 위계적 복종을 통해서 통제를 받아서도 안 된다. 결속력은 비록 단기간일지라도 완전히 감지 가능한 수준에서 발생한다.

다양성을 가진 결속력은 기업이 불가피하게 감정적인 공감을 느끼지 않는 구성원들을 갖고 있다는 것을 의미한다. 결속력은 싫어하는 사람들과 함께 일해야 하는 것을 의미할 수도 있다. 그러나 나는 이것이 변장을 한 축복이라고 믿는다. 초급관리자로 일하던 어느 날 쉘 계열사의 경리 책임자로 있던 나의 상사가 내게 아주 흥미로운 과제를 부여했다. 그는 내게 "우리는 새로운 부서를 하나 만들려고 하네. '방법과 절차'라는 부서인데, 자네가 책임자로 내정되었네"라고 알려주었다.

당시 내 부서는 기존 회계와 관리 과정을 근본적으로 재설계하는 임무를 맡도록 되어 있었다. 우리는 완전히 백지 상태에서 부서를 만들어야 했다. 나는 기쁜 마음으로 상사가 이 부서로 전출될 사람들의 이름을 부르는 것을 듣고 있었다. 그러나 맨 마지막에 미스터 Z를 호명하는 것이 아닌가!

나는 자리에서 벌떡 일어나 외쳤다. "아, 제발 미스터 Z는 안 됩니다!" 2년 전 나는 다른 부서에서 바로 미스터 Z 밑에서 일했던 적이 있었다. 우리는 심하게 다투었고, 나는 그를 인간적으로 좋아하지 않았다. 나는 그를 엄청난 허풍쟁이로 생각했다. "말로만 떠들 뿐 실속이 없다"고 판단했다. 그때 내 나이 23살이었다.

나의 멘토이기도 했던 상사는 내게 이렇게 충고했다. "젊은 친구, 자네는 한두 가지 배워야 할 것들이 있네. 이번 기회가 그것들을 배우기에 자네의 인생에서 적기인 것 같군. 첫째, 자네가 리더가 되기를 바란다면 경영자는 신이 아니라는 것을 알아야 하네. 경영자가 부하 들을 창조하는 것이 아니야. 특히 자신의 이미지대로 창조하는 것은 더욱 아니지. 경영자로서 자네는 부하들을 그대로 받아들여야 하네. 신께서 그들을 창조한 대로 말이야. 그리고 그들과 함께 일하는 것을 배워야 하네."

그 상사는 다시 말을 이어갔다. "둘째, 다른 사람들과 더불어 일을 할 경우, 부하들의 "불완전함"(자네의 생각일 수도 있지만)을 자신이 더 열심히 일하거나 더 오래 일함으로써 보충하려는 것은 아주 비효율적임을 알아야 하네. 그렇게 할 경우 한정된 기간 내에서 25~30% 정도 성과를 더 증가시킬 수는 있을 것이야. 그래서 대략 연간 한 사람의 3분의 1 정도의 몫을 더 얻어낼 수가 있겠지. 그러나 자네가 만약 10명이 각각 10%씩 더 성과를 증진시킬 수 있는 여건을 만들어낸다면, 자네는 연간 한 사람 몫을 더 얻어낼 수 있다는 것을 명심하게."

나는 그가 하는 말의 논리에 이의를 제기하지 않았다.

그는 결론을 내렸다. "그러니까 미스터 Z는 자네와 함께 일하게 될 거야. 만약 두 사람 사이에 불화가 있다는 이야기를 듣게 되면 원인이 무엇이든 관계치 않을 거야. 그것은 분명 자네의 잘못일 테니까! 경영자라면 있는 그대로 부하들과 함께 일하는 법을 배워야만 하네. 자네의 역할은 부하들이 자발적으로 최선을 다할 수 있도록 여건을 만들어주는 것임을 잊지 말게."

미스터 Z와 나는 2년 동안 함께 일했다. 나는 그의 이야기에 동의하지 않을 때에도 들으려고 애를 썼다. 다만 한 번의 폭발이 있었다. 당시 나는 얼굴이 시뻘게질 정도로 화가 났다. 나는 미스터 Z에게 "제발 내 사무실 밖으로 나가주시오"라고 한마디 했다. 그는 그렇게 했다. 나는 돌아서서 창문 쪽으로 걸어간 뒤 내 테이블에서 쇠자를 집어들어 두 동강이를 내어버렸다.

미스터 Z는 사무실을 나가자마자 곧바로 내 상사에게 달려갔다. 내가 그 사실을 알게 된 것은 그해 말이었다. 하지만 그때는 이미 고과 기록에 이 모든 일이 반영된 뒤였고, 내 보너스가 깎인 것은 두말할 필요가 없었다.

미스터 Z와 나는 2년 여를 함께 일했다. 나는 그가 최선을 다할 수 있는 여건들을 만들어주는 것이 내 임무 중 하나라는 것을 깨달아야 했다. 결국 미스터 Z와 나는 동일한 공동체의 구성원들이었다. 공동체에 대한 나의 임무는 그의 장점을 찾아내 그것을 최대한 발휘할 수 있도록 도와주는 것이었다. 미스터 Z와 나는 서로에 대해 참는 것 이상의 것들이 필요했다. 우리는 공동의 가치와 목표에 대한 의식을 갖고 조화를 이루었어야 했다. 그러나 그러한 상호 공감 능력은 우리가 동일한 공동체의 구성원들이고, 따라서 설령 좋아하지 않는다고 하더라도 서로를 신뢰할 수 있다는 사실을 알지 않은 한 존재할 수 없었다.

공동의 가치

    기업의 다양성을 말살하거나 조직을 위계적 통제 하에 두는 것에 대한 대안은 없는가? 다시 말해, 무엇이 강물 기업의 구성원들을 서로 조화롭게 지내게 만드는가?

    강물 기업의 구성원들은 일단의 공동가치에 동의한다. 그들은 기업의 목표가 개인의 목표를 성취하는 데 도움을 준다고 믿고 있다. 윌리엄 스턴은 이를 다음과 같이 설명하고 있다.

> 상위 시스템의 목표들이 하부구조들의 개별적인 목표들과 조화를 이루고, 그것에 가장 잘 기여하는 것이 매우 중요하다. 다른 말로 표현한다면, 상층구조는 개개인에까지 이르는 그 하부 구성요소들에 대해 그들의 생존과 자기 실현은 전체의 생존과 발전을 향해 함께 노력할 때 비로소 최선의 결과를 가져온다는 점을 분명히 하고 입증해야 한다.[2]

    이러한 "이기적" 원칙은 이따금 경영자들에 의해 잘못 이해되는 경우가 있다. 이는 여러 자회사들로 이루어진 그룹이나 많은 사업 부서를 거느린 기업과 같이 크고 복잡한 조직을 운영하는 사람은 누구라도 결코 자신의 권한 행사를 통해 개별 단위의 이기심을 지배할 수는 없다는 것을 의미한다. 스턴이 주장한 바와 같이, 계열사에서 부서, 개인에 이르기까지 한 기업 내의 각각의 실체들은 그 자체로 하나의 인격체이다. 인격체들은 자신의 외부 세계와 지속적인 대화와 교류를 하며 존재한다. 이것은 각 인격체들이 성찰을 통해 자기보다 더 큰 집단의 가치에 비추어 자신의 가치를 계속 테스트한다는 것을 의미한다. 기업경영governance이란 계열 기업이나 개인들의 목표가 더 큰 전체의 목표들과 서로 조화를 이루도록 보장하는 문제이다.

예를 들어, 중요한 기업 운영의 이슈 중 하나로 매년 되풀이되는 최고경영자들의 연봉 문제가 있다. 신문기사들은 가끔 CEO나 최고경영진의 보수가 최하층 직원들에 비해 너무 많이 받는 것이 아니냐고 날카롭게 비판한다. 이것은 분명 문제이다. 그러나 밖에 있는 사람들의 문제는 아니다. 이는 기업 자신의 가치들에 관한 성찰을 위한 핵심적 질문이다.

어떤 고위 경영자의 보상이 그가 속한 일 공동체의 다른 모든 사람들에 의해 과다하다고 여겨진다면 이는 진정 과다한 것이다. 어떤 일 공동체에서는 최고위직에 있는 사람들에게 상당히 높은 금액을 지불할 준비가 되어 있을 것이다. 이는 그 회사의 내부적인 현실과 조화를 이루는 일일 것이다. 그러나 어떤 일 공동체에서는 최고경영진들의 높은 연봉이 마음에 들지 않을 경우도 있을 것이다. 급여 기준의 표준은 내부적 표준이다. 당신이 현재 나의 상사일 수 있다. 그러나 다음은 내가 상사가 된다. 나는 내가 내일의 상사가 되거나, 아니면 동료 중 누군가가 상사가 될 것임을 안다.

한마디로 말해서, 각 구성원의 목표는 공동체 전체의 목표와 조화를 이루어야 한다. 전체와 각 부분들은 서로 함께할 때 각각의 이익이 최상으로 충족된다는 것을 이해해야 한다.

많은 사람들이 이와 같은 형태의 결속력을 원하는 듯하다. 그것은 사람들이 다음과 같이 말할 때 그들이 묘사하고 있는 것이다.

"나는 하루 8시간 또는 그 이상 일을 한다. 일은 내 인생에서 매우 중요한 부분이다. 나는 내 일이 내 삶의 다른 부분들과도 조화를 이루기를 바란다."

쉘에서 수행한 살아남은 기업에 대한 연구는 장수하는 기업들과 가치에 대한 강한 의식 간의 매우 암시적인 관계를 밝혀냈다. 어떤 회사들의 경우에는 이러한 가치들이 그 회사의 창업자에게로 거슬러올라간다. 창업자는 자신이 바라는 기업의 비전을 설명하면서 일종의 사명 선언문과 같은 것을 만들어놓기까지 한다. 이것은 그 회사가 무엇인가에 대한 선언문일 수도 있다. 즉, 기업 스스로에 대한 정의이다.

이것은 오늘날 기업들에서 흔히 채택하고 있는 전형적인 "기업 비전과 사명 선언문들"과 혼동해서는 안 된다. 오늘날의 사명 선언문은 대체로 미래형으로 기술되어 있다. 그들은 "기업이 앞으로 무엇이 될 것인가"를 담고 있다. 이러한 선언문은 구성원들에게 현시점에서 자신들의 기업이 바라는 바대로 되어 있지 못하며, 그래서 미래에는 어떠해야 된다는 부정적 인식을 심어줄 수 있다. 또한 그것들은 명시적이다. 즉, 자기 기업을 "컴퓨터 기업"이라거나 "석유생산자(물론 세계최고라는 말을 덧붙이지만)"라고 규정한다. 따라서 그것들은 더 핵심적인 질문을 간과해버리게 된다. 즉, 세상이 컴퓨터나 석유에서 멀어지게 될 경우 일 공동체의 구성원들을 무엇으로 결속시킬 것인가?

100년 이상 지속되어온 장수 기업들의 창업자들이나 경영자들은 그들의 가치를 특정 제품이나 서비스에 연계시키지 않았다. 그들은 일 공동체의 생애 사명이 특정 상품이나 서비스를 만들어내는 데 있는 것이 아니라 생존하는 것, 즉 일 공동체로서 자신을 영속시키는 것임을 알고 있었다. 그들의 선언문은 오늘날의 사업 원칙 선언이나 종교적인 신조와 유사한 가치와 윤리적 규칙들을 담고 있었다. 현재와 미래의 회사 구성원들은 이러한 가치와 윤리적 규칙들을 자신의 것으로 만들어야 하며, 그렇지 않을 경우 그 회사에서 일할 자격이 없다.

종종 누구도 완전히 새로운 문제들에 대한 답을 알지 못하는 매우 어려운 시기에 이러한 공동의 가치들을 공유하는 것은 회사가 모든 개별 구성원들이 동의할 수 있는 결정을 내릴 수 있게 도왔다. 그들은 불확실한 미래를 향해 눈을 가린 채 항해하고 있었지만 그래도 그들은 서로에 대한 신뢰와 믿음을 가질 수 있다.

일본 기업인 미쓰이Mitsui 이야기를 예로 들어보자. 미쓰이는 포목상에서 시작해서 전당포와 광산회사를 거쳐 제조업체가 된 기업이다. 창업자인 다카도시 미쓰이는 1694년 죽으면서 일단의 규칙과 지침을 유언으로 남겼다. 그 중에는 몇 가지 조직 원칙들이 있다.

- 권한을 가진 사람들은 부하들에게 친절해야 하며, 부하들도 상사를 존경해야 한다.
- 경영자들의 핵심 역할은 가업을 지키는 것이다. 경영자들은 주인의 행동이 잘못되었을 때 적절한 조언을 해야 하며, 잘못될지도 모를 실수를 바로잡아주어야 한다.

인사관리에 관한 규칙들도 있다.

- 상당한 양의 은을 예비기금으로 비축해두어야 한다. 이 은은 재산을 잃은 가신들의 복지를 위해, 그리고 화재나 여타 재난 때문에 고통 받는 가신들을 위로하는 데 사용하라.
- 경영자들을 발굴하기 위해 젊은이들을 눈여겨보고, 가능성 있는 후보들을 골라 그 자리를 위한 훈련을 시켜라.

또 다른 규칙들은 사업 활동의 윤리를 제시하고 있다.

- 상인의 일생에 있어서 선견지명은 매우 중요하다. 가까이에 있는 작은 이익을 쫓다 보면 장기적으로 큰 이익을 놓칠 수 있다.
- 모든 종류의 투기와 새롭고 잘 모르는 사업은 절대 금해야 한다.
- 공직에 있는 사람은 대체로 부유하지 못하다. 이는 공직에 헌신하느라 가사를 등한시하기 때문이다. 너희들은 장사꾼임을 잊지 마라. 정부기관을 상대하는 것을 항상 본업이 아닌 부업으로 간주해야 한다.

이상과 같은 가치관들과 규칙들은 미쓰이 가문의 수대에 걸쳐, 그들이 누구이고 무엇을 대표하는지를 아는 데 큰 도움을 주었다. 학습은 자신을 아는 것에서부터 시작한다. 그리고 자신에 대한 분명한 정의는 결속력을 제고시킨다.

미쓰이 사례연구 결과는 매우 감명 깊었다. 18세기에 이 회사는 일본 정부의 공식적인 환전상이 되었다. 그러나 19세기에는 정치적 충성의 대상을 바꾸어 메이지 유신에서도 살아남을 수 있었다. 20세기에는 100여 개 이상의 계열사들을 거느리고 통상, 금융, 산업 등 모든 분야에서 두각을 나타냈다. 그러다 곧 미쓰이의 결속력과 적응력에 혹독한 시련기가 찾아왔다.

1945년 미국의 트루먼 대통령은 일본 경제를 지배해 온 산업과 금융이 결합된 미쓰이와 같은 재벌들의 해체 명령을 내렸다. 쉘 연구보고서는 다음과 같이 그 결과를 서술하고 있다.

> 자이바쓰(재벌)의 지주회사들은 해체되었고 가족들의 재산도 중과세를 통해 현저하게 줄어들었다. 양대 통상회사인 미쓰이 물산과 미쓰비시 상사도 1947년에 강제 해산되었다. 이들의 재기를 막기 위해 해산 명령은 어떤 회사도 이들 회사 출신의 경영자는 두 명 이상 채용할 수 없고, 직원들은 100명 이상 고용하는 것을 금지했다. 결국 미쓰이 물산은 170개의 개별기업들로 쪼개졌다. 또한 미쓰이와 미쓰비시 같은 상호의 사용도 금지되었다.

누구도 이 정도면 어떤 기업이라도 무력화시키기에 충분하리라고 기대했을 것이다. 미쓰이의 자금은 회수되었으며, 이름도 사용금지를 당했고 경영구조를 포함한 중추 시스템이 해체되어버렸다. 그런데 어떻게 해서 다시 살아있는 시스템으로 부활할 수 있었던 것인가?

쉘 연구보고서는 그 후편을 다음과 같이 소개하고 있다.

> 자이바쓰 그룹들의 재결합 움직임은 1952년 일본 점령이 끝난 후에 시작되었다. 비록 최고 지주회사들은 없어졌지만 과거 자이바쓰의 리더들은 정기적인 회합을 조직해서 정보를 교환했고, 몇몇 기업들이 신용거래를 기대하던 은행이 중심적인 역할을 수

행하기 시작했다. 기업들은 미쓰이라는 이름을 포함시켜 과거의 이름들을 사용하기 시작했고, 1959년에는 개별적으로 흩어져 있던 무역회사들이 미쓰이 물산으로 통합되었다.

최근 미쓰이는 30여 개 계열사들을 거느린 그룹의 이름으로 발전했고, 그 중 몇몇은 미쓰이라는 이름을 회사명으로 사용하고 있다. 이 계열사들 간의 관계는 비공식적이지만, 때로는 매우 실질적이다(예컨대, 미쓰이 석유화학은 1965년에 미쓰이 그룹의 8개 계열사들에 의해 설립되었다). 비록 미쓰이 자이바쓰는 해체 명령에 따라 사라졌지만, "미쓰이"라는 정체성은 그룹 계열사들 내에 여전히 살아있는 듯하다.

정해진 공동 가치들을 어느 정도 공유해야 이러한 놀라운 부활이 가능한가? 오직 공동의 정체성에 대한 인식, 즉 자신에 대한 강한 정의를 가진 사회 시스템에 대한 귀속감만이 본체의 해체를 극복해낼 수 있었다. 이러한 집단적 자아의식이 해체 뒤에 독립된 개별기업들을 책임지던 자리에 앉아 있던 경영자들의 야망과 욕망보다도 더 강했던 것이다. 이 개별기업 경영자들이 "홀로서기"를 할 수도 있고, 단기적으로는 성공할 수도 있었을 것이다. 그러나 그렇게 하기에는 그들이 미쓰이의 가치에 너무 깊이 몰입되어 있었기 때문에 그 이름과 조직을 뒤로 할 수가 없었다.

혹시 이 사례가 일본기업 미쓰이라는 이유 때문에, 그래서 집단주의 문화가 강하기 때문에 가능한 것이 아닌가 하고 의미를 낮게 평가하려고 할지도 모르겠다. 그러나 독일의 도이치방크도 연합국 점령군에 의해 해체되었지만 다시 원래의 이름 하에 제 모습을 되찾았다. 반면 주축국의 다른 기업들은 전후의 기업 해체로부터 살아남지 못했다. 예를 들어, 산업제국을 형성했던 파르벤I.G.Farben은 바스프BASF와 회이스트Hoechst와 같이 여러 개의 작은 회사들로 쪼개졌지만 다시 합쳐지지 못하고 있다. 오히려 쪼개진 회사들이 서로 심하게 경쟁하는 경우도 상당수에 이르고 있다.

흐름에 참여하기: 채용 정책

강물 기업들은 자신들의 멤버십을 부여할 사람들을 선발하는 데 매우 신중하다. 그렇다고 그들이 폐쇄적일 수는 없다. 강물과 마찬가지로 공동체의 구성원들은 항상 변한다. 때로는 강제로 물러날 때도 있으며, 이 경우는 그들의 가치체계가 기업의 가치와 조화를 이루지 못할 때이다. 때로는 구성원들 중 소그룹이 "누가 우리이고" "누가 우리가 아닌지"를 재정의한다. 기업을 새롭게 하기 위해 끊임없이 새로운 인재들을 규칙적으로 받아들일 수 있도록 세심한 주의가 필요하다.

결속력을 유지하기 위한 채용은 정책상의 문제만은 아니다. 그것은 일종의 논리적 사고이며, 공동체의 바람직한 규모와 모양을 결정하는 데서 시작한다. 예를 들어, 회사 구성원들의 전체 규모를 가까운 장래에 비교적 일정하게 가져갈 것인지를 가정해야 한다. 그러면 향후 25년 동안 은퇴, 사임, 병가 등으로 잃게 될 사람들의 수를 계속 보완해주기 위해서는 얼마나 많은 사람들이 필요한가?

그런 다음 이와 같은 추정은 다양한 가정들 아래 반복해서 이루어진다. 예를 들어 10%의 성장을 가정하기도 하고, 어느 특정 부문이 이와는 다른 증가율로 성장할 것이라는 가정도 가능하다. 예상 성장률에 대한 각각의 시나리오들을 고려해보면 연간 모집정원의 목표 인원과 같은 수치들이 분명하게 밝혀지기 시작한다. 이는 단지 목표 수치일 뿐이다. 기업이 매년 요구되는 자격을 갖춘 사람들을 정확히 확보할 수는 없다. 필요한 학력이나 기술적 배경, 근무지 이동 가능성, 그리고 회사가 필요로 하는 가치체계를 갖춘 인재를 확보하는 것이 쉽지만은 않다.

어떤 이유에서건 경영자 세대가 이러한 확장 비율에 간섭하기 시작하면 문제가 발생할 것이다. 경기가 나빠서 몇 년간 채용 인원을 대폭 줄이기로 결정했다고 하자. 이런 경우 그 결정을 내린 경영자들의 후계 경영자들은 혹독한 대가를 치르게 된다. 25년 뒤 이 승계자들은 새로운 리더들을 선정하기 위해 한 자리에 모였을 때, 자신들의 후계자로 선발될 차기 경영자 세대의 폭이 질적으로 매우 얇아져 있음을 알게 될 것이다.

기업의 어떤 특정 부문이 나머지 다른 부문들에 비해 급속도로 성장하는 경우에도 문제가 될 수 있다. 신규 채용이 이러한 성장을 뒷받침해주어야만 한다면 특정 부문(엔지니어든 회계사든 물리학자든)에 채용된 전문인력들이 회사 전체의 인적 구성의 균형을 깨뜨리게 된다. 25년이 지난 뒤에야 이 회사는 역시 경영자 승계 과정에서 다양성을 잃게된 것을 알게 될 것이다. 너무나 많은 사람들이 같은 언어를 사용하고 너무나 쉽게 서로에 대해 동의하게 된다. 이 경우 회사는 집단사고의 위험에 빠지게 된다.

따라서 신입사원 채용은 새로운 일꾼들을 불러들이는 장치로만 여겨져서는 안 된다. 25년 뒤 그 기업 최고경영진들의 질은 부분적으로 지금 신입사원들의 질에 달려 있다. 이는 특히 장수 기업들에게 진실이다. 왜냐하면 그들은 내부 승진의 가치를 입증해왔기 때문이다. 콜린스와 포라스도 그들의 저서 『성공하는 기업들의 8가지 습관』에서 다음과 같이 이야기하고 있다. "100년 이상의 수명을 누린 17개 비전 기업들 중에서 CEO가 외부에서 영입된 경우는 오직 4번뿐이었고, 그것도 단 2개의 회사에서 있었던 일이다."

경제적 기업(웅덩이 기업)에서 채용은 단순히 기업의 자산에 기여할 수 있는 적합한 사람을 찾아내는 것을 의미한다. 채용의 속도는 수치에 의해 결정된다. 기업이 지닌 능력보다 제품 수요가 더 많아지면 새로운 인력과 기계를 더 도입한다. 반대로, 수요가 줄어들면 사람을 내보내고 시설을 줄인다. 동시에 직원은 기능의 측면에서 정의된다. 예를 들어, "250명의 기능공들이 필요하다"거나 "사무직 인원이 너무 많다"라고 한다. 경제적 기업들에서 사용하는 채용 언어는 자신들의 기본적인 논리적 사고를 무심코 드러낸다. 채용하거나 해고하는 것이 사람들이 아니라 기능들인 것이다. 기계를 돌릴 "손"이 필요하거나 올바른 계산을 위한 "머리"가 필요할 뿐이다.

반대로 "강물 기업"에서는 채용이 진지한 통과의례이다. 이는 새로운 구성원과 공동체 간의 적합성을 검증해보는 첫 순간을 의미한다. 일 공동체에 들어오는 것은 많은 관심을 받는다. 이는 마치 클럽이나 전문 협회, 노조의 회원으로 받아들여지는 것과 같다. 새 구성원들은 합당한 자격을 지니고 있어야 하지만, 구성원 개인과 조직 사이의 조화가 매우 중요한 사항이다. 과연 조직의 가치들이 유망한 새로운 구성원의 가치들과 잘 어울릴 것인가?

해마다 봄이 되면 주요 기업의 대표들이 대학의 취업시장에 나타난다. 오직 특정 기업들만이 대학의 푸른 들판에서 풀을 뜯을 수가 있다. 왜냐하면 (경영자와 모집 책임자들의 인건비를 고려할 때) 그 비용이 아주 높기 때문이다. 그러나 이 사회 새내기들의 잠재력이 각 기업에 적합한지를 알아낼 수 있는 효과적인 방법은 거의 없다. 셸은 단순히 컴퓨터 전문가나 생화학 전공자만을 찾지는 않는다. 우선 우리 스스로 각 후보자들에게 물어볼 사항들을 자문해본다. "이 사람의 내면에는 무엇이 있을까? 그가 어디서부터 출발하게 할 수 있을까?" 그런 뒤, 우리는 후보자들에게 태도에 대해 질문한다. "해외에 나가서 일할 준비가 되어 있습니까?" 그리고 그들에게 우리의 기업헌장을 보여주고는 그것들을 지킬 수 있는지 여부를 물어본다.

가치들의 조화가 단순히 현재 구성원들의 복제인간들을 찾는 것을 의미하지 않는다. 이러한 발상은 오히려 매우 위험하다. 장수 기업이 필요로 하는 인간의 다양성을 확보하는 데 지장을 줄 수 있기 때문이다. 성공적인 경영자들이라면 직원을 채용할 때 마음에 맞는 복제인간들을 찾는 행위는 모질게 마음먹고 떨쳐버려야 할 강한 유혹들 중의 하나이다.

우리가 아무리 비판적이고 기준을 높게 잡는다고 하더라도 이따금 다양한 후보자들 중에서 선택을 해야 할 경우가 있다. 이때는 위험한 순간이다. 일단 객관적인 기준들에 의해 검증을 거친 후보자들 중에서 어떻게 최종 선택을 해야 할 것인가? 우리는 단지 우리 앞에 있는 후보들이 가진 잠재력의 미래에 대해 추측할 수 있을 뿐이다. 그러다 보면 그저 쉽게 알아볼 수 있는 사람들만 뽑게 된다. 즉, "나와 비슷한" 사람이거나 비슷한 배경을 가진 사람들을 좋아하게 된다. 결국 그들은 그저 "나"와 비슷한 인물이 될 것이다.

어떤 사람인지 알 수 있어서, 또는 알려진 배경을 갖고 있어서 선택한 결정은 그 기업 내 인적 구성의 다양성을 반감시키는 위험이 있다. 어쩌면 인적 다양성은 이미 너무 좁혀져 있을 수 있다. 경영자들이 자신들과 닮지 않은 사람들을 찾기 시작했다는 것은 바로 강물 기업의 성숙함을 보여주는 징표이다. 그들은 예를 들어, 다른 인종과 국적 배경을 가지고 있을 것이고, 그럼으로써 새로운 태도들과 재능들을 기업 내부로 유입시키게 될 것이다.

인재 개발

채용은 단지 첫 단계에 지나지 않는다. 첫 2~3년 동안에 신규채용 인원들 중 일부가 회사를 떠나기도 한다. 회사와 신입사원들은 서로 잘 지낼 수 있는지를 살펴본다. 그들은 서로를 싫어하지는 않는다. 단지 서로 맞지 않을 뿐이다.

그러나 대부분의 신규채용 인원들은 회사에 남는다. 쉘의 경우 1980년대에는 매년 전세계적으로 수백 명의 신입사원들이 계속 남아 있었다. 그들은 이제 구성원들로 인정받고 있다. 그들은 쉘의 시스템에 들어온 것이다.

어느 강물 기업에서도 한 시점에서 보면 대략 3세대가 서로를 승계하기 위해 자리잡고 있다.

- 채용 세대는 대략 30대 초반까지이며, 상사들과 동료들에 의해 평가

받고 직위가 부여된다. 이 직급들에서는 신임과 불신임이 급격하게 반전된다. 이를테면 이런 식이다. "2년 전까지만 해도 제니는 이사까지 갈 것으로 보였다. 그러나 지난해에는 엄청난 실수를 저질렀다."

- 승계 세대는 37~40세 정도이며, 능력이 어느 정도 안정되어 있는 계층이다. 각자 높은 능력을 발휘하고 약간의 리더십을 발휘해보는 세대들이다(내 경우, 이 세대일 때 쉘 브라질의 책임자가 되었다).

- 마지막으로 상위 경영자 세대는 대략 50대 이상이며, 이사의 직위를 갖는다(쉘의 정년은 60세이다). 그들은 회사의 진로를 결정하고, 누가 그들을 승계할 것인가에 많은 시간을 할애해야 한다.

이러한 승계의 흐름이 정년계약을 의미하는 것은 아니다. 어떤 구성원들은 중도 퇴사하거나 면직을 당하기도 한다. 그러나 첫 몇 년을 빼고 나면 중도 퇴사율이 현저히 줄어든다. 또한 남아 있는 사람들은 최소한 승진의 기회가 올 것이라는 확신을 가질 수 있다. 그리고 그들은 회사가 자신들의 역량을 개발시키는 데 기꺼이 투자를 할 것이라는 점을 잘 알고 있다.

최고경영자는 미래에 좋은 관리자들의 공급이 이루어질 수 있도록 신경 써야 한다. 밑에 있는 대부분의 뛰어난 기획자, 마케터, 생산 담당자들을 살펴보라. 승계자는 어디서 오는가? 그와 같은 사람을 육성하는 데 최소한 몇 년이 걸리고, 그들을 찾는 데 1년 또는 2년 이상 걸릴 것이다. 이러한 문제에 대한 인식을 가진 조직은 기업 내에서 인적 잠재력을 개발하는 것을 필수 과제로 삼을 것이다.

계속성을 가진 강물 기업의 경우 회사 내에서 사람들의 많은 이동을 허용하지 않는 것처럼 보일 수도 있다. 그러나 계속성은 곧 이동을 의미한다. 오랜 시간에 걸쳐 구성원들은 직급 이동을 하면서 자신의 능력을 최상으로 발전시킬 수 있는 과정을 거치게 된다. 이는 어느 정도는 교육과 훈련을 통해 이루어지지만, 사람에 대해 모험을 감수하는 시스템을 필요로 한다. 그들이 새로운 직위를 맡을 때마다 실제로는 얼마나 위로 올라갈 수 있는가를 시험받게 되는 것이다. 그들이 궁극적으로 할 수 있는 것은 무엇일까? 그들이 효과적으로 능력을 발휘할 수 있는 최고의 직위는 어디까지일까? 주어진 새로운 직위에 의해 어떤 측면의 장점들이 새롭게 갖추어질 것인가?

내가 쉘에서 지역 총괄책임자 자리에 있었을 때 가끔 이러한 시험을 치를 기회가 있었다. 케냐나 브라질의 생산공장에 핵심 보직이 비어 있으면 우선 내가 이 공장이 나가야 할 방향에 대한 분명한 생각을 가져야 했다. 그런 뒤 나는 이에 맞는 특정한 유형의 적임자를 찾게 된다. 즉, 적임자는 주어진 조건들이 그에게 강장제 같은 역할을 하면서 그 자신도 결코 알지 못했던 능력을 불러일으키게 만드는 그런 사람이다. 만약 그 직위가 성장 시장에서의 마케팅 역량을 필요로 하는 것이라면 나는 경험이 풍부한 마케팅 담당자를 선택할 필요는 없다. 오히려 상당히 긴장된 속에서 일을 수행할 수 있는 잠재력을 갖춘 사람을 찾아내어 3주짜리 마케팅 과정에 보내 준비시키면 될 것이다.

이러한 형태의 개발은 외부에서 사올 수가 없다. 또한 회사 내 교육 프로그램만으로 개발될 수도 없다. 이는 위험 부담을 안고 사람들이 성숙할 때까지 시간을 할애하면서 이루어지는 것이다. 내 관할의 생산공장에 새 관리자가 임명되면 나는 그 사람에게 이렇게 말한다. "당신은 최소한 2년간은 이 자리를 맡을 것입니다. 그러니 첫 6개월 간은 결코 많은 것을 하려고 하지 마세요." 나는 그들이 스스로 그 직위에 필요한 것을 학습할 시간을 주고 싶었다.

관리자들이 나이가 들수록, 그들의 잠재력을 끌어내기 위해서는 더욱 창의적인 노력이 필요해진다. 예를 들어, 40대의 관리자들은 자신의 직장 생활이 20년 이내에 끝난다는 것을 느끼면서 위기의식을 갖는다. 그들은 자신들이 지금까지 해온 것에 회의를 느끼기 시작한다. 강물 기업에서는 이 단계에서 그들을 종종 다른 나라나 다른 영역으로 전환 배치해 계속 성장하게 한다. 이런 식으로 회사는 그들을 단순히 전문화된 손이나 머리가 아닌 지속적으로 확장하는 잠재력을 가진 인간으로 여긴다는 사실을 보여준다. 그들은 자신이 결코 CEO나 이사가 될 수 없다는 사실을 받아들여야 할 수도 있다. 그러나 강물 기업은 그들이 지속적으로 흥미를 갖게 하고 적극적으로 참여하도록 하는 것이 중요하다는 점을 보여줘 왔다.

나는 나의 모든 관리자들에게 부하들의 개발과 배치에 관련된 이러한 사항들에 대해 최소한 자기 시간의 25% 이상을 할애하라고 요구한다. GE의 잭 웰치 회장은 경영자들에게 이런 종류의 개발 문제에 자신의 시간 중 절반을 할애할 것을 요구한 바 있다. 그 업무에 자신의 시간 중 몇 퍼센트를 할애하든, 이것은 고위 경영자들의 업무 중 가장 핵심적인 부분이다.

잠재력의 평가

인재 개발에 대한 이러한 강조는 직원들의 잠재력과 성과를 평가할 수 있는 믿을 만한 방법들이 있어야 함을 의미한다. 이는 직원들을 징계하기 위한 것이 아니라(그럴 경우 두려움으로 인해 학습을 기피하게 됨) 그들을 개발하는 방법을 더 잘 평가하기 위한 것이다.

최종적인 잠재력을 평가하는 가장 쉬운 방법은 직속 상사에게 물어보는 것이다. 좀더 정교한 방법은 대상자가 직책을 옮긴 순서에 따라 해당 상사들에게 물어보는 것이다. 그러나 이러한 방법은 극소수 사람들의 의견에 의존하기 때문에 언제나 불만이 뒤따른다.

지금까지 내가 알고 있는 방법들 중에서 최상의 방법은 로열 더치 쉘의 방법이었다. 직위별로 매 2년마다 한 번씩 평가를 하는데, 피평가자는 해당부서 경영자팀과 동료들 그리고 인사담당 부서장들로부터 각각 평가를 받았다. 직무순환이 매우 빠르게 일어나기 때문에 팀의 구성도 항상 바뀌었다. 피평가자들은 한 사람의 의견에 좌우되기보다는 팀에 의해 평가되었으며, 팀도 계속적인 실행을 통해 평가 능력이 증진되었다.

이는 피평가자들이 비록 자신의 기대보다는 낮게 나왔다고 하더라도 자신에 대한 평가 결과들을 쉽게 수용하게 만들었다. 더 나아가 개인들은 평가가 매 2년마다 되풀이된다는 것을 위안으로 삼았다. 한 번의 평가에서 잘못된 것은 그 다음번에 교정될 수 있기 때문이다. 그러나 무엇보다 중요한 것은 지속적인 평가의 변화를 통해 사람들이 끊임없이 함께 모여서 인간의 능력과 역량의 본질에 관해 이야기를 나누게 만들었다는 점이다.

신뢰와 계약

경제적 기업(웅덩이 기업)에서는 기업과 개인 간에 묵시적 계약이 있다. 때로는 서면상으로 되어 있지 않을 수도 있지만 일반적으로 이해되는 것이 바로 "개인은 보상에 대한 대가로 기술을 제공한다"는 계약이다. 이 계약은 한 나라의 사회법이나 노사간 단체협약에 의해 승인된다. 이는 결국 대부분의 사람들이 정말로 다른 어떤 목표들보다도 더 높은 급여라는 경제적 보상을 원한다는 기본 전제 위에 기초하고 있다.

강물 기업에도 기본적인 묵시적 계약이 있다. 역시 문서화되지는 않았지만 회사가 취한 모든 인사 관련 결정들에 분명하게 나타난다. 즉, 개인은 기업이 각 개인의 잠재력을 최대한으로 개발하기 위해 노력할 것이라는 사실에 대한 대가로 관심과 헌신을 제공하는 것이다.

인재 개발을 위한 몇 가지 방법에 대해서는 이미 언급한 바가 있다. 하지만 그 시사점들도 매우 중요하다. 강물 기업에 있어서 금전적 보상은 긍정적 동기요인이 되지 못한다. 심리학자인 에이브러햄 매슬로가 말한 대로 돈은 "부정적 위생요인negative hygiene factor"이다. 만약 금전적 보수가 충분치 못하면 사람들은 더욱 불만족스러워질 것이다. 그러나 (충분한 보수를 넘어서) 추가적으로 보수를 더 주는 것이 사람들로 하여금 회사를 위해 더 많이 기여하도록 동기를 불러일으키는 것은 아니다. 더 많이 기여하기 위해서는 개인들이 공동체가 자신에게 관심을 가지고 있다는 인식이 있어야 하고, 그들이 더 큰 공동체의 운명에 대해 관심을 가져야 한다. 그리고 공동체와 개인 모두가 서로에 대해 관심을 가질 필요가 있다.

『조직화의 사회심리학』의 저자인 칼 와익Karl Weick은 직장으로부터 사람들이 진정으로 원하는 것은 바로 "동귀결성의 제거 removal of equifinality"라고 썼다. 이 의미는 사람들은 자신이 일관성 없고 애매모호한 비가공 상태의 작업에 질서와 디자인, 품질을 부여했다는 것을 알고 싶어한다는 것이다. 사람들은 자신들의 결정과 노력이 긍정적인 영향을 미쳤다는 것을 알고 싶어한다. 만약 그들이 단지 필요한 "손"이나 "머리" 정도로 취급받을 경우, 자신들이 동귀결성을 제거하고 있다는 인식을 전혀 갖지 못하게 되고, 동귀결성을 찾을 수 있는 어느 곳에서든 그것을 찾으려고 할 것이다. 그들은 단체협상이나 더 높은 급여에 집중할 수도 있고(적어도 그들은 그것을 성취할 수는 있다!) 또는 본업이 아닌 부차적인 활동에 관심을 가질 수도 있다.

그들은 적십자 조직의 지부나 크리켓 클럽을 조직하게 될 것이며, 그럴 경우 고용주들에게는 수치스러운 일이 될 것이다. 크리켓 클럽을 운영하는 것이 쉬운 일은 아니다. 특히 인간관계 측면에서 더 그렇다. 이러한 클럽을 잘 운영할 수 있는 사람이라면 회사를 위해서도 큰 업적을 낼 수 있을 것이다. 강물 기업의 묵시적 계약은 (말이 아니라 행동으로) 그들이 세상을 개선시킬 수 있는 기회를 가지게 될 것이라는 점을 보장한다.

로버트 푸트남은 민주사회의 통치에 관한 그의 책에서, 어떠한 위계적 규율과 권력도 공동체에서의 시민 행동과 상호 신뢰의 부재를 대신할 수 없다고 강조하고 있다.[3] 일단 중심구조와 하부구조들 (계열사, 부서, 개인 구성원)이 동일한 이해와 목표, 목적에 동의를 하면, 즉 함께 하는 것이 모두에게 득이 된다고 확신하면, 우리는 진정한 통제력을 갖게 된다. 공동체의 구성원들은 모두 강제적 규율에서 오는 낭비나 스트레스, 그리고 경직성을 필요로 하지 않고도 그들 모두가 공동의 목표에 도달하기 위해 진지하게 노력할 것이라고 확신할 수 있게 된다.

더 나아가 나는 살아있는 기업이 강제적 규율과 절대로 함께할 수 없다는 점을 주장하고 싶다. 적어도 오늘날의 기업 환경에서는 그런 종류의 엄격한 통제가 결코 오래 지속될 수 없다.

이러한 주장들이 사실이라면 살아있는 기업은 전적으로 구성원들의 묵시적인 멤버십 계약에 의존한다. 묵시적 계약이 없다면 계속성도 보장되지 못한다. 계속성이 없으면 공동체와 개별 구성원들 간에 신뢰도 존재할 수 없다. 신뢰가 결여되면 결속력도 없고, 결국은 살아있는 기업도 존재할 수 없게 된다.

쉘 경영자들이 경험한 격심했던 정치적 상황들 중 하나를 예로 들어보겠다. 남아프리카공화국의 인종분리주의 정부가 물러나기 전의 격변기에 나는 그곳을 방문한 적이 있었다. 요하네스버그 공항에 내렸을 때, 나는 경찰로부터 한 통의 편지를 받았다. 편지에는 우리가 만약 남아프리카공화국에 체류하는 동안 현지 경영자들에게 쉘의 석유 공급에 관해 질문을 하면 감옥에 가게 될 것이라고 쓰여 있었다. 우리는 현지 공급 시스템의 세부 사항을 점검하기 어려웠고, 오직 신뢰에 의존할 수밖에 없었다.

이것은 일상적인 역학 관계의 극단적 예이다. 만약 당신의 회사가 100여 개 이상의 국가에서 활동하는 다국적 기업이라면, 회사를 운영하는 방법은 오직 하나뿐이다. 당신은 부하 경영자들의 등뒤에 앉아 있을 수는 없다. 그렇다고 매주마다 회계감사를 파견할 수도 없다. 상호신뢰가 있어야 한다. 상급자가 점검할 시간적 여유가 없는 상태에서 현지 책임자가 결정을 내려야만 하는 경우도 있다. 그들은 회사의 목표들에 대해 가능한 한 분명한 생각을 가지고 농구 선수들처럼 그 목표에 도달하기 위해 재빠르게 움직여야 한다. 이때 개인은 모두가 함께 구성하는 더 큰 실체를 대신해서 행동하는 것이다.

만약 사람들이 당신이 10달러를 아끼려고 자신들을 내쫓을 것이라고 생각하기 때문에 당신을 신뢰하지 않고, 그렇기 때문에 당신도 더 이상 그들을 신뢰할 수 없다면 그 영향을 생각해보라.

묵시적 계약으로부터 나오는 상호신뢰 없이는 기업의 경영자들은 기업의 필요에 대한 것만큼이나 직원들의 급여와 보상에 대해 많은 관심을 기울이게 될 것이다. 따라서 경영자들이 관심을 다른 곳으로 돌린다면, 심각한 실수를 범할 가능성이 매우 높아진다. 농구선수가 10분의 1초만이라도 공에서 눈을 뗀다면 결국 점수를 잃고 만다. 쉘처럼 1000억 달러 규모의 사업을 하는 기업들에서 경영자가 10분의 1초라도 눈을 다른 데 돌린다면 아마도 수백만 달러의 가치가 있는 일을 위험에 빠뜨릴 수 있다.

더욱이 강물 기업의 묵시적 계약은 스스로 기적의 수익성을 성취할 수 있다. 우리는 이것을 1980년대 초 쉘에서 보았다. 당시 쉘은 격동하는 새로운 석유 경제에 대응하기 위해 자체 석유상품 거래소를 구축하게 되었다. 자체 석유상품 거래소가 세워지고 상품거래 전문가들이 필요했지만, 우리는 처음에 그 전문가들을 어디에서 구할 수 있는지 전혀 몰랐다. 그들은 매우 높은 급여를 받고 있었다.

그들의 연봉은 쉘 급여체계를 훨씬 상회하는 수준이었다. 런던에서는 상품거래 전문가들이 전형적인 스카우트 대상이었고, 따라서 언젠가 쉘에서 다른 회사로 스카우트될 사람들이었다. 그들은 결코 쉘이라는 공동체에 적합한 사람들이 아니었다.

우리는 이 문제를 외부의 거래 전문가들을 채용하지 않고 사내에서 확보함으로써 해결했다. 그들의 연봉은 런던의 거래 전문가들에 비해 아주 낮았다. 그리고 그들이 비록 과거에 쉘 관리자였다고 하더라도 우리는 결코 그들에게 경제적 기업의 계약 같은 것을 제시하면서 잡아두려 하지 않았다. 실제로 몇몇 다른 기업들이 그들을 스카우트해 가려고 했고, 우리는 몇 사람을 잃었다. 그러나 연봉 차이에 비해 그 수는 아주 적었다. 우리는 거래 담당 관리자들에게 이렇게 말할 수 있었다. "우리와 함께 2~3년만 거래 전문가로 일해주십시오. 좋은 경험이 될 것입니다. 그런 뒤 당신은 마케팅 관리자로 승진할 수도 있습니다. 우리는 당신의 장기적인 경력개발에 관심을 가지고 있습니다." 마치 1960년대 후반에 컴퓨터 프로그래머들을 확보할 때처럼 이 거래 전문가들에게 쉘의 봉급체계보다는 약간 많은 급여를 지급하기로 약속했었다. 그러나 우리는 그들을 쉘 시스템 안에 통합시킬 수 있었고, 이는 매우 효과적이었다. 심지어 그들이 BMW 대신에 저가 소형차인 포드 에스코트Escort를 몰고 출근할 수 있다는 생각을 받아들이게 만들었다.

어떤 기업들은 묵시적인 강물 기업 계약을 도입하려 하지 않는다. 왜냐하면 그러한 계약이 한가한 자리를 만들어내지 않을까 우려하기 때문이다. 경영자들은 20~30년간 관리자로 일해 온 사람들이 그들의 자리를 낚시면허 정도로 여길 위험이 있지 않냐고 묻는다. 실제로 그럴 가능성도 없지 않다. 그러나 쉘에서는 묵시적 계약의 존재 때문에 정기적으로 다음과 같은 대화를 나눌 수 있게 되었다. 예컨대 A라는 관리자가 B라는 관리자에게 "나는 당신이 모든 노력을 다하고 있는지 의문이 갑니다"라고 말을 할 수가 있다. 그러면 B는 그러한 의문을 갖게 된 이유에 대해 질문하고 이의를 제기할 수 있다. 이러한 대화는 오직 상호 신뢰할 수 있는 분위기에서만 가능하다.

그렇다고 이런 묵시적 계약이 반드시 종신고용을 의미하는 것은 아니다. 회사와 개인의 가치 시스템이 조화를 이루지 못하는 것으로 판명될 수도 있다. 직원으로서 당신은 자신의 열망을 충족시키는 데 회사가 도움이 안 된다고 결정을 내릴 수도 있을 것이다. 또한 회사도 매번 누군가가 당신을 승계할 때마다 당신이 그동안 일을 엉망으로 처리해왔다는 사실을 알게 될 경우도 있다. 특히 회사를 발전시킬 수 있는 잠재력이 부족해서 결국 10년 뒤에는 회사를 그만두어야 할 경우도 있을 것이다.

그럼에도 불구하고 이러한 묵시적 계약은 통계적으로나마 종신고용의 확률이 있음을 확인해준다. 직원으로서 당신은 종신고용에 대한 보장이 없다는 사항에 서명할 때 당신이 언제라도 해고될 수 있다는 사실을 깨닫는다. 그러나 당신은 통계적으로 회사에 기여할 수 있는 자신의 경험과 지식, 능력에 대해 높이 평가 받을 가능성이 있다는 사실도 알고 있다.

직원을 해고해야 할 때, 묵시적 계약이 있는 회사의 경우는 단지 "미안합니다. 다른 일을 찾기 전까지 6개월은 보장해드립니다"라는 식으로 말하지 않는다. 강물 기업에서는 다음과 같이 말할 것이다.

"우리 회사가 어려움에 처해 있습니다. 그래서 무엇인가를 해야 합니다. 우리가 해야 할 일들 중의 하나는 (비용 구조를 개선하기 위한 모든 노력을 해보았기에) 당신을 포함해서 일부 일자리를 없애는 것입니다. 이렇게 말했어도, 우리는 여전히 당신과 묵시적인 계약을 맺고 있습니다. 회사가 발전하는 것을 막지 않으면서 당신의 잠재력을 개발할 수 있는 다른 방법들이 있습니까?"

외부인들

강물 기업의 묵시적 계약은 오랜 기간 회사에 기여해 온 외부인들의 지위에 대해 매우 조심스럽게 생각해보게 한다. 외부인들은 기업의 구성원에는 속하지 않은 사람들로 공급업자, 유통업자, 판매대리자, 계약자, 그리고 심지어 많은 고객들을 포함한다.

이러한 관계에서 분명하게 이해되는 점은 제한된 기간 동안은 기업과 외부인들이 상대방과의 관계에 헌신할 것이라는 사실이다. 예를 들어, 조 자보르스키Joe Jaworski는 3년 동안 쉘의 시나리오 팀장으로 근무한 적이 있었다. 그 자리는 매우 중요하고 쉘 그룹 내에서 가장 돋보이는 자리들 중 하나였다. 조가 이 일을 맡게 되면서 그 팀의 "우리" 멤버십을 인정받게 되었다. 그러나 관계를 맺고 있던 모든 사람들은 그의 임기가 끝나면 그 관계도 끝이 날 것임을 잘 알고 있었다. 이러한 유형의 관계가 성립되기 위해서는 공식적인 구조 없이도 특별한 헌신의 상태, 일종의 상호 관심이 있어야 한다. 이러한 관계에 대해 조는 『동시성Synchronicity』이라는 그의 저서에

서 논의하고 있다.[4]

이와 같이 중간적인 위치에 있는 사람들이 아주 많고, 각각의 상황도 서로 다르다. 어떤 사람들은 연금을 받을 지위에 해당되지 않음에도 불구하고. 자체적으로 연금에 가입할 수 있도록 추가 급여를 받을 수도 있을 것이다. 중요한 것은 계약이 존재하고, 양자 관계라는 점이다. 즉, 양 당사자는 그것을 신중하게 생각하고 받아들여야 한다. 계약은 양 당사자가 서로에게 가치가 있다는 것을 인정하는 것이다.

강물 기업에게 외부인들은 매우 중요하다. 채용 정책상 인력이 부족하다고 해서 더 많은 직원들을 채용할 수는 없다. 즉시 필요한 인력은 외부 용역에 의해 채워져야만 한다. 인력을 아웃소싱하는 방식은 점점 더 늘어가고 있다. 이탈리아의 베네통은 제조 공정에서 아주 작은 부분들만 자신의 직원들로 꾸려나가고 나머지 80%의 인력들을 외주에 의존하고 있다. 비교적 적은 수의 구성원들만이 일 공동체의 내부 핵심으로 인정받고 있는 것이다.

어떤 사업가들은 공장 운영에 대해 외주를 주기 때문에 통제력을 잃거나 경쟁자들의 인수나 모방에 더 취약해지지 않을까 우려하기도 한다. 이러한 불안이 전혀 근거 없는 것은 아니지만, 좀더 자세히 논의해볼 필요가 있다.

쉘 그룹은 세계에서 가장 큰 사업체들 중 하나지만 직원들은 11만 명에 불과하다. 그러나 쉘의 프로젝트들을 위해 일하고 있는 사람들의 수는 그보다 훨씬 더 많다. 쉘은 아주 적은 필수적인 업무만 자체적으로 수행한다. 쉘 직원들은 직접 유전공을 뚫지 않으며, 송유관도 연결하지 않는다. 정유공장도 건설하지 않고 대부분의 원유

수송도 직접 하지 않는다. 방대한 쉘 석유판매망의 대부분도 독립적인 사업가들의 손에 넘어가 있다. 쉘은 거의 경영 클럽과 같다고 할 수 있다. 쉘의 일 공동체의 구성원들은 독특한 능력을 지니고 있다. 대부분의 물리적 작업들을 독립적인 회사들에 맡겨 전세계 어디에서든 모든 것이 운영될 수 있게 만드는 것이다. 내부 운영과 외부 운영을 결합시켜 생산적인 전체로 만드는 이러한 일은 쉘 직원들이 모든 작업을 직접 수행하는 것보다 훨씬 더 어려우며 흉내내기도 쉽지 않다.

우리는 이에 대한 증거를 1970년대 석유 국유화 바람이 불었을 때 보았다. 각국 정부들은 다양한 방법을 동원해서 유전과 정유공장들을 국유화했다. 쉘에서는 그들이 이러한 자산들을 우리만큼 잘 경영할 수는 없을 것이라고 말하면서 스스로를 위로했다. 그 말은 아마도 진실이었다. 그럼에도 불구하고 대부분의 국유화는 뒤집어지지 않았다(비록 일부 영리한 국가들은 유전과 정유시설들을 원래 주인들이 운영하게 했지만). 사실 유전이나 정유시설 같은 자산을 운영하는 것은 사람들을 고용하면 가능한 일들이다.

유일하게 뒤집어진 국유화는 바로 몇몇 남미와 아프리카 국가들에 있는 마케팅 회사들이었다. 이 작업은 고급 석유제품을 운송하기 아주 어려운 지역들에까지 유통시키고 대금을 받는 일이었다. 지역 운송업자, 소매상, 저장소들은 대부분 물리적인 작업들을 다루었다. 그러다 보니 국유화를 단행한 정부들에서는 이 일이 가장 손쉽게 국유화할 수 있는 영역이라고 생각했다. 아르헨티나 정부는 고성능 제트 연료를 부에노스아이레스 공항까지, 휘발유를 바를로체에 있는 석유저장소까지, 자동차 윤활유를 리오 갈레고스의 상점까지 공급하는 일들을 적기에 적정 비용으로 동시에 수행할 수 있는 방법들을 배울 수가 없었다. 오직 잘 훈련되고 결속력 있는 구성원과 학습 수준이 높은 공동체만이 그와 같은 일을 다룰 수 있을 뿐이다. 즉, 외부인들을 관리하는 일은 아무나 하는 것이 아니다.

퇴직 규칙

지속성에 관한 규칙들은 사람들이 공동체에 들어올 때뿐만 아니라 그들이 퇴직할 때에도 중요하다. 퇴직에 관한 규칙들은 예외 없이 모든 구성원들에게 일정 시점에서 퇴직이 있음을 명문화하고 있다. 쉘에서도 모든 경영자들은 60세에 회사를 떠나도록 되어 있다. 한 낡은 만화에서 어떤 회장이 정년을 1년만 더 연장하자고 제의할 때 12명의 노인병에 걸린 이사진들이 고개를 끄덕이는 장면은 강물 기업들의 모습이 아니다.

엄정한 퇴직 규칙을 통해 현직 경영자들에게 한정된 시간까지만 그곳에 있다는 것을 확인시켜주어야 한다. 리더십은 청지기에 지나지 않는다. 당신이 다른 사람으로부터 리더십을 넘겨 받은 것처럼 당신은 다른 누군가에게 그것을 넘겨주게 될 것이다. 기업에서 당신의 유산은 가게를 인수받았을 때만큼 건강하게 지켜왔거나 혹은 좀더 건강하게 만들었는지 여부에 달려 있다. 엄격한 퇴직 규칙은 겸손을 위해서도 좋은 일이다.

물론 규칙에 의해 강요된 퇴직이 전혀 아무런 긴장도 없다는 것은 아니다. 그러나 강물 기업에서 물러나는 것은 개인적 패배로 느꺼지지 않는다. 오히려 그 반대이다. 수많은 쉘 동창생들은 자신들의 지식을 학계나 정치계, 또는 경영자문 분야에서 유용하게 활용하고 있다. "명예직"과 같은 위로를 위해 주는 상은 피해야만 한다. 코끼리들의 무덤은 애처로운 곳이다.

강물 기업이 경로를 바꿀 때

그런데 조기퇴직은 어떠한가? 자신이 원하기도 전에 또는 정년에 이르기도 전에 강제로 회사를 떠나야 하는 사람들이 있다면 어떻게 되는가? 내가 보기에 그것은 심각한 문제의 증상이다. 만약 강물 기업이 갑자기 방향을 바꾸어 묵시적인 공동체 계약을 위반하면서 사람들을 해고하기 시작하면, 그것은 바로 강물 기업이 "웅덩이"가 되려고 하는 신호이고 경제적 기업으로 변해가는 것이다.

나는 최근 이러한 변화가 일어나고 있는 기업들에게 자문을 해주면서 그런 기업들의 분위기를 감지하는 법을 배웠다. 이 기업들에서는 최상층부에 있는 소수의 사람들만이 진정한 "회사의 구성원들"로 인정받고 있음을 처음으로 알게 되었다. 그밖의 모든 사람들은 자신들의 일자리를 걸고 일하는 성과 평가의 대상들이었다.

나는 이러한 두 번째 집단에 속해진 것을 알게 된 경영자들과 회의를 하거나 점심을 같이 할 때가 있었다. 이런 회의의 분위기는 거의 우울하고 불안한 느낌들로 가득하다. 대부분의 사람들이 실제로 그렇게 위기를 느끼지 않는다. 그들은 비록 잠시 동안이기는 하지만 남아 있는 기간만큼은 자신들의 재능들이 가치가 있다는 것을 잘 알고 있다. 다만 그들은 과거에 자신들이 지니고 있었던 확신이 사라졌을 뿐이다. 즉, 기업이 그들의 발전을 위해 관심을 가지고 있다는 확신이 없어진 것이다. 회사와 함께할 미래도 심각한 위기에 처해 있다. 혹시 언젠가 그들이 다시 구성원들로 뽑힐지도 모른다. 그렇다고 하더라도 상처는 남게 마련이다. 자신들이 속해 있지 못했던 시간을 기억하고 있기 때문이다.

이와 같은 분위기 속에서 개최되는 회의에서는 사람들이 그들의 문제들과 아이디어들을 이야기하기 시작하는 데 30분 이상이 소요된다. 과거에는 서로 논의하는 데 1~2분도 필요치 않았을 것이다. 그러나 그들은 더 이상 그 공동체를 위해 일하지 않는다. 오직 자신들만을 위해 일하고 있다.

어떤 때는 엘리트로 선발되어 멤버십이 보장된 경영자들을 만나기도 한다. 이때의 회의 분위기는 활기가 넘친다. 끈끈한 동지애의 느낌과 과거에 전사적으로 넘쳐 있었던 전체와의 동질감 같은 것을 불러일으킨다. 물론 해고당한 사람들에 대한 씁쓰레한 맛도 느끼고 있다. 그러고는 이따금 이렇게 변할 수밖에 없었던 상황들에 관해 자탄하면서 대화를 나눈다.

이런 회의에서 나는 가끔씩 물어보곤 한다. "남아 있게 될 사람들에게 어떻게 하실 것입니까? 회사 전체적으로 남아 있는 사람들에게 그들이 아직도 회사의 구성원들이라는 것을 어떻게 확신시켜줄 것입니까? 자신들의 정체성이 전체의 부분으로서 가치가 있다는 점을 어떤 방법으로 느끼게 해줄 것입니까?"

그러나 나는 이러한 생각들이 그들의 마음에 전혀 받아들여지지 않고 있음을 잘 알고 있다. 경영진들의 생각은 여전히 해고될 사람들에게만 초점이 맞춰져 있다. 누가 남고 누가 떠날 것인지를 어떻게 결정할 것인가? 노조에게는 뭐라고 이야기할 것인가? 감축 대상인 사람들의 퇴직 급여나 다른 일자리 지원은 어떻게 처리할 것인가? 남아 있는 사람들을 위한 생각은 거의 없다. 암묵적으로, 그들에 대한 기업의 메시지는 이런 것이다. "당신은 남을 것이다. 그렇다고 그것이 바로 당신을 구성원이라고 인정하는 것은 아니다."

이러한 상황에서 신뢰는 어떻게 되는가? 회사가 필요로 하는 관리자들의 회복력resilience은 어떻게 되는가? 생산성, 규율, 그리고 전체로서의 기업의 역량은 어떻게 되는가?

강물 기업을 하나 세우는 데는 아주 오랜 기간을 필요로 한다. 그러나 강물 기업이 망하는 데는 1년도 채 안 걸린다. 다음과 같은 간단한 절차를 밟으면서 변해버린다.

1. 회사가 이익이 충분히 나지 않고 있음을 선언한다. 그러면 회사는 특정 수준의 자본회수율을 목표로 설정하게 된다.
2. 이 자본회수율 목표를 달성하기 위해 회사 전반에 걸쳐 모든 자산을 쥐어짜는 행동 계획을 수립한다.
3. 그 계획을 따른다.

기업들이 이러한 과정을 거쳐 1~2년 내에 더 큰 어려움에 직면하는 예들을 역사적으로 수없이 많이 보아왔다. 1986년 석유가격 붕괴의 여파로 엑슨은 15,000명을 해고했다. 그들은 좁은 지휘 계통으로 권한을 집중시켰고 조직 구조의 한 측면을 없애버렸다. 이 과정에서 그들은 상당한 정도로 경영역량을 축소시켰다. 1년 뒤 발데

즈의 기름유출 사건이 발생했다. 이를 처리하는 데 48시간이 걸렸고, 30억 달러의 제거 비용과 소송 비용, 그리고 여론에 나쁜 이미지를 남기게 되었다. 그리고 그 여파는 이후까지 계속되었다.

쉘은 엑슨과 북해유전에 50대 50의 파트너십을 갖고 있는데, 한동안 사업을 논의할 엑슨측 사람들을 찾는 데 어려움을 겪었다. 양측은 정기적으로 합동 프로젝트 그룹이나 운영위원회를 통해 회합을 가져왔다. 우리측이 "우리가 이 일을 이러이러한 방식으로 처리하려고 하는데, 당신들은 어떻게 생각하십니까?"라고 물으면, 엑슨측 사람들 누구도 대답을 하지 못했다. 그들은 더 이상 위험을 무릅쓰려 하지 않았고 모 회사와의 관계에 대해 더 이상 자신이 없어 보였다. 그리고 그들의 건설적인 모험 성향도 어디론가 사라지고 말았다.

갑자기 많은 수의 직원들을 잃은 또 다른 회사의 경영자는 내게 이렇게 말했다. "단 하루 사이에 우리의 생산성이 15%나 떨어졌습니다. 직원들은 출근하자마자 곧바로 커피 자판기로 모여들더니, 그날 근무의 첫 한 시간을 오늘 자신들이 무엇을 할 수 있는지를 물으면서 보냈습니다."

뜻하지 않게 강물 기업들을 경제적 기업들로 바꾸어놓는 최고경영진들은 고의로 회사를 망치려는 건 아니다. 그들은 기업의 목적에 대한 널리 확산된 잘못된 생각을 갖고 그저 최선을 다하고 있을 뿐이다. 그들은 엄청난 딜레마와 싸우고 있다. 주주들과 외부 규제기관들은 최고경영진들의 성과에 대해 질문할 뿐 공동체를 개선시키려는 노력에 대해서는 묻지 않는다. 그들은 기업의 번영하는 미래의 모습에 대해서는 관심이 없고, 단지 "자본회수율이 얼마나 되는가? 과잉투자는 아닌가? 생산성은 어떤가?"라고 질문할 뿐이다.

외부 세계에 의해 "자본의 경영자들"로 비추어지면 인간적인 일 공동체를 만들고 유지하려는 내부적 요구에도 불구하고 강물 기업들은 거의 감당할 수 없는 지경에 놓이게 되고, 곧 웅덩이와 같은 기업으로 바뀌어버리고 만다. 최고경영자들은 외부 세계와 내부 일 공동체 양쪽에 의해 각기 다른 방향에서 잡아당겨지게 된다.

기업을 효과적으로 관리하려면 살아있는 생태 시스템으로서 조직을 다루는 방법을 배워야 한다. 기업이 인간의 성장과 발전을 지배하는 자연 법칙과 똑같은 법칙에 따라 살거나 죽는다는 것을 인정해야 한다. 다음 장에서 살펴보겠지만 이러한 유형의 경영은 정보시스템이나 리엔지니어링의 영역에서 다루어지는 것이 아니다. 이것은 사회적 문제이며, 경영자들에게 함께 학습할 수 있는 기회를 제공하는 것과 관계가 있다.

Ecology

제3부

생태학

07
군집성

옥스퍼드 사전에 의하면, 생태학ecology은 유기체와 다른 유기체들을 포함한 주변 환경들의 관계를 다루는 생물학의 한 분야이다.

내가 조직 내에서의 생태학에 대해 처음 알게 된 것은 캘리포니아 대학의 동물학자이자 생화학자인 앨런 윌슨Allan Wilson 교수를 방문했을 때이다. 나는 윌슨 교수를 아주 우연히 방문하게 되었다. 당시 쉘 그룹 기획실의 시나리오 팀장인 피터 슈바르츠가 캘리포니아를 여행하던 중 그의 명성을 듣게 되었다. 피터는 윌슨 교수의 연구가 학습을 가속화시키는 요인들에 대한 우리의 조사 연구에 도움이 될 것으로 판단했다.[1]

진화론적 생물학 분야에서 윌슨 교수의 업적은 그에게 몇 년 뒤에 맥아더 "천재"상을 안겨주었다. 그러나 당시만 해도 우리는 그가 동물들의 학습 방법을 연구하는 사람인 것으로만 알고 있었다. 윌슨 교수도 우리에 대해 거의 아는 것이 없었다. 실제로 우리 방문단이 아침에 그의 연구실 문을 두드릴 때까지도 그는 멍한 상태였다. 윌슨 교수는 자신의 연구에 관심을 표명하는 경영자들에 대해 잘 알지 못했으며, 단지 어떤 다국적 석유회사의 경영자들 정도로 생각하고 있었다. 우리는 대규모 조직에서의 학습의 본질을 알고자 한다고 최선을 다해 설명했다. 그리고 동물들의 세계에 존재하는 학습의 본질에서 어떤 단서를 발견할 수 있지 않겠는가라는 의견을 제시했다.

윌슨 교수는 자신의 연구가 우리에게 도움이 될지 확신하지 못했다. 하지만 그는 기꺼이 생명의 진화에 있어서 학습의 역할에 대해 설명해주었다. 윌슨 교수는 우리에게 아주 쉬운 용어들을 써가며 모든 종들의 유전 물질에 장착되어 있는 "유전 시계genetic clock"에 대해 아주 흥미로운 이야기를 들려주었다. 그에 의하면 유기체의 진화에 있어 그 구조는 매우 다른 비율로 진화하지만 유전 물질의 분자들은 놀라울 정도로 일정한 비율로 변한다고 한다. 모든 종들에 대해 현재의 상태로 이르기까지 경과된 유전 시간을 유전 물질에 대한 생화학적 분석을 통해 측정할 수 있다고 한다. 비록 그의 모든 동료들이 그의 생각에 동의하는 것은 아니지만, 윌슨 교수는 박테리아를 포함해서 모든 살아있는 유기체들의 유전 시계가 각각 정해진 속도로 일정하게 흘러간다고 확신하고 있었다. 즉, 유전 시계가 더 빨리 진행되는 종이 늦게 진행되는 종에 비해 훨씬 빨리 진화해왔다고 주장했다.

윌슨 교수가 우리에게 물었다. "이런 방법으로 지구상에 존재하는 모든 종들의 진화 도표를 만들어낼 수 있고 그리고 어느 종이 가장 많이 진화했는지 알 수 있다는 것을 이해합니까?"

우리는 분명히 이해했다고 대답했다.

그러자 윌슨 교수의 이야기가 이어졌다. "좋아요, 그렇다면 지구 상의 모든 종들 중에서 어느 종이 가장 많이 진화되었는지 들으면 놀라지 않을 것입니다."

놀랄 필요도 없이 그것은 바로 인간이었다.

"그렇다면 두 번째는 누구라고 생각하십니까?"라고 윌슨 교수가 물었다. "어느 종, 속 혹은 과가 두 번째로 가장 진화되었을까요?"

우리는 상상조차 할 수 없는 질문이었다. 윌슨 교수에 의하면, 진화 경쟁에서 두 번째로 주자는 새과bird family에 속하는 종들이었다. 특히 명금류songbird들은 아주 높은 정도의 구조적 진화 anatomical evolution를 보여주고 있다. 윌슨 교수는 "놀랄 만한 결과지요?"라고 반문했다.

왜 그것이 놀랄 만한 일인가?

윌슨 교수의 설명은 다음과 같았다. "진화론적 관점에서 볼 때 모든 새들의 조상은 상대적으로 새롭게 출현한 신종들이다. 새들은 파충류과에서 진화되었다. 그런데 그들이 지금과 같은 진화 단계에 도달하기까지 시간이 얼마 경과되지 않았다. 수 세대에 걸친 생존과 선택이라는 다윈적 적자생존의 관점에서 진화를 생각해본다면 더욱 놀랄 만한 일이다."

전통적인 자연선택 이론에 의하면 오직 변화는 세대 간에 발생한다. 성공적인 개체들은 더욱 잦은 재생산을 하게 되고 새로운 세대가 가장 성공적인 유전요소들을 이어간다고 한다. 그러나 이 이론은 명금류들의 진화를 설명하기 어렵다. 명금류들이 그들의 유전 시계로 볼 때 진화하는 데 너무 적은 시간이 걸렸다는 것이다. 명금류들은 충분한 수의 세대들을 거치지도 않았다. 그렇다면 어떻게 주어진 시간 범주 내에서 명금류와 같은 한 종이 다른 종들에 비해 훨씬 더 빨리 진화할 수 있는가?

종들의 진화를 가속화시키는 그 무엇이 한 세대 내에 발생할 수 있는 것이 아닐까? 이 질문이 바로 윌슨 교수 연구의 핵심이었다. 그는 "세대간 학습intergenerational learning이라는 가설을 만들어냈다. 즉, 환경 변화보다는 종의 행동이 바로 진화의 주요 원동력이라는 것이다. 다시 말해, 어떤 종들은 그 유전 시계에 따르면 "더 빠르게" 진화했는데, 그 이유는 그 종들이 특정한 유형의 행동들을 보여주었기 때문이다

그렇다면 영장류들과 명금류들이 진화도표의 맨 앞에 위치할 수 있게 한 행동 유형들은 무엇인가? 윌슨 교수의 이론에 의하면 가속적인 구조적 진화는 다음 세 가지 특별한 특성을 가진 종들에게서 발생했다고 한다.

혁신innovation. 개체로서든 공동체로서든, 이 종들은 새로운 행동을 창출해내는 능력(또는 적어도 잠재력)을 갖고 있다. 그들은 자신들의 환경을 새로운 방식으로 이용할 수 있게 하는 기술skill들을 개발할 수 있다.

사회적 전파social propagation. 개체에서 공동체에게로 특정 기술을 전파하는 확립된 과정이 존재한다. 유전적 경로가 아닌 직접적인 의사소통을 통해서 전파한다.

이동성mobility. 종의 개체들은 돌아다니는 능력을 갖고 있고, 더욱 중요한 것은 실제로 그것을 활용한다는 사실이다. 그들은 고립된 영역에서 홀로 지내기보다는 함께 모이거나 무리를 지어 이동하는 성향을 지니고 있다.

박새와 우유병

이러한 가설을 검증하기 위해 윌슨 교수는 영국의 정원에서 흔히 볼 수 있는 박새에 관련된 풍부한 자료들에 관심을 갖게 되었다. 영국은 우유 배달부들이 조그만 트럭을 타고 모든 교외의 집 대문까지 병 우유를 배달하는 아주 오래된 배달 시스템을 갖고 있다. 금세기 초까지만 해도 이 우유병에는 뚜껑이 없었다. 그래서 새들은 병 윗부분의 크림에 쉽게 접근할 수 있었다. 영국의 정원 새들로는 박새titmouse와 빨강울새red robin 두 가지 다른 종류가 있는데, 이 새들은 새롭고 영양이 풍부한 먹잇감인 우유병 속의 크림을 빨아먹는 법을 배웠다.

이러한 혁신은 그 자체로 이미 상당한 성취였다. 하지만 그것은 또한 진화의 결과이기도 했다. 우유의 크림은 이 새들이 섭취하는 보통의 먹이들보다는 훨씬 영양분이 많았으며, 높은 영양소들을 처리할 수 있도록 소화기관이 적응해야 했다. 이러한 내부적 적응은 분명히 다윈적 선택을 통해 발생할 수 있다.

그런데 두 차례의 세계대전 사이에 영국의 우유 배달업자들은 우유병을 알루미늄으로 밀봉함으로써 새들이 먹잇감에 접근하는 것을 막아버렸다.

　1950년대 초까지 약 100만 마리에 이르는 모든 박새들은 알루미늄으로 봉한 것을 뚫고 우유를 섭취하는 방법을 터득하게 되었다. 이렇게 영양이 풍부한 먹이에 다시 접근할 수 있게 된 것은 박새과에게 중요한 승리였다. 즉, 생존경쟁에서 유리한 고지를 차지할 수 있게 되었다. 반면에 과family로서 빨강울새들은 우유의 크림에 다시 접근할 수 없었다. 이따금씩 한두 마리의 빨강울새가 우유병 뚜껑을 뚫는 방법을 터득하기는 했지만 그러한 지식이 다른 모든 종족들에게 전달되지는 못했다.

　결론적으로, 박새들은 아주 예외적이면서 성공적인 제도화된 학습과정을 거친 반면, 빨강울새들은 비록 개별 빨강울새들이 개별 박새들만큼 혁신적이었음에도 불구하고 실패하고 말았다. 더욱이 그 차이를 의사소통 능력의 차이로 설명하기도 어려웠다. 명금류로서 박새와 빨강울새 모두 색깔, 행위, 동작, 노래 등과 같은 다양한 의사소통 수단을 갖고 있었다. 윌슨 교수는 이에 대한 설명은 오직 사회적 전파 과정, 즉 박새가 그들의 기술을 개체에서 전체로서 종의 구성원들에게 확산시키는 방법에서 찾을 수 있다고 말했다.

　봄 동안 박새들은 새끼를 양육하기 위해 짝을 지어 살다가, 초여름에 이르러 새끼들이 스스로 날아다니며 먹이를 해결하게 될 쯤에는 8~10마리씩 떼를 지어 날아다닌다. 이렇게 무리를 지어 시골 지역 곳곳으로 날아다니고, 이들의 이동은 2~3개월 간 지속된다.

　반면에 빨강울새는 텃새들이다. 수컷은 다른 수컷이 자기 영역으로 들어오는 것을 허용하지 않는다. 위협을 받을 때에는 마치 "여기서 꺼져버려!"와 같은 의미로 경고를 보낸다. 일반적으로 빨강울새는 서로 적대적인 태도로 의사소통하는 경향이 있으며 건널 수 없는 고정된 경계 영역을 지니고 있다.

윌슨 교수는 무리를 지어 나는 새들이 훨씬 더 빠른 속도로 배우는 듯하다고 말한다. 이들은 생존의 기회를 증대시키며 더욱 빨리 진화한다.

조직에서의 군집성

수백 명의 직원을 둔 어떤 조직에는 최소한 두세 명의 혁신가들이 있게 마련이다. 박새가 크림을 찾아내듯이 언제나 새로운 발견을 찾아 나서는 호기심 많은 사람들이 있는 것이다. 그러나 조직 내에 겨우 몇 명의 혁신가들로만 조직 학습을 하기에는 충분치 않다. 조직은 그들에게 "공간space"을 제공해야 한다. 그래서 그들이 움츠러들지 않고 시간을 가지고 혁신적인 일들을 할 수 있게 해주어야 한다. (이를 위해 록히드 사에서는 "비밀 실험실skunk works"을 운영하고 있다. 이 공간은 혁신가들이 조직의 다른 부분들로부터 간섭 받지 않고 일할 수 있도록 마련된 것이다. 이는 또한 통제와 자유라는 더 근본적인 문제를 제기하는데, 이에 대해서는 이 장의 마지막 부분에서 다루고 있다.)

혁신을 위한 고성능 시스템을 개발한다고 하더라도 "군집flocking" 능력을 개발하기 전까지는 여전히 조직 학습을 기대할 수 없다. 군집성은 윌슨 교수의 학습을 위한 핵심 요건들 중 다음의 두 가지에 달려 있다. 첫째가 사람들의 이동성이며, 둘째로 효과적인 사회적 전파 장치이다.

예컨대, 가장 효과적인 교육훈련과 개발 방법들을 생각해보자. 어떤 경영자들은 전통적인 교육훈련과 개발 방법을 단지 몇몇 새로운 기술들을 습득하기 위한 기회라고 본다. 그러나 (6장 "이익을 위한 경영 VS 장수를 위한 경영"에서 논의한 바와 같이) "개인들의 역량을 최대한 발휘하도록 개발하는 것"으로 넓게 정의한다면, 교육훈련과 개발은 조직 학습의 강력한 장치가 된다. 시간이 지나면서, 개인들의 증진된 역량을 단순히 모아놓은 것 이상으로 전체로서 조직의 능력이 증진된다.

　　이러한 교육훈련이 효과를 거두려면 어떤 특성을 가져야 하는가? 첫째, 이동성을 진작시켜야 한다. 예를 들어, 쉘에서 경영자 개발 프로그램은 개인의 경력에 맞춰 운영된다. 쉘은 연간 교육비로 1인당 2,400달러를 쓰고 있다. 이 가운데 반은 5~6일 간의 순수한 교육비이고, 나머지 반은 피교육자들이 받는 급여이다.[2] 교육훈련이 항상 그렇듯이, 비용은 정확히 계산할 수 있지만 그 결과는 측정하기 어렵다. 그러나 보이지 않는 결과들을 결코 부인할 수는 없다. 쉘 임직원들은 회사가 자신의 경력의 모든 단계에서 앞으로 전진하거나 새로운 시도를 하도록, 또는 새로운 기술을 습득하도록 장려할 것임을 알고 있다.

　　더욱 중요한 것은, 임직원들이 받는 교육훈련의 대부분이 협동적인 방법으로 이루어지고 현실의 활동과 연계되어 있다는 사실이다. 전세계에서 온 임직원들이 협동적인 문제해결 훈련을 통해 만나고, 그럼으로써 회사는 지속적으로 기업 역량을 증진시키게 된다. 심지어 교육훈련이 중단된 기간 동안에도 역량이 증진된다.

　　나는 이질적인 사람들로 이루어진 팀의 경우 다 함께 강도 높은 교육을 정규적으로 받는 것이 중요하다는 것을 알게 되었다. 지식의 전달은 말할 것도 없고 이러한 집중적 교육훈련 프로그램은 같은 회사 내의 수많은 그룹의 사람들을 한 곳에 불러모은다. 교육훈련가들과 피교육자들을 포함해서 그들은 서로 다른 문화적 배경과 서로 다른 전문성 및 학문적 배경을 가지고 있다.

바로 군집성이 강도 높게 이루어지는 것이다. 교육 과정에 참여했던 거의 모든 사람들이 항상 내게 이런 말을 한다. "공식적인 교육 과정에서 배운 것보다는 휴식 시간 중에 동료들에게서 얻은 것이 중요했습니다."

박새가 우유병 속의 크림을 빨아먹는 것을 배웠을 때의 혁신과 마찬가지로, 잘 고안된 개발 프로그램은 진화 효과를 가져올 수 있다. 이러한 혁신은 기업 전체에 확산시키라는 명령이 없이도 자연스럽고 빠르게 확산된다. 어찌되었건 사람들이 무엇을 해야 하는지를 아는 것처럼 보인다. 그들은 지식을 얻고 확산시킨다. 왜냐하면 그들은 군집성을 진작시키는 구조들을 가졌기 때문이다.

직무 이동성

인간 관계 및 인적자원 담당 경영자들 간의 논쟁에서 종종 튀어나오는 질문이 있다. 사람들이 어떤 특정한 직무를 수행하려면 철저하게 훈련을 받아야 하는가? 그래서 일단 그들이 직무를 어느 정도 잘 수행할 수 있을 정도로 배웠다면, 훈련에 대한 투자를 회수할 때까지 한 자리에 머물러 있게 해야 하는가? 아니면 다양한 직무들을 맡게 하여 경험을 쌓게 해야 하는가?

직무 순환에 대한 이 두 가지 접근 방법이 서로 모순되는 것은 아니다. 직무 이동과 교육훈련을 동시에 할 수도 있기 때문이다. 그러나 각각에 내재된 철학은 상당히 다르다. 첫 번째 접근 방법은 분석적이다. 이 접근 방법은 기업이 기계와 노동의 결합이며, 최소 비용으로 가능한 한 최고의 수익을 내도록 조직화된 것으로 본다. 기업은 "인적 자본"에 대한 투자로부터 가능한 한 최대의 가치를 얻어야 한다는 것이다.

두 번째 접근 방법은 기업을 영속적인 일 공동체로 본다. 모든 직원들은 각자 최상의 잠재력을 지니고 있고, 그러한 역량을 최대한 발휘할 수 있도록 돕는 것이 회사의 이익에 부합한다는 것이다. 따라서 사람들은 사내에서 여러 직무들로 이동을 하게 된다. 이는 직장 생활을 하는 동안 사람들이 가능한 한 많은 경험을 쌓을 수 있게 하면서, 조직도 군집성을 통해 그들의 경험으로부터 이득을 보게 된다.

군대도 이러한 이동성의 이점들을 오랜 기간 터득해 왔다. 성과주의에 따른 승진은 수뇌부를 구성할 폭넓은 인재 기반을 확보할 수 있게 해주며, 유능한 장교단을 확보할 수 있는 기회를 현저하게 증대시킨다. 오늘의 장군이 반드시 어제의 장군의 아들일 필요는 없다. 사관학교 교육에서부터 사병들을 위한 지속적 학습까지 훈련에 대한 강조 또한 이러한 목표를 성취하는 데 있어 핵심 요인이다.

사회적 전파

이동성은 개인이 한 집단에서 다른 집단으로 이동하는 것만을 의미하는가? 아니면 그것은 그룹과 팀이 하나의 상황에서 다른 상황으로 이동하는 것까지 포함하는가?

그것은 아마도 두 가지 모두를 의미한다.

대부분의 혁신적인 기업들은 주로 팀에 의해 운영된다. 개인보다 팀이 더 높은 학습 능력을 보유하고 있기 때문이다. 사실상 상당한 정도의 복잡성을 가진 대부분의 기업들에서 거의 모든 결정들이 팀에 의해 이루어진다.

경영팀의 학습 능력은 팀을 정의하는 방식에 영향을 받는다. 팀에는 자신들의 공동 관심사에 대해 영향을 미칠 수 있는 모든 사람들이 (직접적으로든 간접적으로든) 다 포함되어야 한다. 이상적으로는, 회사 내 모든 레벨의 경영팀은 팀의 결정을 수행하는 데 필요한 모든 사람들을 다 포함해야 한다. 그들은 각각의 개인적 기여와 기술적 전문성을 통해 공통의 문제들을 함께 풀어나갈 수 있어야 한다. 이것이 이상적인 "군집성"이다.

어떤 기업들은 경영팀의 군집성을 촉진시키는 반면, 다른 기업들은 강한 텃세 경향territorial tendency을 보여주고 있다. 그들은 전문성이나 기술에 따라 구성원들을 분류해버린다. 생산 기술자는 한 기능 부서에 속하고, 마케터는 또 다른 기능 부서에 속한다. 그런 다음 각 기능 부서들로부터 경영팀에 속할 사람들을 임명하고, 그들에게 임무를 상세하게 기록한 설명서를 제공한다.

각각의 구성원은 다른 사람들의 영역을 침범하지 않도록 주의하라는 지침을 받는다. 마케팅 부서 사람들은 생산 영역을 넘겨다볼 수 없고, 생산 부서 사람들은 마케팅에 관여하지 않는다. 재무 담당자는 수치와 돈을 다루는 데만 관심을 가지고 있고 일의 공정에는 전혀 관여하지 않는다. 반면에 공정 담당자는 재무적으로 중요한 사항들을 무시해버린다. 다만 직속 상사로부터의 지시가 있을 경우에만 따른다. 이 각각의 빨강울새들은 회사 내의 정원에서 각자의 영역만을 할당받고 있을 뿐이다.

이 팀들이 빨강울새들처럼 서로 적대적으로 의사소통을 하고 자기 영역의 경계를 강화하려는 것은 결코 놀라운 일이 아니다. 조직 학습의 양이 그만큼 제한되는 것이다.

새들의 종species에서 보는 바와 같이, 그로 인한 사회적 전파의 결과는 텃세 기업territorial company에서 전혀 다르게 나타날 것이다. 텃세 기업과 군집성 기업들 모두 혁신 능력이 있는 개인들을 고용하지만 텃세 기업들에서는 혁신적인 생각들이 기업의 정책이 될 기회가 크게 줄어들 것이다.

하지만 한 가지 조심스런 해석이 필요하다. 군집성은 박새들에게 내재화된 유전적 특성이다. 그러므로 빨강울새들에게 함께 무리를 짓도록 훈련시킬 수는 없다. 군집성은 빨강울새들의 유전적 구성 부분이 아니기 때문이다. 따라서 누군가 이러한 비유를 그대로 기업에 적용시켜, 기업도 유전적으로 사전에 결정되어 있다고 주장할 수 있을 것이다. 일부 기업들의 문화는 박새들과 유사하다. 이 기업들은 조직 학습에 길들여져 있어서 더 쉽게 무리짓는 법을 배울 수 있다. 반면에 또 다른 기업들은 연체동물과 더 유사하다. 이러한 경우, 학습 능력은 천성적인 것이고 바뀔 수 없는 것이기 때문에 학습하려고 노력하는 것은 거의 가치가 없는가?

나는 그렇지 않다고 본다. 기업의 생애는 그리스 비극처럼 그 결과가 올림푸스의 신들에 의해 사전에 운명지워진 것이 아니다. 그리고 그 연극이 피할 수 없는 비극적 종말을 통해 절정에 이를 수 있는 것은 아니다.

인간의 조직은 박새들이 갖고 있지 않은 진화의 원천들을 보유하고 있다. 그리고 경영자들은 회사 설립 당시부터 그 설계에 참여하지 않았다고 하더라도 회사 경영의 여러 부분들에 대해 영향력을 발휘할 수 있는 위치에 있다. 그러한 위치에서 경영자들은 군집성을 촉진시키고 기업의 학습 능력을 개선시키는 방식으로 기업의 구조나 정책들을 재설계할 수 있다.

혁신과 자유의 딜레마

많은 경영자들이 조직 학습을 겁낸다. 군집성을 두려워하고 혁신에 대해 겁을 먹고 있다. 그들이 이렇게 느끼는 것도 당연하다. 경영자들은 통제와 자유 사이의 낡은 딜레마에 깊이 빠져 있기 때문이다.

혁신과 군집성은 조직 내의 공간을 필요로 한다. 통제로부터의 자유, 지시로부터의 자유, 그리고 실패에 따른 처벌로부터의 자유가 필요하다. 새로운 실험들이 비교적 안전하게 실시되어야 한다. 대화는 보복의 두려움이 없이, 자유롭고 솔직해야 한다. 직원들의 움직임은 대부분 자율적이어야 하며, 누구도 특정한 방향으로 무리

지어 움직이도록 명령을 내릴 수 없다. 무리의 이동 패턴은 자신의 움직임으로부터 나오기 때문이다.

이곳이 바로 많은 경영자들이 내딛기를 주저하는 부분이다. 많은 회사들에서 공간을 만든다는 것은 경영자들에게 능률을 상실하거나 결속력을 잃는 것으로 보여진다. 이것은 어느 날 아침 "우리는 사내에 이러한 분위기의 공간을 만들기로 했습니다"라고 결정할 수 있는 단순한 문제가 아니다. 만약 그렇게 결정했다면 당신은 뜬눈으로 밤을 지새우게 될 것이다. 신들은 몇몇 바보들이 바로 이 순간에 무엇을 하고 있는지를 알 것이다.

이러한 걱정들이 너무나 괴로운 나머지 보통의 경영자들은 통제에 대해 지나치게 관대한 경향을 보여준다. 밤에 편하게 자고 싶은 것은 아주 강력한 동기이다. 그러나 그 과정에서 조직의 군집 능력은 훼손되고 만다.

마치 자동차를 사려는 사람이 새 차가 이미 알려진 예측 가능한 방식대로 움직여주기를 기대하는 것과 같이, 경영자는 회사가 예측 가능한 결과들을 산출하고, 위험한 경로에 들어섰을 때는 때맞추어 경고가 주어지기를 바란다. 자동차 구매자나 경영자 모두 새 자동차나 회사에 자신의 삶을 맡기기에 앞서 받아들일 수 있는 정도의 통제를 요구한다. 이러한 통제에 대한 필요성은 너무나 기본적이어서 지난 100여 년 동안 경영학 문헌들을 지배해왔다. 재무 통제 시스템과 효과적인 관리 통제를 위한 조직 이론에 관한 책들이 아주 많이 있다.

그 정점은 1950년대 테일러리즘, 즉 "과학적 관리"와 시간-동작 연구의 폭넓은 수용과 함께 왔다. 사람과 자본 자산의 결합으로서 기업들은 기계로 전락했다. 경영자들도 기계 운전자로 전락하고 말았다. 그러나 총체적인 통제의 추구는 지속될 수 없었다. 모든 적응이 위계구조의 최고 수준으로부터 하달되어야 하는 기업의 경우, 군집성과 혁신 없이 기업을 유지하는 비용이 너무 엄청났다.

오늘날에는 대부분의 경영자들이 그 비용을 인식한다. 거의 모든 사람들이 분권화와 권한위임을 선호한다. 다시 말해, 자유를 증진시키기를 원한다. 그러나 심지어 오늘날에도 통제의 상실에 수반될 위험을 감수하려는 경영자들은 거의 없다.

설령 감히 용기를 내는 대부분의 경영자들도 위기 때에는 두려움을 나타낸다. 그들은 재빨리 다시 통제를 강화하고 권력을 집중시킨다. 결국 "권한위임"은 뒷전으로 물러난다. 대부분의 경영자들은 다른 사람들보다는 자기 자신을 무한정 신뢰하고, 결국 그 결과에 따라 죽거나 살게 된다.

이러한 딜레마는 생태학적 문제들에서 공통적으로 나타나고 있다. 생태학적 관심을 가지고 행동하는 것은 종종 믿음의 도약을 요구한다. 즉, 당신이 텃세와 정신력보다는 조화와 군집성에 의해 더 잘 보호될 것이라는 믿음 말이다.

생태학은 결국 피아제Piaget가 말한 적응을 통한 학습의 과정 그 자체이다. 조직들이 환경 조건들의 변화를 이해하고 적응하는 동안 생태 시스템에서의 학습은 항시적으로 일어난다. 격변하는 생태 시스템에서 살아남는 조직들은 환경 조건들의 변화를 이해하고 적응할 수 있는 존재들이다.

그렇다면 어떤 종류의 특성들이 조직을 이러한 종류의 학습에 적합하게 만드는가? 강하고 완고해지는 것, 즉 틈새niche를 지배하는

게 더 나은가? 아니면 관대함과 내부 공간의 인정과 같이 좀더 겸손
하고 적응적인 특성을 기르는 것이 현명한가?

08
관대한 기업

온대성 기후에서 장미를 기르는 사람들은 매년 봄에 장미를 어떻게 가지치기할지를 결정해야 한다. 우리의 통제 하에 있는 그 어떤 다른 요소들보다 장미 정원의 장기적 운명이 이 결정에 달려 있다.

이 결정은 당신이 여름철에 어떤 결과를 얻고 싶어하는가에 달려 있다. 만약 이웃들보다 더욱 크고 화려한 장미꽃을 갖기 원한다면, 당신은 과감하게 가지치기를 할 것이다. 각각의 장미나무들에는 최대 세 개의 가지만 남겨놓고, 그 가지에는 세 개의 꽃눈만 남겨놓는다. 최대의 결과, 즉 가장 큰 장미꽃을 얻기 위해 나무마다 9개의 꽃눈만 남기고 모두 제거해버리는 것이다. 이것은 관대함이 낮고 통제가 높은 정책으로, 장미나무가 가용한 자원들을 자신의 "핵심 사업"에 쏟아넣도록 강요하는 것이다. 그리고 6월경에 당신은 이웃들을 어리둥절하게 만들 만큼 큰 장미꽃을 보게 될 것이다.

그러나 운이 나빠서 4월 말이나 5월 초에 심한 밤서리를 맞을 수도 있다. 그럴 경우 가지치기를 하고 남은 몇 안 되는 새순들이 심한 손상을 입게 될 것이다. 만약 서리가 아주 심하거나 사슴이 내려와 훼손하거나, 갑자기 진딧물이 낀다면, 당신은 그 해에는 장미꽃을 보기가 어려울 수 있다. 본줄기뿐만 아니라 전체 나무들을 잃게 될 수도 있다. 따라서 심한 가지치기는 예측하기 어려운 환경에서 매우 위험한 정책이다.

그래서 만약 당신이 자연의 변덕이 심한 곳에 산다면, 그리고 주된 희망이 매년 장미꽃들을 보는 것이라면, 관대한 정책을 채택할 필요가 있다. 장미의 가지들을 더 남겨놓고 가지마다 더 많은 꽃눈들을 남겨두는 것이다. 얼핏 보기에는 신통치 않은 꽃을 피울 것 같은 꽃눈들도 남겨둘 필요가 있다.

이웃집 장미꽃보다 더 큰 장미꽃들을 갖지는 못하겠지만 당신은 매년 장미꽃을 볼 수 있는 가능성은 훨씬 더 커진다. 그리고 점차 장미 정원을 새롭게 바꿀 수도 있을 것이다. 어리고 약한 순들을 내 버려두면, 그것들은 성장하고 강해질 기회를 얻게 된다. 그래서 1~2년 뒤에는 주된 순들의 역할을 대체할 수 있다. 결론적으로 말해, 관대한 가지치기 정책은 두 가지 목적을 달성할 수 있다.

- 불확실한 환경의 변화에 보다 쉽게 대응할 수 있게 한다.
- 장미나무를 지속적이고 점진적으로 재구성할 수 있게 된다.

물론 관대한 정책은 자원의 낭비를 가져오기도 한다. 여분의 꽃눈들이 자라나면서 주된 가지에게 갈 영양분과 에너지를 소진하기 때문이다. 그러나 예측하기 어려운 환경에서는 이러한 관대한 정책이 장미를 더욱 건강하게 만든다. 그것은 장미의 영구적 성장을 위험에 빠뜨리는 일 없이, 장미와 환경이 지속적으로 서로 어우러지게 한다. 아주 아이러니컬하게도 이러한 내부의 약한 부분에 대한 관대함은 결국 장미를 더욱 강하게 만든다.

관대함의 문제는 기업의 생태학적 태도의 아주 근본적인 부분이다. 생태학은 기업과 그 주변 환경 간의 관계에 관한 것만은 아니다. 기업과 기업 내에 있는 각기 다른 인격체들, 즉 개인 구성원들, 계열사, 지사 등과의 관계도 똑같이 중요하다. 기업 내에 다양한 형태의 삶을 허용하는 것은 기업이 스트레스와 재난에 견딜 수 있는 회복력을 제공한다.

분권화와 관대함

우리는 이러한 사실들을 기업의 생존에 관한 쉘 연구보고서에서 확인했다. 우리의 결론은 장수하는 기업들이 관대했다는 것이다. 그러나 연구 당시에는 "관대함tolerance" 또는 "적응력adaptability"과 같은 용어를 사용하지 않았다. 대신에 분권화와 다각화라는 말을 사용했다. 보고서에 의하면 장수 기업들은 자신의 변두리에서 일어나는 일들을 허용했기 때문에 오랫동안 살아남을 수 있었다.

장수 기업들은 분권화된 조직구조와 위임된 권한들을 최대한 활용해왔다. 장수 기업들은 새로운 사업 기회를 선택하는 기준으로 기존 사업과 연관성이 있어야 한다고 주장하지 않았고, 다각

화 움직임에 대한 중앙의 통제도 주장하지 않았다.[1]

　우리가 찾아낸 100년 이상 장수했던 기업들 모두가 아주 심각한
적응 기간들을 경험하면서 기존의 핵심사업 포트폴리오를 완전히
바꾸어버렸다. 어떤 기업들은 이러한 변화를 여러 차례 경험하기도
했다.

- 부커 맥코넬Booker McConnell은 남미 가이아나에 있는 영국 회사로
  1900년에 설립되었다. 최초의 사업은 남미에서의 설탕 생산이었다.
  자신의 핵심 사업이 국유화될 것이라는 전망 아래 외형 성장을 꾀하
  면서 투자를 확대하기 시작했다. 이 회사는 소매업과 해운업은 물론
  출판업에도 진출했다. 그들이 매년 수여하는 부커 문학상Booker
  prize은 유명하지만 부커 맥코넬 기업의 정체성은 그리 잘 알려져 있
  지 않다.

- W.R.그레이스는 한 아일랜드 출신 이민자가 1854년에 페루에 세운
  기업이다. 이 회사는 페루 부근 섬에서 나는 천연 인조 질소비료인 구
  아노를 판매했다. 그 뒤 설탕과 주석 판매로 업종을 바꾸었고, 종국에
  는 팬 아메리칸 항공Pan American Airways을 설립했다. 오늘날 비록
  미국에서 신장투석 서비스 분야의 선두 업체이기도 하지만, 주력은
  화학회사이다.

- 1590년 스미토모 가문의 조상인 리에몽 소가가 교토에 구리 주물공장
  을 열었다. 스미토모는 구리 주물에서 무역으로, 17세기에는 광산업

으로 업종을 바꾸었다. 19세기에는 강력한 제조업으로 발전했고, 오늘날에는 은행과 화학 회사를 비롯해 15개의 주력 기업들로 이루어져 있다.

물론 이러한 변화들의 대부분은 그 뿌리에서부터 잔가지들까지 전체 조직에 심대한 영향을 미쳤던 위기 상황과 관련이 있었다. 그러나 이 당시 사업을 운영하던 사람들은 아마도 우리가 짐작하는 것보다도 변화가 훨씬 더 점진적이었을 것이다. 몇몇 변화들은 처음에는 거의 알아차리지 못할 정도였을 것이며, 심지어 내부에서조차도 알지 못했을 것이다. 모든 변화들은 회사가 기업 정체성을 잃거나 다른 조직들에 의해 흡수되는 일 없이 성취되었다.

분권화와 기업의 장수 간의 연관성에 대해 곰곰이 생각하던 중, 나는 이 기업들이 그들의 가치와 조직의 원칙들을 17세기부터 20세기 초까지 지속적으로 발전시켜왔음을 알게 되었다. 이 시기는 분권화나 다각화 같은 용어들이 쓰여지기 훨씬 전이었다. 그렇다면 그들은 자신들의 정책을 스스로에게 어떻게 설명했을까? 지난 수세기 동안의 리더들과 소유주들, 그리고 경영자들은 다양성과 개방성을 통해 회사의 내구성을 구축하려는 자신들의 노력에 대해 어떻게 생각했을까?

나도 그들이 그러한 정책을 어떻게 설명했을지 알지 못하지만, 그 질문은 내가 그것을 내 마음속에서 좀더 완전하게 이해하도록 이끌었다. 듀퐁, 미쓰이, 스토라 같은 다른 기업들뿐만 아니라 부커 맥코넬, W.R.그레이스, 스미토모와 같은 기업들은 자신이 관대함을 가졌기 때문에 적응하기가 훨씬 더 쉬웠다는 사실을 발견했다. 관대함은 전체로서 조직을 경영하면서도 다각화하고 분권화하는 것을 가능하게 만든 핵심 특성이었다. 이 기업들은 특히 변두리에서의 활동들에 관대했는데, 겉보기에는 기업 장미넝쿨에서 쳐내야 하는 작고 이상한 사업들이었다. 그러나 그들에게는 회사가 새로운 시도의 출구로서 그들을 필요로 할 때까지 널려 있도록 충분한 자원이 제공되었다.

듀퐁이 화학사업에 뛰어들어야 했을 때, 스미토모가 은행업에, 또는 W.R.그레이스가 항공업에 뛰어들어야 했을 때, 이 기업들 내에는 이미 핵심 역량이 만들어지고 있었고 핵심 사업으로서의 새로운 위상을 향해 나아갈 준비가 되어 있었다. 무엇보다도 이 기업들은 이러한 새로운 사업의 "싹들"에 대해 관대했기 때문에, 그들은 핵심 구조로부터 유기적으로 출현할 수 있는 시간과 공간을 확보할 수 있었다.

요약해보면, 심지어 단기적 수익을 희생시키면서 생산라인에 의도적으로 다양성을 도입하고 활동들이 변두리에서 방해 받지 않고 이루어질 수 있게 해주는 시스템들은 기업이 여러 세대에 걸쳐 생존할 수 있는 가능성을 현저하게 높여왔다. 이러한 시스템들은 관대했다. 관대한 시스템이 살아남는다.

겉보기에는 다양성에 대한 관대함이 결속력의 필요성에 상반되는 것처럼 보일지도 모른다. 그러나 6장에서 논의한 바와 같이, 결속력 그 자체는 다양성에 의해 향상된다. 로열 더치 쉘은 독일 쉘과 쉘 브라질 간의 차이에도 불구하고 더 강한 것이 아니라, 그 차이 때문에 더 강한 것이다. 계열 기업들 간의 차이는 글로벌 모기업으로 하여금 힘을 더욱 강화하도록 만든다. 모기업이 균열 없이 이 모든 차이점들을 담아낼 수 있을 만큼 충분히 강한 그릇이 되어야 하기 때문이다.

이러한 힘은 오랜 시간에 걸쳐 서서히 형성된다. 이것은 하부 구조(개별 계열) 기업들의 개별적인 목표들이 상위 시스템의 목표들과 조화를 이루고, 가장 잘 지원 받을 때 가능해진다. 동시에, 전체로서 시스템 내에 풍부한 다양성이 있어야 그 힘을 완전히 활용할 수 있다.

이에 덧붙여 결속력 있는 시스템은 변화와 다양성에 대해 열려 있어야 한다. 관대함은 시스템의 개방성에 대한 측정지표이다. 한 기업이 관대하면 할수록, 더 많은 사람들과 더 많은 생각들을 계속해서 흡수하고 발전시킬 수 있다. 관대함은 동태적 특성을 지니고 있으며, 기업의 구성을 변화시킨다. 다양한 사람들과 제품들, 그리고 다양한 생각들은 우리에게 인내력을 요구한다. 실제로 관대함이란 인내이며, 시간을 필요로 한다.

그러나 지금 이 순간에도 경영자들의 태도는 관대함을 중시하는 것과는 거리가 멀어 보인다. 변경에서 조그맣게 싹을 틔우는 사업들이 기업의 자산으로 보여질 리가 없다. 1970년대에는 많은 기업들이 다각화가 위험한 선택이라는 것을 배웠다. 그때의 교훈이 너무나 고통스러웠던 만큼 지금도 이에 대해 거부하고 있는 실정이다. 20년이 지난 지금까지도 반다각화 운동이 지속되고 있다. "본업에 충실하라." "기본으로 돌아가자"와 같은 말들을 들었을 것이다. 경영자들은 "핵심 역량"과 "핵심 사업"에 집중한다. 그들은 시장에서 1등이나 2등을 하지 못하는 사업들을 모두 제거한다. 그러나 이러한 태도가 유행하는 와중에도 정치, 경제, 사회, 기술 등이 급변하는 시대에서 살아남기 위해 기업은 현재의 주력사업 영역들을 완전히 바꿀 수도 있어야 한다는 강한 지적들이 있다. 일정 시점에서는 분명 핵심 역량이 존재할 것이다. 그러나 바로 다음 시점에서는 새로운 핵심 역량이 필요할지도 모른다.

그런데 지난 시절의 다각화가 왜 그렇게 파괴적이었는가? 60년대와 70년대에 걸친 대부분의 다각화들은 공식적인 명령에 의해 시작되었다. 다각화는 기업 최상층에 있는 중앙통제소에 의해 주도되었고, "신규사업" 투자라는 명목으로 상당한 자금이 배정되었다.

그와 반대로 쉘에서 연구한 장수 기업들은 점진적인 방식으로 언제나 고객들의 욕구를 예상하면서 변화를 이루어왔다. 신규사업들은 기존의 사업들과 연관성을 가질 필요가 없었다. 더욱이 다각화에 대한 중앙통제도 전혀 없었다. 신규사업들은 최소한의 자금이 지원되었거나 자체적으로 자금이 조달되었다. 종종 신규사업들은 회사 내 발명가들에게 실험할 시간을 주고 위험을 감수하게 하고 나서 자연스럽게 얻어진 결과물이기도 했다.

역사적으로 살펴보아도 변두리에서의 활동들에 대한 "관대함에 의한 다각화"가 "명령에 의한 다각화"보다 훨씬 나은 성과를 기록하고 있다. 그렇다면 회사의 최상층부는 위기 때를 제외하고는 다각화를 주도하기에 적합하지 못한 곳인가? 장수 기업들의 기록을 바탕으로 판단해보건대 정상적인 조건에서 기업의 최고경영자들은 사업 자체에 대해 가능한 한 최소한의 결정을 내려야만 한다. 대신 회사 내의 다른 사람들이 사업에 관해 훌륭한 결정들을 내릴 수 있는 여건을 조성하는 데 집중해야 한다.

관대함은 가치 시스템으로부터 나온다. 관대함은 혁신을 위한 공간을 창출하는 것의 가치를 인식하는 회사에만 존재할 수 있다. 이는 일부 기업들이 혁신의 주머니를 별도로 두는 이유이다. 록히드의 "비밀 실험실"이나 그 유명한 3M과 모토롤라의 주변 사업부들은 훗날 핵심 사업부로 성장했다. 본질적으로 이 기업들은 혁신이 나올 수 있는 조직상의 공간이라는 주머니를 만들어내고 있다. 이 주머니들은 기업의 후미진 곳에 숨겨지는 경향이 있다. 최고경영자들은 그들을 신뢰하되 감독하지 않고, 무관심한 듯 놓아두되 걱정하지 않는다. 그들이 필요해질 때까지 말이다.

칠레 감자 이야기

쉘 연구가 끝난 지 몇 년 뒤에 나는 샌프란시스코에서 있었던 한 저녁 식사 파티에서 그 연구 결과들과 그와 관련된 생각들을 이야기했다. 『다가올 경제The Next Economy』라는 책을 쓴 폴 호켄Paul Hawken이 또 다른 초대손님이었는데, 그가 내게 칠레 감자에 대한 이야기를 들려주었다.

그는 한때 외환거래가 문제가 될 정도로 칠레의 국제수지가 악화된 적이 있었다고 했다. 그 이유들은 명백했다. 칠레는 더 이상 식량을 생산할 수 없었고 더욱더 수입에 의존해야 했다. 미국은 원조를 제공하기로 했고 그 문제를 연구하기 위해 농업경제학자들로 이루어진 팀을 파견했다.

그 팀은 칠레의 산티아고로 날아가서 곧바로 안데스 산맥으로 직행했다. 안데스 산맥은 감자의 원산지였는데, 지금도 여전히 칠레 사람들의 주식을 공급하는 주요 산지이다. 감자는 매우 높은 산간 지역에서 수 천년 동안 경작되어왔다.

미국 농경제학자들이 이 고지대들을 올라가서 감자밭을 둘러보았다. 감자밭들은 산자락에 가파르게 매달려 있었으며, 밭 모양도 각양각색이었고 돌들이 널려 있었다. 농경제학자들은 한 밭에 10종류 이상의 다양한 감자들이 자라고 있음을 발견했다. 둥근 감자, 가늘고 긴 감자, 빨간 감자, 하얀 감자, 푸른 감자 등 다양했다. 그들을 더욱 당황하게 만든 것은 어떤 종자는 많은 감자들을 산출해내는 데 비해 다른 종자들은 단지 몇 개의 덩이줄기들tubers만 산출하고 있었다. 이것은 엄청나게 비효율적으로 보였다.

수확기가 왔고 농업원조 팀의 통찰력은 훨씬 더 강해졌다. 그들은 농부들이 작물을 거두어들이는 방법이 전혀 체계적이지도 않고 거의 "게으른" 수준이라는 데 주목했다. 기묘한 모양의 밭 구석이나 모퉁이에 있는 상당히 많은 감자들이 수확되지 않은 채 야생으로 자라고 있었다. 원조 팀은 그때까지 확실한 보고서를 쓸 수 있을 만큼 충분한 자료들을 거의 다 모았다. 소형 컴퓨터를 꺼내어 계산을 했다. 그 결과는 의심의 여지 없이, 보다 신중한 씨감자 선택, 다수확 품종으로의 전환, 보다 체계적인 파종과 수확 방법 등을 통해 연간 수확을 최소 15% 증가시킬 수 있다는 것이었다. 15%의 증산이면 칠레의 식량 부족을 충당할 수 있는 양이었기 때문에 원조 팀은 자신들의 임무 수행에 만족하면서 미국으로 되돌아갔다.

그러나 그 조언은 틀렸다. 농업경제 전문가들이 아무리 과학적인 접근 방법을 사용했다고 하더라도 안데스 산맥에서 수천 년간 축적되어온 그 지역의 감자경작 경험에 필적할 수는 없었다.

산악지역에 살고 있는 칠레 농부들은 수없이 끔찍한 일들이 감자 농사를 망칠 수 있다는 사실을 알고 있다. 늦은 봄밤에 내리는 서리나 여름철의 병충해도 있을 것이다. 덩이줄기가 만들어지기도 전에 곰팡이균이 감자를 죽이기도 하며, 겨울이 빨리 올 경우도 있다. 해를 바꾸어가며 이러한 재앙들이 이따금씩 발생하곤 했다.

새로운 재앙이 닥칠 때마다 농부들은 들판으로 나가 살아남은 감자 종자들을 찾기 위해 밭 구석이나 잡초더미를 모두 뒤지고 다닌다. 오직 살아있는 종자들만이 최근의 전염병에 대해 면역되어 있다. 수확기가 되면 농부들은 살아남은 감자들을 조심스럽게 파내서 소중한 덩이줄기들을 집으로 가져온다. 농부들과 그 아이들은 또 다시 배고픈 겨울을 지나야 할 것이다. 그러나 농부들은 최소한 내년에 새롭게 시작할 씨감자를 갖게 되었다. 그들은 특정한 경작 방법이나 특정한 종류의 감자에만 매달리지 않았다. 그들은 때로는 비능률적일 수 있지만 "일상의 방식에 깃들어 있는" 다양성을 가지고 있으며, 그 다양성은 그들로 하여금 예상치 못한 재앙에 대처할 수 있게 해준다.

폴이 들려준 칠레 감자 이야기는 최소한 내게 변두리에 대한 관대함이 일반적 생존 전략이라는 것을 보여주었다. 농업 분야에는 이와 비슷한 예들이 많이 있다. 특히 토착농사 기법에 정교하게 내포되어 있는 관대함을 간과하는 "효율적인" 농경제학적 경작들의 폐해가 도처에 있다. 생태학자들은 이러한 유형의 농업적 효율성을 "단순경작monocropping"이라고 부른다. 감자밭이든 밀밭이든 다양한 경작 방법을 줄인 채 단순경작 방법을 채택할 경우 단기간에는 훨씬 더 많은 수확을 거둘 수 있다. 그러나 장기적으로는 흙을 황폐하게 만들고, 시스템의 다양성을 감소시키며, 그곳에 사는 동물들과 식물들의 건강과 생명을 위협한다.

단기적 수익의 극대화를 목표로 하면서 기업의 주된 사업 영역의 변두리에서 이루어지는 활동을 방해하거나 없애버리는 기업 시스템들은 농업에서의 단순경작과 다를 바가 없다. 결국, 칠레 감자 이야기가 제시하듯이 이러한 기업의 생존 확률은 엄청나게 줄어든다.

쉘 보고서의 다음 내용은 칠레 감자 이야기와 일맥상통한다.

성공적인 기업들은 다른 (내부) 자원들에 대해 기존 자원들을 대체하기보다는 그것에 더하여 개발할 수 있는 것으로 인식하는 경향이 있었다. 많은 성공적인 변화들은 기업들이 스스로를 특정 사업에 매여 있는 것이 아니라 다양한 고객의 니즈를 충족시키기 위해 유용하게 사용될 수 있는 인재와 자원을 가지고 사업을 하고 있다고 보았을 때 이루어졌다. 성공적인 변화들은 상대적으로 당면한 압력으로부터 자유로웠다.[3]

결론적으로, 성공적인 기업들은 기존의 사업에서 벗어나기가 어렵지 않았다. 왜냐하면 그들은 그들 자신 안에서 폭넓게 다양한 잠재적 사업들을 개발해왔기 때문이다.

관대함과 기업의 생태학

관대한가, 관대하지 않은가의 선택은 결국 생태학상의 문제이다.

그 선택은 부분적으로 조직과 외부의 다른 살아있는 존재들과의 상호관계에 달려 있다. 또한 조직 내의 살아있는 존재들과의 관계에도 달려 있다. 조직 내부에서 일정 수준의 다양성을 유지하면 살아있는 기업은 훨씬 더 적응력이 높아진다. 왜냐하면 조직은 자신의 환경 내에 존재하는 다양한 세력들에 대해 훨씬 더 효과적으로 대응할 수 있기 때문이다.

관대함이 없는 기업들도 그들이 살고 있는 세상에 대해 상당한 정도의 통제력을 가지고 있다면 오랫동안 건강하게 생존할 수 있다. 유럽 많은 국가들의 은행과 보험산업이 그 예이다. 또한 많은 우편, 전신, 전화 회사들도 그들의 전송 관할구역이 강한 규제를 받는 한 오랫동안 생존할 것이다. 독점적 상황이나 안정적 시장, 또는 기업이 통제를 유지할 수 있는 다른 조건들 하에서는 경영자들이 효율성을 최적화하려고 할 것이다. 그들은 최소의 자원으로 최대의 산출을 추구할 것이다. 회사 내부에서 이러한 자원의 최소화는 관대함이 없는 경영 스타일을 요구한다. 즉, 권한의 위임이나 행동의 자유를 줄 공간이 그렇게 많지 않다.

안데스 산맥과 같은 개방된 환경에서 감자를 재배하는 것과는 달리, 이러한 관대함이 없는 기업들은 온실에서 감자를 재배한다. 온실에서는 원예전문가들이 하루 24시간 내내 열, 빛, 비료, 습도 등을 통제한다. 그들처럼 관대함 없는 기업의 경영자들도 최적량과 통제된 환경에서 감자를 재배하는 가장 효율적인 방법들을 찾아내는 데 점점 더 영리해진다. 피아제의 용어를 빌리자면, 상당한 정도의 "동화 학습learning by assimilation"이 이루어진다. 즉, 자신의 생각이나 행동에 근본적인 변화 없이 새로운 정보만을 습득하는 것이다. 경영자들의 사고 구조와 지식 기반은 익숙한 세상을 다루는 데는 상당 기간에 걸쳐 연마되었지만 적응 학습learning by accomodation은 거의 일어나지 않고 있다. 즉, 변화하는 세상과 조화를 이루기 위해 내부적 변화를 만들어내는 학습은 전무하다.

세상이 안정적인 상태로 있다면 이러한 기업도 의심의 여지 없이 번영할 것이다. 결국 높은 관대함이란 자원의 낭비이다. 이는 환경에 대해 많은 통제력을 갖고 있는 기업이 개방적이거나 관용적일 필요가 없는 이유이다. 그런 기업들은 자신의 제품이나 서비스에 대한 안정적인 시장을 가진 세계에서 운 좋게 평생 살 수도 있다.

그러나 환경이 불안정하면 빠른 학습이 필요해진다. 갑자기 온실에 금이 가기 시작한다. 외부 환경은 전혀 예측할 수 없을 정도로 급변한다. 경영자들은 안데스 산맥에서 감자를 재배하는 방식으로 되돌아가야 한다. 이러한 상황에서는 다양성과 개방성이 훨씬 나은 경영상의 처방이다. 이는 이미 쉘의 장수 기업 연구에 나오는 사례 기업들이 입증하고 있다.

자유와 통제의 균형

기업이 획일적 문화에서 다양성의 문화로 전환하기가 왜 그렇게 어려운가? 경영자들이 관대함의 실천으로 얻게 될 혜택을 잘 알고 있을 때조차도 왜 그들은 그러한 전환을 거부하는가?

어떤 사람들은 획일적 문화에 경영자들이 계속 흥미를 갖는 이유는 그것이 즉각적인 결과들을 계속해서 만들어내기 때문이라고 주장할 수도 있을 것이다. 이러한 결과들이 장기적 생존을 희생한 대가로 얻어진 순간적인 효율성에서 비롯되는 것이라는 점을 경영자들이 잘 알고 있지만, 그들은 여전히 "좋은 수치들good numbers"을 통해 자신들이 받게 될 보상에 매달리게 된다. 그러나 이러한 손쉬운 비판에 대해서는 조심할 필요가 있다. 앞장에서 이미 언급한 바와 같이 위기시에는 집중화하고, 신속하게 결정하며, 해결책을 강요하는 자연스런 반응이 나타나게 마련이다.

따라서 좀더 깊이 생각해볼 필요가 있다. 경영자들이 관대함을 거부하는 더 깊은 이유는 통제의 필요성과 관대함과 자유의 필요성 간의 딜레마에 있다. 이 두 가지 필요성들은 모두 있어야 할 것들이다. 그러나 얼핏 보면 상호배타적인 것처럼 보인다. 자유와 관대함은 조직의 학습 능력을 증진시키는 데 필요하며, 통제는 결속력을 유지하는 데 필요하다.

절박함에 몰리면 대부분의 경영자들은 통제를 선택하게 될 것이다. 사실상 대부분의 기업들에서 통제의 강도를 완화한다는 것은 정서적으로 매우 어려운 일이다. 일을 완수하는 것에 익숙해 있는 실행가로서 경영자들은 다른 어떤 사람들보다도 자신을 더 신뢰하는 경향이 있다. 그들은 권력과 지배권을 행사하는 것에 감정적 유혹을 느끼고, 권력의 고삐를 놓음으로써 오게 될 혼란과 불확실성을 두려워한다. 사람들에게 자유를 가지라고 하면 그들은 단지 "자기들이 원하는 것을 할 것이고", 그 결과는 고통스러울 것이다.

그런데 세상이 더욱더 변하고 통제 불가능해질수록 통제의 위험성은 한층 더 명백해진다. 강한 내부적, 외부적 통제 정책에 의존하는 것은 최상층부에 있는 몇 안 되는 "생각하는" 경영자들에게 엄청난 부담을 안겨준다. 의사결정을 할 수 있는 능력은 극도로 제약되고, 모든 것들이 소수의 "신뢰받는" 사람들의 판단을 기다리게 된다. 요컨대, 병목 현상은 언제나 최고위층에서 발생한다. 이러한 기본적인 딜레마는 종종 "집권화할 것인가, 분권화할 것인가?"와 같은 말로 표현되기도 한다. 오늘날 거의 모든 사람이 분권화를 선호하지만 그에 따른 통제의 상실을 감수하려는 사람은 거의 없다. 이는 집권화와 분권화에 대한 이성적 토론이 이성적 결정으로 이어지지 못하는 이유이다. 오히려 경영자들은 반사적인 결정을 하는 경향이 있다. 즉, 갑자기 자유 쪽으로 향하다가 갑자기 통제 쪽으로 급선회하는 등 이 방향 저 방향으로 계속해서 왔다 갔다 한다.

이런 모든 이유로 인해, 조직 내부에 공간space을 만드는 것은 쉽지 않다. 물론 관대함과 통제 사이의 딜레마는 양측의 목표를 모두 충족시키는 방법을 찾음으로써만 해결될 수 있다. 사람들이 실험을 하고 위험을 감수할 수 있도록 반드시 공간이 만들어져야 한다. 동시에 사람들이 조직의 공동 목표를 희생해가면서 단지 "자기가 좋아하는 것"만 해서도 안 된다. 분명히 양쪽 모두가 필요하다. 즉, 사람들에 대한 권한 부여와 효과적인 통제가 공존해야 한다.

관대함의 경영

당신이 경영자라면, 통제는 산출 단위당 원가를 지속적으로 낮추는 것을 의미할 수도 있다. 반대로 사람들에게 권한을 부여하는 경영은 단위 원가당 산출을 늘리려고 시도하는 것이다. 훌륭한 경영은 바로 이 두 가지를 모두 가지고 있어야 한다. 경영이 두 가지 목표를 동시에 추구하든, 통제와 관대함 사이를 왔다 갔다 하든 간에,[4] 어느 한쪽만을 선택하는 "이것인가 저것인가"의 태도는 결국 치명적인 결과를 초래하게 된다.

그렇다고 상반된 두 가지 목표를 함께 추구한다는 것이 쉬운 일은 아니다. 따라서 이러한 특별한 딜레마에 빠져 있는 동안 가짜 해결책이 나타나는 것은 놀랄 일이 아니다. 소위 "전략 기획strategic planning"이 그것이다. 듣기에는 아주 명쾌하다. 어디로 가야 할지를 알려주는 전략을 가지고 있다면 통제를 잃는 것에 대해 크게 걱정할 필요가 없다. 사람들에게 자유와 공간을 주면서 각자의 임무를 수행하도록 놓아둘 수가 있다. 왜냐하면 경영이 전략을 통해 기업의 방향과 목적지를 통제할 수 있으리라고 생각하기 때문이다.

그러나 전략 기획에 대한 실망이 곧 이어졌다. 헨리 민츠버그 Henry Mintzberg가 『전략 기획의 흥망성쇠The Rise and Fall of Strategic Planning』에서 기술하고 있는 바와 같이 전략 기획에 대한 불평과 원망이 1973년 무렵에 나타나기 시작했으며, 1970년대와 80년대에 이르러 비판이 고조되었다. 더욱이 전략 기획의 옹호론자들도 성공 사례를 꼽기가 어려웠다. 심지어 군대에서도 전략 기획의 신뢰도가 땅에 떨어졌다. 소위 맥나마라 국방장관의 기획예산제도Planning-Programming-Budgeting System가 월남전 패배의 부분적 책임이 있다고까지 비난 받았다.[5]

그 이유는 전략이라는 단어가 잘못 사용되어왔기 때문이다. 이 단어가 명사가 되어서는 안 된다. 당신은 조직이 따르는 문서의 의미에서 전략을 "가져서는" 안 된다. 전략은 동사이어야 한다. 전략이란 "갖고 있는" 어떤 것이 아니라 "행하는" 어떤 것이다.

기업에서 경영이 행할 수 있는 한 가지가 "조종steer" 이다. 이 말은 경영학 문헌과 경영자들 모두에게 아주 인기 있는 개념이다. 이러한 개념에서, 전략(또는 조종)은 경영의 기술이다. 전략은 조직과 그 내부의 실체들이 그들의 완전한 발전을 향해 나아갈 수 있도록 조직을 조종하는 일상적 활동으로 이루어져 있다. 민츠버그도 1973년 자신의 저서 『경영 업무의 본질The Nature of Managerial Work』에서 자신이 관찰한 바를 요약해놓고 있다. 즉, 경영자들이 편안히 앉아 추상적이거나 지적인 의미에서 계획을 세우는 경우는 거의 없었다. 오히려 "전략들"은 일상적인 경영 활동에 대한 의견교환give and take으로부터 나왔다.[6]

그렇다면 이제 통제와 관용 간에 균형을 맞추는 기업의 전략과 조종의 기술에 관해 논의해보기로 하자. 조종이라는 말에서 쉽게 배를 연상할 수 있을 것이다. 많은 기업의 회장들이 공식적으로 "폭풍우를 뚫고 나간다", "항로를 바꾼다", 또는 "진로를 정했다"라는 말들을 한다. 이러한 비유들이 언뜻 보기에는 잘 맞는 듯하다. 기업을 배에 비유해본다면, 기업에는 모든 사람들이 어떤 종류의 전문화된 활동을 수행하는 정의된 명령 구조가 있다. 어떤 사람들은 기계실을 운영하고, 어떤 사람들은 닻을 내리고 돛을 올린다. "선장"이라고 알려진 우두머리는 배와 승무원들이 일제히 행동하도록 하기 위해 필요한 정도의 통제와 규율을 행사한다. 선장이 우두머리인 것은 분명하다.

이러한 비유에서 보면 "배"(또는 기업)는 사람들이 배속된 하나의 자산이다. 배는 선주에게 이윤을 남겨주기 위해 항구에서 항구로 이동한다. 배는 자신의 수명에 대해 관심이 없다. 실제 배 위에서는 일등 항해사나 갑판장이 방향을 바꾸거나 항로를 새로 정할 수 있는 자유가 어렵다. 그렇게 된다면 혼란과 무질서가 초래되고 배는 산으로 올라가게 될 것이다. 물론 선장이 일등 항해사와 마주앉아 목적지와 그곳까지 도달하는 최상의 방법들에 대해 이야기할 수는 있다. 조타수와도 이야기를 나눌 수 있다. 그러나 모든 책임은 선장에게 있다. 더욱이 선장은 목적지로 배를 보내기로 결정을 내린 또 다른 사람의 지시가 있었기 때문에 이 항로에 있다는 것을 잘 알고 있다. 그 지시를 내린 사람은 선주이다.

그에 반해서, 살아있는 기업은 살아있는 존재이다. 기업은 태어나서 죽을 때까지 자신의 잠재력을 확장하기 위해 움직인다. 한 번 방향조종을 하면 끝나는 것이 아니다. 살아있는 기업은 한 번에 한 발짝씩 내딛는다. 매번의 결정마다 행동이 뒤따르며, 그 행동의 결과에 대해 새롭게 관찰한다. 그러고는 그 다음날 또 다른 발짝을 내딛는다. 매번 새로운 발을 내딛기 전에 기업은 그 순간의 여건들을 살펴보고 어디에 발을 놓아야 할지를 결정한다. 거기에는 해상지도도 없고, 죽음을 제외하고는 최종 목적지도 없다.

이런 기업은 생애의 현 시점에서 일정한 성취만을 이뤄낼 수 있을 뿐임을 안다. 이러한 능력이 오늘 발을 내디딜 수 있는 영역의 범위를 한정시킨다. 기업은 또한 미래의 행동을 위해 아직 사용되지 않은 잠재력을 보유하고 있다. 이러한 잠재력을 발전시키는 것은 내일 내디딜 수 있는 영역의 범위를 넓히게 될 것이다.

어떤 방향으로 조종하는가? 무질서한 상태로 빠지는 일 없이 어디로 기업을 조종해갈 것인가? 당신이 경영자라면, 시인 마차도Machado 의 시 한 구절이 도움이 될 수 있을 것이다.

> "인생이란 걸으면서 개척해 나아가는 행로이다Life is a Path that you beat while you walk it."[7]

이 시구는 내가 지금까지 배운 기획과 전략에 대한 가장 심오한 교훈을 담고 있다. 누구나 과거를 되돌아보면 지금까지 걸어온 길이 분명하게 보인다. 하지만 당신은 그 길을 스스로 만들어왔다. 앞에는 지도도 없는 황야가 있을 뿐이다.

당신은 미리 정의된 목적지를 향해 항해하지 않는다. 당신은 알지 못하는 미래로 한 번에 한 발짝씩 내딛는 것이다. 그 앞에는 어떤 길도 놓여 있지 않다. 결국 우리의 걸음걸이가 길을 내는 것이지 길이 우리를 걷게 하는 것은 아니다.

누가 조종하는가? 1994년 〈파이낸셜 타임스〉 지의 한 기사는 영국에서 다섯 번째로 큰 빌딩을 가지고 있는 한 금융기관이 어떻게 1년 6개월 동안 최고경영자 없이 운영되어왔는지를 기술했다. 외부 금융전문가들의 입장에서 본다면 CEO의 공석이 해당 금융기관의 신용등급에 영향을 미칠 수 있는 일이었다. 하지만 그 기사에 의하면 "기존의 경영진들이 월등한 실적을 내었다"고 한다.[8]

이 기관은 그때까지 재무담당 이사와 영업 담당 이사, 그리고 정보시스템 담당 관리자 세 명을 중심으로 운영되어왔다. 이러한 삼두체제는 10인의 경영위원회와 일주일에 이틀만 출근하는 회장과 긴밀하게 논의하며 일을 처리했다. 분명한 구심점 없이도 이 금융 기관은 1993년에 전년 대비 22%의 순익증가를 기록했고, 1994년 1/4분기에는 37%의 증가를 보였다.

〈파이낸셜 타임스〉지는 이러한 상태가 더 오래 지속될수록, 리즈Leeds의 경영자들은 과연 CEO가 조직에 가져다 줄 수 있는 것이 무엇인지 더욱더 질문하게 될 것이다"라고 지적했다.[9] 사실상, 유일한 한 가지 의문이 남아 있다. "경쟁자들은 (이 삼두체제가) 유능하게 일을 수행해왔고 직원들의 지지를 받고 있다는 점을 인정한다. 하지만 전략적 이슈들에 관한 문제가 남아 있다."[10]

이 문제에 대해 주의 깊게 생각해보자. 왜 전략에 관한 문제가 있어야 하는가? 그 기업은 전략을 가지고 있었음이 분명하다. 그것도 계속 진화하는 전략 말이다. 그렇지 않았다면 일년 반 동안 이 금융 기관은 어떤 결정도 내릴 수 없었을 것이다. 다시 말하자면, 이 회사에서는 CEO가 전략을 만들어내는 데 필수적인 존재가 아니었다.

반면 CEO가 즉각 부정적인 효과를 가져올 수도 있다. 새로 외부에서 영입된 CEO는 앞으로 나아가는 방법에 대해 전혀 다른 견해를 취할 수도 있다. 그는 직위의 힘을 이용해 지금까지 큰 이익을 내오던 정책에서 유턴할 수도 있다. 그리고 그가 만들어낼 모든 결과는 잘 나가던 기업에 불확실성을 초래하는 일일 것이다.

이 이야기의 교훈은 분명하다. 기업은 무조건 한 사람의 손에 조종간을 맡길 필요가 없다. 조종 권한의 개인적 사용이 반드시 건강한 목적에 기여하지만은 않는다. 이는 자칫 "학습으로서의 기획" 활동에 참여하는 수많은 두뇌들을 배제시킬 수 있으며, 아주 잘못된 방향으로 나아갈 수 있다.

많은 기업들이 이 금융기관과 유사하다. 분명, 기업마다 전략을 견지하고 정책을 수립하는 CEO가 있을 수 있지만 실제 의사결정은 분산되고 관대하며 "학습으로서의 기획이 이루어지는" 환경에서 일어난다.

조종의 대안으로 맥락을 설정하라. 아주 작은 기업들이나 혹은 위기 상황인 경우를 제외하고는 행동지향적 경영스타일에 주의하는 것이 현명하다. 이것은 모든 리더십이나 위계구조를 폐지하라는 의미가 아니다. 경영은 없어서는 안 될 역할을 수행한다. 그러나 경영이 단지 뱃전의 브리지 창문을 통해 바라보고, 나침반으로 항로를 설정하고, 속력을 높이는 일만은 아니다.

마차도의 시에서처럼 걸으면서 길을 개척하는 것은 전체로서의 기업이다. 전체로서의 기업은 환경을 탐색하고, 다음 발걸음을 결정하며, 어디에 그리고 언제 발을 내디딜지를 결정한다. 이러한 과정에 가능한 한 많은 인재들을 참여시키는 것은 매우 어려운 문제이다.

경영의 기술은 조직의 구성원들이 각자의 수준에서 그 과제를 수행할 수 있도록 맥락을 설정하는 일이다.

보고, 결론짓고, 결정하고, 행동으로 옮기는 이 사이클은 4장의 "학습 활동으로서의 의사결정"에서 본 바와 같이 지속적인 학습의 사이클이다. 이러한 의미에서, 전략은 조직의 학습 능력을 개발하는 것이라 할 수 있다. 기업이 경쟁자에 비해 더 빠르고 (그리고 더 나은) 학습 능력을 갖추는 것이 가장 지속가능한 경쟁 우위가 된다.

최고경영진은 최대한의 조직 두뇌역량이 지속적으로 학습에 참여할 수 있도록 맥락과 과정을 설정해야 한다. 이러한 과정들의 설계와 운영은 일선 경영자들의 책임이며 위임할 수 있는 사항이 아니다. 변화관리에 관한 워크숍에 대해 기사를 쓰면서, 라켈 보들 Rachel Bodle은 격변기에 나타나는 리더십에 대한 요구에 대해 언급하고 있다. 보들에 의하면 새로운 형태의 리더십은 다음과 같다.

> 새롭고 열려 있으며 비공식적이고 위계적이 않은 경영 스타일을 통해 (사람들을) "풀어줄" 의지가 있음을 보여준다. 변화의 필요성을 폭넓게 인식하고 수용할 수 있도록 시간을 준다. 실수를 통해 학습이 이루어진다면 그것을 벌하지 않을 것임을 확신시키고 모험을 하도록 격려한다. 권위와 위계를 없애 학습이 이루어질 수 있게 하고, 필요한 피드백을 제공하며, 팀워크를 위한 환경을 창조한다.[11]

경영자는 이러한 노력을 하면서 기획자들의 도움을 받을 수 있다. 경영이 학습 과정이라고 한다면, 기획자들은 이러한 학습 과정에서 조력자가 될 수 있다. 학습은 인식과 더불어 시작된다. 기획자들은 기업이 더 자주 살펴보고 더 멀리 앞을 내다보도록 격려할 수 있다. 그들은 학습 과정을 더욱 계획적으로 만들 수 있으며, 더 많은 두뇌들이 참여하게 할 수 있다. 그들은 기업이 다음 발걸음을 내딛기 전에 개인적인 창의성이 공유된 지식이 되게 하는 방법들을 개발할 수 있다.

그래서 만약 전략이 "행하는" 어떤 것이라면, 이러한 행위는 실제로 조종steering이 아니라 학습이 될 것이다. 전략 과정 내에 학습을 포함하는 것은 또한 결국 3장 "선견지명을 위한 도구"에서 검토한 조직에서의 시나리오 작업의 역할을 결정한다. 시나리오들은 회사 전반에 걸쳐 학습 과정과 학습 교류를 제도화시킨다. 학습이 제도화된 기업에서는 다양한 주변부 활동들에 관대해질 수 있게 된다. 왜냐하면 학습 활동은 권위에 의한 엄격한 규제의 필요성 없이 기업의 결속력을 유지시키기 때문이다.

09
기업의 면역 시스템

　살아있는 기업에게 있어 관대함이 매우 중요하다고 할지라도 관대함과 개방성에는 위험이 도사리고 있다. 이는 대부분의 경영자들이 관대함과 연관시키는 위험들과는 다른 것이다. 이 위험들은 내부 통제력의 상실이나 비효율 등과는 전혀 관계가 없다. 인간과 마찬가지로 기업도 면역 시스템을 가지고 있다. 그런데 이 기업의 면역 시스템이 관대한 기업의 개방성을 견디어낼 수 없을 때, 그 결과로 인해 야기되는 스트레스는 전체 조직을 위험에 처하게 만든다.

　인체 내에는 면역 시스템이 혈류의 세포 안에 형성되어 있다. 면역 시스템의 역할은 외부로부터 끊임없이 인체 내로 들어오는 침입자들과 균형을 유지하는 것이다. 면역 시스템의 살아있는 세포들은 외부로부터 들어온 유기체들을 탐지할 수 있으며, 필요에 따라서는 신체를 방어하기 위해 화학물질들을 배출한다. 면역 시스템이 강하면 강할수록, 신체는 박테리아, 바이러스, 곰팡이, 또는 기생충들로부터의 해로운 효과들에 더욱 강하게 저항한다. 이러한 외부로부터의 침입자들이 인체로 들어오는 것을 막기 어려우며, 침입할 때마다 그것들이 체계적으로 파괴되는 것도 아니다. 면역 시스템은 침입자들이 신체 내에 머무르는 동안 계속 억제만 할 뿐이다.

프란시스코 바렐라Francisco Varela는 면역 시스템의 기능에 대해 이렇게 설명한다. 당신이 뉴욕에서 브라질의 리우데자네이루까지 비행기를 타고 갔다고 하자. 당신의 몸은 완전히 다른 박테리아와 곰팡이, 바이러스로 이루어진 환경으로 이동한 것이다. 리우에 도착해 비행기에서 내리면, 당신의 면역 시스템은 정상적인 림프구의 흐름에서 새로운 세포들을 모집한다. 이 림프구는 체내의 척수에서 만들어져 혈류로 들어온 것이다. 당신이 뛰어든 새로운 분자환경에 맞춰 이 잠재적인 항체세포들 중 일부가 활동에 들어간다.

당신의 면역 시스템은 매일같이 자신의 전체 구성의 최대 20%를 차지하는 새로운 세포들을 불러모은다. 새로운 세포들을 모으는 동안, 당신의 몸은 리우의 환경에서 들어온 친숙하지 않은 침입자들과 새롭게 균형을 이룬다. 바렐라에 의하면, 이는 인간의 면역 시스템을 매우 개방적인 시스템으로 만들고, 그럼으로써 훌륭한 학습 시스템으로 만든다.[1]

그러나 불행하게도 인간의 신체가 수용할 수 있는 외부 침입자들의 수에는 한계가 있다. 신체의 관대함에는 상한선이 있는 것이다. 예를 들어, 당신이 침입자들의 25% 이상이 새로운 유형인 환경에 놓여졌다고 상상해보자. 아니면 매우 유독한 유기체의 침입을 받았다고 가정해보자. 이는 당신의 면역 시스템이 지닌 학습 능력을 능가할 만큼 침입자의 수가 많거나 강력한 경우이다.

이제 당신은 감염되었다. 면역 시스템은 새로운 분자들에 대해 학습하거나 통합하는 대신에 그것을 물리쳐야 한다. 체온을 올려서 새로운 침입자들이 살기 어렵게 만들고, 항체 합성물과 킬러 세포들을 만들어내어 새로운 유형의 침입자들에 대항하는 것이다.

생각할 겨를도 없이, 당신의 몸은 저항과 거부 상태로 변해버렸다. 이것이 당신에게도 유익하지는 않다. 당신은 고열과 탈진, 두통, 그리고 소화기 장애 등을 경험하게 된다. 이물질의 유입에 대한 이런 반응은 더욱 심각한 결과들을 초래할 수도 있다. 당신의 저항과 거부가 기존의 균형을 심하게 깨뜨려 쇼크나 심지어는 죽음으로까지 이어질 수 있다.

이러한 상태는 개인뿐만 아니라 기업들에게도 마찬가지이다. 기업의 건강도 안팎으로부터 지속적으로 공격을 받고 있다. 이러한 공격들은 전체의 부분이 되기를 원치 않는 개인들이나 집단들로부터 온다. 그들은 자신들의 목적 때문에 그곳에 기거한다. 이러한 목적들이 명예로운 것이든 아니든 전혀 상관이 없다. 공동체의 건강이 위협을 받고 있는 것이다.

내부적으로는 그러한 위협이 공동체의 완전한 구성원들이 아닌 사람들의 집단들로부터 오기도 한다. (그들은 스스로 그런 식으로 생각할 수도 있고, 혹은 채용 당시부터 의도적으로 비구성원으로 정해진 사람들일 수도 있다.) 그들은 내부인들이고 회사에 대해서도 아주 잘 알고 있다. 그들은 회사라는 기계를 움직이는 "손"이지, 결코 "우리"의 일부가 아니다.

최근 이러한 내부의 "비구성원들"이 점차 늘어나고 있다. 인원감축이나 대량감원의 와중에서 그동안 스스로를 구성원이라고 생각해왔던 많은 사람들이 갑작스럽게 신분이 바뀌었다는 통보를 받는다. 그들은 자신의 능력 덕분에 또는 즉각적인 해고를 어렵게 하거나 시간이 걸리게 만드는 법규 덕분에 여전히 조직에 남아 있을 수 있다. 그러나 이미 명시적으로든 묵시적으로든 자신의 미래와 회사의 미래가 더 이상 함께할 수 없다는 사실을 통보받은 상태이다.

이러한 내부의 비구성원들이 기업으로부터 소외감을 느끼거나 화가 나 있다는 것은 전혀 놀랄 일이 아니다. 많은 사람들이 자신을 방어하기 위해 노조와 같은 또 다른 기관에 적을 둘 필요를 느끼게 될 것이다. 결국 기업과 노조라는 두 개의 기관이 서로 다른 목적을 갖고 같은 장소에서 동거하게 된다. 이는 틀림없이 기업의 건강에 영향을 미치게 마련인데, 그 영향은 이 두 인격체가 공생적 공존 관계를 수립할지 적대적 공존 관계를 수립할지에 따라 호의적일 수도 있고 악의적일 수도 있다.

회사가 일부 구성원들에게 더 이상 "우리"가 아니라고 하게 되면, 회사는 또한 새로운 집단을 정의하게 되는 것이다. "우리들 중 남겨진 사람들"이다. 만약 이 집단의 범위를 아주 좁게 한정하면, 회사는 전체에 대해 충성심을 가진 진정한 구성원들을 거의 찾아보기 어렵다. 어떤 경우에는 아주 극소수의 사람들만 남기도 한다. 여전히 "우리"의 범주에 남아 있는 사람들에게는 그들이 전체의 부분이라는 사실을 분명히 이해하도록 해줘야 한다. 회사는 그들에게 공생적 관계 속에서 하나가 됨으로써 그들의 잠재력이 완전히 개발될 수 있도록 할 것임으로 명확히 해야 한다.

회사의 건강에 대한 또 다른 위협은 외부로부터 온다. 그들은 회사에 대해 다른 기대감을 가진 고객들일 수도 있고, 인수와 합병으로 인한 새로운 의사결정 팀일 수도 있다. 또는 기존의 회사 기풍과 맞지 않다고 생각하는 회사 공동체의 핵심 구성원들일 수도 있다.

인간의 몸과 마찬가지로 기업의 몸도 다양한 유형의 침입자들에 적절하게 대응할 수 있는 면역 시스템이 필요하다. 한편으로는 인체와 똑같이 침입자들의 대다수가 유익한 것이다. 인간은 자신의 건강과 생존에 긍정적 영향을 미치는 박테리아와 바이러스들로부터 계속 침입을 당한다. 기업들도 마찬가지이다. 대부분의 침입자들은 기업들에게 새로운 관점과 능력을 가져다준다. 더욱이 우리가 원한다고 하더라도 우리는 이 침입자들을 인체나 기업으로부터 내쫓을 수 없다. 그들을 개방 시스템에서 제거하기란 불가능하다. 개방성은 결국 자신 이외의 다른 무엇이 자신의 몸으로 들어오는 것을 의미한다.

그러나 당신은 이 침입자들에 대해 차별적으로 대응할 수 있다. 어떤 침입자들은 기업의 균형을 무너뜨리는 한이 있더라도 반드시 내쫓아야 하고, 어떤 침입자들은 잘 관리해야 한다. 그래서 침입자들의 잠식이 면역 시스템이 대응 능력을 구축할 수 있을 정도로 충분히 점진적으로 진행되도록 해야 한다. 그리고 몇몇 침입자들은 조직의 학습을 위한 필수적인 장치로서 포용해야 한다.

인수와 합병

예를 들어, 인수와 합병의 경우를 생각해보자. 인수와 합병은 "경제적 기업들"의 경영자들에게는 참기 어려운 유혹 중의 하나이다.

인수와 합병은 "지식을 쉽게 사는 것"과 적대적 세상에서 회사를 더 크게 만드는 이중의 기대를 갖게 한다. 전자의 경우는 스스로 어떠한 변화나 학습을 하지도 않고 능력을 얻는 것을 의미한다.

그러나 인수와 합병을 통해 살아남은 사람들에게 처음 몇년 간의 경험을 물어보면, 이는 감기에 걸린 뒤 처음 3~4일과는 전혀 다른 경험이라고 대답할 것이다. 그 기관의 체온은 매우 뜨겁다. 마치 공기 중에 "열병"이 가득 찬 듯하다. 두통이 심해서 사람들은 불편하고 감당하기 어려운 실신 상태에 빠진다. 그리고 큰 회사가 작은 회사 하나조차도 "소화시킬 수 없다"는 생각이 들 수도 있다. 실제로 모든 종류의 거부장치들이 작동한다. 특히 인수와 합병 후 처음 4~5년 간은 수많은 사람들이 감염된 부서에 들어오고 나간다. 이 기관은 면역 시스템을 발동시키며 새롭게 유입된 문화의 상당 부분을 거부하게 된다.

생물학적 측면에서 볼 때, 인수와 합병은 숙주 조직에 이질적인 조직들과 아이디어들, 그리고 가치들이 침입하는 것이다. 만약 자신의 규모의 25% 정도인 경쟁기업을 흡수하게 되면 이는 기존 규모의 25%에 해당하는 침입을 받아들이게 된 것이다. 외국 파트너와의 50대 50합병의 경우는 서로에게 50%의 침입을 의미한다.

이러한 비율로는, 많은 인수와 합병들이 관대함의 한계를 넘어버린다.: 인수와 합병은 감염이다. 따라서 체온이 올라가고 기업의 몸은 저항 상태에 돌입한다. 이러한 저항에 관한 수많은 사례들이 문헌으로 잘 정리되어왔다. 마이클 포터는 36년(1950년~ 1987년) 동안 미국의 33대 주요 기업들에 의해 흡수 합병된 2,700개의 기업들을 분석한 바 있다. 1987년에 출판된 그의 보고서에 의하면, 이 중

50~75%가 실패했다고 한다(여기에서 실패는 매각을 의미한다). 네덜란드의 유명한 학술지인 〈Economisch-Statistische Berichten〉에 소개된 한 연구 결과도 미국의 경우와 유사한 상황에서 60%의 실패율을 보이고 있다고 밝힌 바 있다.

더욱이 합병의 경우에는 개인적으로 커다란 상처를 경험하는 일이 아주 많다. 합병 후 양측은 서로를 불신의 눈으로 바라보고, 인사 정책들은 최초의 침입 후 오랜 기간 동안 합병 이전의 가치에 의해 영향을 받는다. 직원들은 모든 중요한 인사이동에 대해 상당한 의심과 불신을 품게 된다.

나는 네덜란드의 두 은행이 합병하는 데 관여했던 많은 사람들을 잘 알고 있다. 이 합병은 20년 전에 있었던 일이고, 그 친구들의 나이도 이제 60이 넘었다. 하지만 그들은 아직도 임직원들 중에서 누가 상대편 은행 출신인지 생생하게 기억하고 있다. 그들에게 상대편 은행은 여전히 결코 동화될 수 없는 감염자를 의미했다.

합병된 조직 내의 두 부족들은 계속해서 스스로를 별개의 실체로 여긴다. 만약 내가 합병 기업의 일부인 당신의 영역에 들어간다면, 당신은 나를 여전히 외부인으로 간주할 것이다. 당신은 나보다는 같은 은행 출신을 신뢰할 것이고, 그들을 승진시킬 것이다. 그리고 나는 그 직책을 얻지 못한 것에 대해 당신이 다른 부족 사람이라는 사실 탓으로 돌릴 것이다. 그렇게 해서 시간이 지날수록 우리는 서로를 더욱 불신하게 될 것이다.

로열 더치 쉘도 50년 동안 이러한 문제를 경험한 바 있다. 로열 더치 쉘은 로열 더치 석유회사와 영국 회사인 쉘 트랜스포트 앤 트레이딩Shell Transport and Trading의 합병을 통해 만들어졌다. 두 회사는 1907년에 합병되었다. 나는 1951년에 입사했고, 그때까지 두 모기업들은 각각 헤이그와 런던에 기반을 둔 상당히 독립적인 조직으로 남아 있었다. 이는 마치 자식들이 딸린 홀아비와 과부가 결혼한 격이었다. 각자의 아이들을 한 집에 몰아넣고 잠은 각자의 침실에서 자는 것과 유사했다. 결혼은 여전히 완성되지 않았다. 1950년대 중반에서야 맥킨지 사의 자문에 따른 일련의 인사 정책들이 전 세계에 널려 있는 쉘 공동체를 통합하기 시작했고, 최종적으로 두 본부들을 총괄하는 하나의 통합 조직을 만들어냈다.

또 다른 쉘의 사례는 "다각화"가 유행하던 1970년대 초로 거슬러 올라간다. 쉘은 빌리톤Biliton이라는 중견 금속회사를 사들였다. 쉘은 빌리톤보다 규모가 월등히 컸기 때문에 쉘의 입장에서는 별 어려움 없이 이 기업을 인수했다. 그러나 쉘의 침입은 모든 면에서 빌리톤이 가진 관대함의 수준을 훨씬 넘어섰다.

쉘은 거부 반응을 보이지 않았지만, 빌리톤은 그렇지 않았다. 빌리톤이라는 실체는 병을 앓다가 결국에 죽고 말았다. 10년도 못 되어 빌리톤의 거의 모든 상위 경영자들이 떠났다. 쉘은 원래 경영진이 남아 있도록 최대한 배려를 했지만 별로 소용이 없었다.

우리는 쉘 경영자들이 이 새로운 가족들 위에 군림하는 것을 막으려고 노력했다. 그러나 두 회사의 생태적 관계는 그것을 불가능하게 만들었다. 빌리톤의 입장에서는 이 합병이 감염을 의미했고 물리쳐야만 했다. 이는 쉘이 인수를 통해 얻으려고 했던 수확을 거두기 어렵다는 것을 의미했다. 쉘은 빌리톤에게는 너무 컸다.

일단 금융기관이 손을 떼고 나면 인수와 합병을 관리한다는 것은 결코 쉽지가 않다. 내 생각으로는 감염이라는 비유가 유용하다. 왜냐하면 그것이 돈으로 정보와 지식, 혁신적인 새로운 행동들을 대량으로 살 수는 없다는 것을 보여주기 때문이다. 학습은 단지 새로운 파트너십을 사서 "탱크를 채우는" 것과는 다른 문제이다. 학습은 과정이다. 파트너십은 시간을 필요로 한다. 만약 한쪽 파트너가 다른 쪽 파트너보다 너무 많은 힘을 가지고 있으면 인수와 합병은 그 자체로 방어 장치들을 작동하게 만든다. 그럴 경우 인수와 합병을 통해 얻으려고 했던 원래의 목적을 달성하는 데 실패하게 된다.

기생충들

기업이 자신의 환경을 덜 통제하면 할수록, 기업은 환경에 더 열려 있어야 한다. 그로 인해 외부의 물질들과 아이디어들이 쉽게 들어오게 될 것이다. 기업은 그래야만 하고, 실제로 그것은 기업의 강점이 된다. 그러나 기업은 이러한 물질들과 아이디어들이 어떻게 행동할지 확신할 수 없다. 모든 침입자는 선택권을 가진다. 침입자는 공생적 관계를 선택할 수도 있고, 다른 모두를 배제한 채 자신의 이익만을 추구할 수도 있다.

모든 침입자들이 다 같은 것은 아니다. 진화 중인 침입자들과 기생충의 역할에 대해 글을 쓴 리처드 도킨스Richard Dawkins는 그것들이 모두 이기적이라고 말했다. 그들은 모두 숙주를 자신의 생존을 위한 도구로 여길 뿐 그것의 안녕에 대해 전혀 배려하지 않는다. 그들은 자신들의 유전학적 이익만을 추구한다. 그러나 이 중 많은 것들이 숙주의 이익에 기여하기도 한다. 그것들은 숙주와 공생적이다. 자신의 이익에 몰두하면서 동시에 숙주의 역량을 증진시킨다. 한 예로 딱정벌레에 기생하는 박테리아가 있는데, 이 박테리아는 딱정벌레의 알들을 통해 새로운 딱정벌레로 옮겨간다. 그것들은 딱정벌레의 재생산 과정을 방해하지 않는다. 대신 그것에 의존하고 있다.[3]

다른 것들은 기생충과 같다. 그들은 숙주에게 지속적으로 해를 끼친다. 도킨스는 공생적 침입자와 기생충 간의 차이에 관해 대단히 흥미로운 설명을 하고 있다. 기생충은 자기 마음대로 빠져나갈 계획을 세운다. 그러나 다른 침입자들은 숙주의 배설이나 출산과 같은 자연적인 기능과 시스템을 통해 빠져나간다. 기생충은 숙주의 자연적인 기능들을 헤집고 다니며 망치거나 해를 끼치면서 빠져나가는 것이다.

도킨스는 기생충에 감염된 달팽이의 예를 들고 있다. 이 기생충 류(코클로리디움 과의 편충)는 달팽이의 촉수에 파고들어 부어오르게 한다. 이 부어오른 촉수들은 더욱 튀어나와서 특정한 새에게 "맛있는 한 끼 식사"처럼 보인다. 달팽이는 새에게 잡아 먹히고, 그 편충은 이제 더 큰 숙주인 새의 몸속으로 들어간다. 이것은 그 특정 기생충이 가진 생명 사이클의 일부이다.

만약 당신이 눈이 튀어나온 달팽이를 보고, 눈이 왜 그렇게 진화되었는지를 알고 싶다면 "왜 튀어나온 눈이 달팽이에게 이로운가?"라고 묻지 말아야 한다. 대신에 "도대체 누구의 이익을 위해 눈이 튀어나온 거야?"라고 물어야 한다고 도킨스는 말한다.

그리고 그 질문은 바로 기생충과 관련된 질문이다. 파괴적인 기생충들은 기업의 몸체 어디에도 존재할 수 있다. 그들은 소외된 개인들일 수도 있고, 심지어 힘있는 자리에 있는 개인들일 수도 있다. 그러나 자기 마음대로 빠져나갈 계획을 세우고 있다. "우리"의 정의를 조작하면서 다른 누군가의 전략을 이롭게 해주기 위해 힘을 행사할 수도 있다. 다른 나머지 사람들을 위험에 빠뜨리면서 자신만의 이력서를 보기 좋게 만들기 위해 상황을 조작하는 경영자는 기생충처럼 행동하는 것이다. 마찬가지로 회사의 한 사업부가 전체의 일부가 되는 것을 억울하게 생각한다면, 그 사업부는 전체 조직의 기생충이 되기 쉽다. 그러한 원망이 정당한 것이든 아니든 관계없는 일이다. 도킨스의 관점에서 보면, 이러한 모든 사람들과 하부 시스템들은 숙주인 회사의 자연적인 기능들을 희생물로 삼아 자신의 이익만을 추구하고 있는 것이다.

만약 어떤 회사가 스스로를 망치는 행동을 하면 "이러한 행동이 어째서 회사를 위한 것인가?"라고 묻지 말고, "도대체 누구의 이익을 위해 이 같은 파괴적 행동을 하는가?"라고 물어야 한다. 그것은 회사를 단지 5~6명의 고위층 사람들의 것으로 정의하면서 권력을 남용해 온 소집단인가? 아니면 제휴업체, 사업부, 또는 노조라 불리는 거대한 기생 달팽이인가?

이러한 생물학적 관점은 좋은 행동과 나쁜 행동을 구분하지 않는다. 예를 들어, 관대함이 아주 낮은 기업이 있다고 하자. 이 조직은 사업 방식을 개선하기 위해 컨설턴트들을 고용했다. 이제 새로운 사람들과 아이디어들이 조직의 행동을 개방적으로 만들고 생존 기회를 높이려는 의도를 갖고 이 회사로 유입된다.

이러한 의도는 틀림없이 좋은 것이다. 그러나 기존의 (관대하지 못한) 구성원들에게는 이 침입자들의 행동이 나쁘고 기생적으로 보일 것이다. 그러면 이 기업의 면역 시스템이 가동될 것이다. 체온이 급상승할 것이고, 킬러 세포들은 침입자의 아이디어들을 죽여버릴 수도 있다. 이런 일이 일어났을 때, 그 아이디어들의 질을 비난하는 것으로 간주해서는 안 된다. 그것은 숙주 시스템의 면역 메커니즘이 강력해서 일어난 일이다.

기업의 공생

통상적으로 우리는 침입자들을 기생충으로 생각하고, 기생충은 숙주를 약화시키려는 의도를 갖고 들어온다고 간주한다. 그러나 언제나 그런 것은 아니다. 들어올 때 모든 침입자들은 동일한 선택권을 가지고 있다. 즉, 공생적 관계를 가질 것인지, 기생적 관계를 가질 것인지를 선택할 수 있다. 실제로 조직의 기생충들과 공생적 관계를 조성할 수 있는 많은 방안들이 있다. 그러한 관계들을 이해하기 위한 결정적인 질문은 이것이다. "다른 사람들이나 하위조직들이 충성심을 보이지 않을 때에도 왜 어떤 사람들이나 하위조직들은 서로에 대한 집단적 충성심을 가지고 일하는가?"

도킨스는 이 질문에 대해 스턴이 과거에 했던 바와 같이 대답한다. "자신의 운명을 숙주 기관과 같이 했을 때 이득을 보는 모든 구성원들은 협력할 것이다." 그들은 전체 조직이 하나의 일관된 목표를 가진 단일체로서 행동하도록 만들기 위해 함께 노력할 것이다. 따라서 구성원들과 기생충들 간의 주요한 차이는 그들이 빠져나가는 방식과 관련 있다. 구성원들은 은퇴를 할 것이고, 기생충들은 달

콤한 시간을 즐기다가 전혀 다른 길로 빠져나간다.

이러한 조건 하에서 기업의 건강을 지켜야 하는 경영자들의 책임은 분명하다. 예방약을 준비하고 서로 협력할 수 있는 맥락을 설정해야 한다. 새로운 구성원이 들어오면 이곳에는 공유가치 시스템 shared value system이 있다는 점을 분명히 해야 한다. 새로운 구성원이 그 시스템에 들어오면, 6장의 '흐름에 참여하기: 채용 정책' 부분에서 논의했듯이, 목표들의 장기적 조화에 기초한 계약이 있음을 주지시켜야 한다.

이러한 방법을 통해 기업은 새로 들어오는 사람들에게 기생충이 되기보다는 구성원의 자격을 얻을 수 있다는 최상의 확신을 주게 된다. 돈은 인센티브로서 충분하지 않다. 만약 급여와 보너스 수준이 회사와 개인 간의 계약에서 유일하거나 가장 중요한 조건이 된다면, 더 많은 돈의 유혹이 기생충 같은 행동으로 이어질 확률이 높아진다. 이는 더 높은 보수를 받는 직위에 있는 사람들에게 더욱 그러할 것이다. 기생충의 입장에서 볼 때, 회사의 경영자라는 자리는 가장 영양가 있는 자리이다!

사실상 돈에 대해서는 많은 주의가 필요하다. 살아있는 기업에서는 더욱 그러하다. 모든 비즈니스맨들이 알고 있듯이 돈은 기업 내에서 갖는 역할들만큼이나 많은 매력을 지니고 있다. 돈은 기업이 자원을 얻는 수단으로 쓰인다. 기업은 돈을 가지고 사람들에게 보수를 지불하고 주주들에게 수익을 나누어준다. 돈은 약탈자들과 기생충들을 끌어들이는 살아있는 피일 수도 있다. 그러나 돈은 또한 기업의 일생에 걸친 진화에서 매우 중요한 역할을 수행한다. 이제 우리의 관심을 다음 장으로 이어가보자.

Evolution

제4부

진화

10
보수적 자금조달

'기업의 생태학'에 대해 다룬 제3부에서는 개방성과 학습이 기업의 장수와 생존에 필수적인 조건들을 만들어낸다는 사실을 설명했다. 개방성은 학습을 향상시킨다. 학습 능력이 없다면, 기업은 예측이 어려운 세계에서 효과적인 "진화"를 기대할 수 없다. 진화는 기업의 발전 과정이며, 이에 적절히 대응하는 경영자들은 진화의 속도와 방법에 영향을 미칠 수 있다.

우리는 기업의 생존과 진화에 있어 돈의 역할이 매우 중요하다는 것을 직관적으로 알 수 있다. 기업은 돈이 있어야 자원들(과 시간)을 살 수 있고, 이는 기업이 더욱 빨리 진화할 수 있게 해준다. 더욱이 기업을 돈 버는 기계로 생각하는 사람들은 기업 진화의 성공을 기업이 경쟁자들보다 얼마나 더 많은 돈을 벌 수 있는지로 측정한다.

마찬가지로 기업가들의 성공은 일반적으로 수익의 규모나 주주 배당액과 같이 그들이 벌어들인 돈의 양으로 측정된다.

만약 돈의 양이 기업 성공의 제1의 척도라면, 어떤 기업도 충분한 현금을 가질 수 없다는 것은 분명하다. 하지만 그것이 돈의 유일한 역할인가? 돈이 기업의 진화를 통제하는 데도 관여할 수 있을까? 너무 많은 돈을 보유하는 것은 빠르거나 불균형한 성장과 발전으로 이어지게 될까? 또는 돈이 개인 구성원들(또는 기생충들)에게 너무 많이 빠져나감으로써 기업에 너무 적은 돈을 남겨두는 것은 기업의 생존 가능성을 약화시키게 될까?

많은 사람들은 돈의 불균형적 배분이 기업의 미래 생존 능력을 상당히 위협할 수 있다는 주장에 즉각 동의할 것이다. 하지만 그런 일이 얼마나 쉽게 행해지고, 어떤 형태로 일어나는지는 베어링 벤처 펀드의 경영 파트너인 딕 오니안스Dick Onians가 1994년 영국왕립예술원에서 했던 연설에 의해 설명된다. 베어링 사는 지난 10년 동안 약 200여 개의 창업 기업들에 투자해왔다. 그러나 이 중 40개 기업들 정도만이 이익을 내는 지속가능한 기업들로 발전했다. 나머지 160개 기업들 중 20%는 곧바로 문을 닫았고, 다른 120개 기업들은 대기업에 인수되거나 경쟁자와 합병하거나 소규모 자영업 수준으로 축소되었다.

결국 그들이 살아남는다 해도 자신들이 추구해 온 모습을 유지하기가 어려웠다. 이 신생 기업들의 높은 사망률을 이해하고 얼마 안되는 성공기업들의 성공 요인을 밝혀내기 위해 오니안스는 성공 기업과 실패 기업을 각각 10개씩 선정하여 조사했다. 그가 알아낸 바로는 마케팅이나 전략적 포지셔닝, 제품 개발은 중요한 요소들이었지만, 또 다른 요소들에 비해 부차적인 것들이었다. 기업의 존망은 그들의 자원인 사람, 정보, 돈을 어떻게 관리하는가에 달려 있었다.

앞서 우리는 기업들이 그들의 정보(제1부)와 사람들(제2부와 제3부)을 어떻게 경영하는지를 살펴보았다. 그러나 돈의 본질에 대해서는 특히나 잘못 이해되고 있다. 모든 살아있는 실체들은 소비를 한다. 그리고 큰 기업의 경우 소비된 것을 측정하는 방법으로 돈이 사용된다. 이러한 역할의 결과로서, 한 기업의 자금조달은 잘 관리될 경우 살아있는 기업의 성장과 진화의 통제자governor가 된다.

여기에서 통제자라는 말은 국가의 리더나 권위주의적 지도자와 같은 정치적 의미로 사용된 것이 아니다. 기업의 자금조달은 조절자라는 의미의 통제자이다. 마치 용광로의 밸브처럼 연료의 흐름을 조절하여 열을 간접적으로 통제한다는 의미이다.

오니안스가 연구한 창업 기업들의 경우, 자금조달은 현금의 유입을 조절하고, 그럼으로써 간접적으로 기업의 성장을 조율하는 통제자 기능을 수행한다. 자금조달의 방법으로는 스스로 현금을 창출하는 것 이외에, 오직 세 가지 방법이 이용 가능했다. 돈을 빌려오든지, 주식을 발행하든지, 아니면 두 가지 방법을 혼합하는 것이었다.

창업 자금을 조달하기 위해 차입을 하는 것은 정말 참기 어려운 유혹이었다. 오니안스가 말했듯이, 그것은 창업자로 하여금 기업에 대한 통제력을 유지할 수 있게 해주기 때문이다.

> 차입한 돈으로 경영을 하면 경영자가 대부분의 주식지분을 소유할 수 있다. 실제 이론적으로는 100%를 유지할 수도 있다. 따라서 지배적인 지분을 유지함으로써 경영자는 스스로에게 급여, 보너스, 수당, 연금, 심지어는 배당 몫까지 다른 주주들이나 이사회의 간섭 없이 지급할 수 있다.[2]

이는 창업을 하는 그럴듯한 방법으로 보인다. 은행에서 돈을 빌리고, 이자를 갚으며, 축적된 모든 부를 핵심 창업 멤버들끼리 나누어 가질 수 있기 때문이다. 또한 초창기에는 빌려온 돈을 가지고 목표를 성취할 수 있는 것에 대한 제약이 비교적 적다.

그러나 그 결과들을 생각해보라. 오니안스와 그의 동료들의 연구 결과를 보면 다음과 같다.

> 높은 부채, 고비용, 적은 외부 투자자금을 가진 창업자들은 자체 자금에 주로 의존하고 있는 창업자들에 비해 성과가 훨씬 낮았다. 실패한 기업들 10개 중 9개가 단기 부채에 크게 의존했다. 이 중 5개 기업들에서는 소위 "친구들"이라고 불리는 은행들이 지원을 끊어버리고 사업의 청산 조건을 일방적으로 결정했다.[3]

성공한 10개의 기업들에서는 전혀 양상이 달랐다. 훗날 그들 모두 대단한 글로벌 기업들이 되었다. 10개 중 8개 기업들은 채무가 전혀 없었고, 항상 그렇게 운영해왔다. 돈을 빌린 적이 있는 2개의 기업들도 단기적 필요 때문이었고, 즉시 빚을 갚았다.

결국 보수적인 자금조달은 단순히 빚이 적어 행복한 이전 세대들의 자부심만은 아니다. 그것은 오래도록 생존하기를 바라는 기업의 필수 조건처럼 보인다. 기업들이 자신의 자금조달에 "귀기울이는" 법을 알 때, 그들은 장수하는 자연적 진화의 길로 들어설 준비가 된 것이다.

진화의 통제자로서의 돈

장수 기업에 관한 쉘의 보고서에서도 우리는 유사한 점들을 발견했다. 평균 수명을 넘긴 거의 모든 기업들이 자금조달에 보수적인 접근방법을 취했다. 만약 빚이 있을 경우, 그들은 차입이나 자본 투자에 대해 엄격할 정도로 조심스러웠다. 한마디로 그들은 돈을 적립해 두는 것의 가치를 알고 있었다.

처음에는 자체 자금을 비축할 때까지 기다림으로써 기업의 성장 속도를 제한하는 것이 모순적으로 보일 수 있다. 성장 단계에 있을 때 기업이 돈을 빌리고자 한다면 이론상으로는 아무런 제약이 없다. 성장 기업은 자신의 비축 자금이나 투자자들로부터 거둬들인 자금에 의존하지 않아야 하는데, 그로 인해 돈을 얼마든지 빌릴 수 있는 선택권을 갖는다. 이는 분명 혁명적인 변화를 가능하게 해준다. 그 결과들은 더 드라마틱하며, 그 변화도 실제로 더 효과적일 수 있다.

그러나 차입이나 M&A를 통한 성장은 매우 위험하다. 이유는 그것이 어떤 제약도 받지 않기 때문이다. 어느 순간에 시계추는 바뀌게 마련이다. 부채를 신경 써야 하기 때문에 "적립된 돈을 갖고 있는 것"에서 오는 선택권을 잃게 된다. 당신은 더 이상 자신의 순간을 선택할 수 없게 된다.

장수 기업들은 현금을 가지고 있다는 것이 경쟁자들은 그렇지 못할 때, 행동의 유연성과 독립성을 갖고 있음을 의미한다는 사실을 알고 있다. 자신들의 사업을 유기적으로 구축해놓았기에, 그들은 자신들이 내린 결정의 매력에 대해 제3의 자금 제공자들을 확신시킬 필요 없이 기회를 움켜쥘 수 있다. 그들은 심지어 재무적으로 완벽하게 따져볼 필요 없이 사업 결정을 할 수도 있다. 손에 쥔 현찰은 스스로를 타이밍의 주인으로 만들어준다.

이런 식으로 보수적인 자금조달은 기업의 진화 속도를 적정한 규모로 유지시켜주는 통제자의 역할을 수행한다. 그것은 반드시 작은 규모를 의미하지는 않는다. 콜린스와 포라스의 연구에 의하면, 휴렛패커드의 경영자들은 장기부채를 얻지 않는다고 한다. 겉보기에는 합리적이지 못한 정책 같지만 그렇지 않다.

> HP는 성장에 필요한 자금을 장기부채를 통해 조달하길 거부함으로써, 연평균 20% 성장에 필요한 자금을 전적으로 내부에서 마련하는 방법을 배우도록 스스로를 강제했다. 이러한 메커니즘은 자금 압박을 받고 있는 소규모 기업에서나 볼 수 있는 수준의 경비절감과 효율성으로 무장한 경영자들을 가진 기업을 만들어 냈다.[4]

진화의 모델을 따르는 데 있어 보수적인 자금조달이 큰 도움이 되며, 심지어 필수적일 수도 있다. 사업가들의 인생은 거부할 수 없는 유혹들로 가득 차 있다. 그 중에서 가장 견디기 어려운 유혹은 아마도 성급함impatience일 것이다. 우리는 종종 기업의 장기적 건강을 희생시키면서, 획기적인 단기 성과를 통해 빠른 성장을 촉진하는 권한을 가진 자리에 오를 때가 있다. 이러한 성장에 부정적 결과가 있다고 할지라도 몇 달 또는 몇 년 이내에는 감지되지 않는다. 그래서 우리는 진화보다는 혁명을 선택하게 된다. 기업을 구축해가

기보다는 한탕의 모험을 시도하게 된다. 결국 도박을 하는 것이다.

그러나 훌륭한 사업가들은 도박사가 아니라 그 정반대이다. 그들은 자신들이 경영하는 기업의 청지기이자 관리인이다. 보수적인 자금조달은 그들을 도박의 유혹에서 벗어나게 해준다.

내가 강연에서 이러한 점을 지적할 때면 언제나 청중들 중 절반은 이내 고개를 끄덕인다. 기업의 돈줄을 관리해온 경영자들이라면 보수적인 자금조달이 얼마나 고귀한 일인지를 잘 알고 있다. 그런데 왜 많은 경영자들이 이를 실천하는 데 그토록 어려움을 겪고 있는 것일까? 나는 그러한 어려움이 기업의 성공에 대한 우리의 정의에서 시작된다고 본다.

기업 성공의 척도로서의 돈

"경제적 기업", 즉 기업의 존재 목적을 이윤과 자산의 극대화에 두고 있는 기업에서는 성공의 기준이 분명하다. 더 크게 성장할수록 더 많은 자산을 통솔할 수 있다. 자원을 적게 쓸수록 더 많은 이윤을 산출할 수 있다. 이와 같이 경영관리에 관한 주류학파는 기업의 성공을 순전히 수입, 시장 점유율, 주식가치, 또는 수익의 극대화라는 양적인 측면에서 측정한다. 〈파이낸셜 타임스〉 100대 기업 또는 〈포천〉 500대 기업과 같은 서열도 그와 같은 성공의 상징이며, 경영자들은 기업을 더 크게 성장시켜야 그 반열에 들 수 있다.

이러한 기준들은 기업이 돈을 만들어내는 기계라는 개념에서 파생된 것이다. 돈 만드는 기계를 경영한다는 것은 편안한 느낌을 준다. 이는 기업이 합리적이고, 계산할 수 있고, 또한 통제 가능하다는 생각을 하게 만든다. 따라서 경제적 기업은 1950년대에 내가 다닌 경영대학 교수들이 말한 경제인Homo economicus에 상응하는 것이다. 즉, 경제인은 완벽하게 합리적인 존재로서 자기 이익에 기초해 선택을 한다. 그리고 실제 삶에 있는 어떤 것과는 전적으로 무관하다.

그러나 건강한 기업은 성공을 돈이나 이윤의 측면에서 측정하지 않는다. 예를 들어, 콜린스와 포라스가 행한 연구에서는 성공의 요인들에 저비용 마케팅, 첨단 기술력 확보, 또는 고부가가치 생산자가 되는것과 같은 성공의 경제적 척도들이 포함된다는 어떤 암시도 없다. "이윤 극대화를 최우선 목표로 삼는 것"조차 우선순위가 매우 낮은 것으로 분류되었다."[5]

이보다도 10년 먼저 쉘의 장수 기업 연구자들은 성공적인 장기 생존 기업을 묘사하기 위해 딱딱하지 않은 비경제적 용어들을 사용했다. 우리는 이러한 기업들이 "자금조달에 보수적이고, 직원들은 회사와 일체감을 느끼며, 경영진은 관대하고 그들이 살고 있는 세상에 대해 민감하다"라고 썼다.

70년 전에는 윌리엄 스턴William Stern도 모든 살아있는 시스템의 기본적인 원동력은 고유한 잠재력의 발전이라고 서술했다. 쉘에서 우리가 연구한 장수 기업들은 바로 이러한 원동력을 이해하고 그 요구에 부응하는 것처럼 보였다.

기업의 실물과 자산, 정책과 실행 등 기업에 관한 모든 것들은 살아가는 한 방편이다. 이 중 어떤 것들도 기업의 목적이 아니다. 기업에 있어 성공이란 기업이 추구할 수 있는 최상의 존재로 진화해가는 것이고, 그 과정에서 살아남기 위해 하고 있는 일에 능숙해지는 것을 의미한다.

쉘의 목적은 석유를 배급하는 것도, 에너지를 생산하는 것도 아니다. 심지어 산업사회의 물질적인 부와 능력을 향상시키는 것도 아니다. 쉘은 자신의 지상 목표를 달성하기 위해 이윤을 만들어내는 활동에 능숙해야 한다. 그 목표는 생존이고, 진화해가는 사회가 필요로 하는 새로운 역량을 개발하는 것이다. 쉘은 "석유를 퍼내기 위해 존재하는 것"이 아니다. 우리는 존재하기 위해서 석유를 퍼낼 뿐이다.

이러한 관점은 지금까지 기업들에 관해 말해지고 쓰여진 수많은 주장들에 배치되는 것이다. 그러나 이는 기업들이 행동하는 방식과 매우 일치한다. 그것은 또한 대부분의 경영자들이 그들 기업의 궁극적인 목적에 대해 생각할 때 머릿속에 떠오르는 것과 매우 일치한다. 경영자들이 기업의 목적을 사명선언문의 형태로 만들기 위해 곰곰이 생각할 때, 그들은 상당히 높은 추상화의 단계로 뛰어오른다. "브리티시 가스British Gas는 영국에서 천연가스를 공급하는 기업이다"라는 문구는 재빨리 "브리티시 가스는 세계적인 에너지 기업이다'로 대체되었다.

사명선언문이 추상적인 언어로 작성되고 나면, 그것이 무엇을 말하는지가 모호하기 때문에 이따금 비판의 대상이 된다. 그러나 이러한 추상화의 현상은 주목할 만한 가치가 있다. 그것은 기업들마다 일관성이 있는데, 분명 그 이유가 있을 것이다. 내가 생각하기에 그 이유는 모든 사업가들이 잘 알고 있듯이 사업에 대해 너무 좁게 정의를 내리게 되면 문자 그대로 생명을 위협하게 된다는 것이다.

기업이 장기적으로 생존하려면 지금 현재 하고 있는 비즈니스의 측면에서 정의되어서는 안 된다. 쉘 연구에서 보듯이 장수 기업은 오랜 기간에 걸쳐 자신들의 사업 영역들을 여러 차례 바꾸어야 할 수 있다. 더욱이 장수 기업은 생존에 필요한 선택 대안들을 개발하기 위해 장기적 능력 개발에 대한 재투자를 주주에 대한 배당보다 우선하는 시기를 거쳐야 할 수 있다.

한마디로, 장기적 생존 기업은 자신의 삶을 경제적인 측면이 아니라 진화의 측면에서 정의한다. 즉, 그것은 기업과의 계약에 동참한 모든 사람들을 포함해 전체로서 조직이 발전하는 것이다.

기업에 대한 경제적 정의와는 아주 다른 목적의식을 가지고 사는 것은 신선한 시도일 수 있다. 예를 들어, 그것은 참을성을 갖고 기업을 경영하게 한다. 인간 삶의 시스템과 기업 시스템에서 진화는 오랜 기간에 걸쳐 발생한다. 그러나 역설적으로, 이러한 길고 느린 과정이 오히려 조직이 지닌 잠재력의 개발을 위한 조건을 창출하면서 환경변화에 상대적으로 더 빠른 적응을 가능하게 한다.

그러나 나는 모든 기업들이 이러한 원칙에 따라 살아야 한다는 것을 주장하는 것은 아니다. 많은 기업들과 경영자들은 경제적 기업들로 있으면서도 번영해왔다. 특히 그들이 자신들의 외부 환경을 스스로 통제할 수 있는 곳에서 그러했다. 내가 주장하는 것은 경영자들이 어떤 유형의 기업을 경영하고 있는지에 대해 정확한 인식을 가져야 한다는 점이다. 경제적 기업의 관행을 따르면서 살아있는 기업의 아이디어를 접목시키는 것은 아주 위험할 수 있다. 왜냐하면 한 유형의 기업에 적합한 경영 관행들은 다른 유형의 기업과는 양립할 수 없기 때문이다. 결국 이 두 가지 기업 유형들 중 어느 쪽을 선택하느냐는 최고경영자가 지지하는 수사적 표현의 문제가 아니라, 기업이 자신의 정보와 사람, 그리고 자금조달을 경영하는 방식의 문제이다.

이러한 측면에서 기업의 성장 개념을 바라보아야 한다. 경제적 기업에서 성장은 분명 좋은 것이다. 그러나 보수적인 자금조달자는 성장의 속도와 질에 관심을 갖는다. 성장이 기업의 진화에 기여할 것인가? 주변 환경과 조화를 이루면서 최고가 되기 위한 발전에 기여할 것인가? 만약 그렇지 않다면 성장은 성공적인 것으로 간주되지 않을 것이다.

기업 현실에 대한 표현으로서의 돈

지난해의 문제들에 대한 해결책을 최근에야 문서로 정리해놓은 대부분의 기업 매뉴얼들처럼 법은 현실에 훨씬 뒤처지는 경향이 있다. 예를 들어, 50년 전에 은행들이 행동했던 방식과 오늘날 은행이 곤경에 처한 기업들을 다루는 방식들 사이에는 현저한 차이가 있다. 그러나 기업파산법들은 아직도 이미 오래 전에 없어진 50년 전의 은행 관행에 근거를 두고 있다.

더욱 심한 것은 경영자들의 역할에 대한 현행 법규들과 법 이면에 있는 사회적 태도이다. 많은 서방 국가들의 기업관련 법규들은 자본의 공급자이자 자산의 소유자인 투자자들을 궁극적인 권력을 행사할 수 있는 사람들로 규정해놓고 있다. 즉, 그들에게 기업의 생사를 결정할 수 있는 권력을 부여하고 있다. 경영자들은 다른 모든 것에 우선해서 자본을 최적화하게 되어 있다. 그렇지 않을 경우 그들은 손해에 대해 책임을 져야 한다.

그러나 주주의 권리에 최우선권을 부여한 이 현행 법규들은 인적요소들이 단순히 자본 자산들의 확장이라는 기본 가정에 근거하고 있다. 결국 경영자들이 현재의 자본자산의 최적화만을 염두에 두다 보면 기업의 생명을 단축시키는 심각한 위험을 무릅쓰게 된다.

이것이 오늘날 가장 큰 딜레마들 중의 하나이다. 그리고 지각 있는 최고경영자들은 그것을 잘 알고 있다. 그들은 공동체의 가치와 신뢰구축의 가치를 인정한다. 그러나 정작 그들은 이러한 가치에 대해 대화하기를 꺼린다. 그들은 두 개의 명제, 즉 법에 의해 만들어진 외부 현실과 가장 핵심적 요소로서 지식에 의한 경영에 대한 내부적 요구 사이에 갇혀 있다. 많은 CEO들은 회사 내부에서 전혀 다른 현실에 직면하면서도 공개적으로는 외부 현실을 이야기함으로써 대처한다.

살아있는 기업에서의
새로운 지배 양식

은행은 돈의 공급자인 것처럼 주주는 자본의 공급자이다. 양자는 법적인 지위도 다르고, 다소 다른 형태의 보상을 받는다. 주주는 이자 대신에 배당을 받는다. 그리고 자신들의 주식을 이익을 보거나 손해를 보면서 팔 수 있다. 주주가 공식적으로는 기업의 "소유주"이지만, 그들의 기능적 역할은 (기업의 관점에서 볼 때) 단지 돈의 공급자들일 뿐이다. 그들은 주식을 갖는 대신 현금을 제공한다.

현재의 법체계에서 경제적 기업들의 경우, 돈의 공급자로서의 그러한 역할은 주주가 기업의 소유자가 되는 데 필요한 전부이다. 결국 경제적 기업은 자본이 가장 중요한 자산이고 주주는 가장 중요한 자산의 공급자인 환경 속에 존재하고 있다.

경제적 기업의 경영자들은 자신들의 성공이 결과를, 그것도 빨리 보여주는 데 달려 있다는 것을 알고 있다. 그들은 주주나 다른 외부인들(법적, 정치적 규제자)로부터 엄청난 재촉을 받는다. 경영자들은 장기적인 잠재력을 구축하기 위해 기업에 재투자해야 한다거나 진화를 위한 선택안을 확보하기 위해 현금을 비축해야 한다는 말을 자유롭게 공개적으로 할 수가 없다. 그들은 "자! 보십시오. 앞으로 잘 될 때도 있고 안 될 때도 있을 것입니다. 그러나 10년이나 20년 뒤에 회사는 지금보다 훨씬 더 많은 배당을 드릴 수 있을 것입니다"라고 이야기하는 것을 어려워한다.

비록 일부 주주가 우호적이었다 할지라도 회사는 법적으로 취약해질 것이다. 더욱 심각한 것은, 회사가 자신을 강제로 인수하려는 약탈자의 시도에 무방비 상태라는 사실이다. 투자에 참여하는 많은 사람들은 장기적인 미래에는 관심이 없다. 그들은 현재의 가치로 거래를 한다. 자본에 대한 할인 계수discount factor가 너무나 높아서 지금으로부터 20년은 주주들에게 실질적으로 가치가 없다.

그러나 살아있는 기업들은 주주들과 이러한 관계를 맺을 수 없다. 살아있는 기업에게 돈의 공급자는 외부 환경의 다른 이해관계자들(노조, 공급자, 고객, 주주, 정부, 지역사회 등)과 다를 것이 없다. 그들 모두는 외부 환경의 매우 중요한 세력들이다. 기업은 그들 모두와 조화롭게 지내야 한다. 그러나 그들은 구성원들이 아니다. 그들은 기업의 인격체의 일부도 아니다. 그들에게 복종하는 것이 반드시 기업의 최상의 이익에 부합하는 것은 아니다.

그러나 기업은 외부 환경의 핵심 부분들인 주주들과 끊임없는 대화를 해야 한다. 불행하게도 그와 같은 대화들이 현재의 시스템에서는 거의 드물다. 전통적으로 주주들과 경영자는 서로 대화를 나누지 않는다. 심지어 51%의 주식을 인수한 새로운 소유자도 이전 체제의 경영자들과 깊은 대화를 나누지 않는다. 새로운 소유자는 단지 들어가서 명령한다. 대주주는 그러한 법적인 힘을 갖고 있으며, 살아있는 기업의 인격체는 이에 대항할 수가 없다. 결국 새로운 권력자는 구 기업의 구성원이 아닌 것이다. 그는 그 강물의 어느 지점에도 들어온 적이 없고, 회사 내 다른 사람들에게 신뢰를 주지도 얻지도 않았다. 그는 단지 그 시스템을 사버린 것이다. 그는 감염자일 것이며, 구 시스템은 저항하거나 죽음으로써 대응할 것이다.

이러한 조건 아래서 많은 최고경영자들이 강물기업을 경제적 기업으로 바꾼다. 그들이 고의로 파괴하려는 것은 아니다. 그들은 단지 이러한 심각한 딜레마에 대응해서 최선을 다하고 있을 뿐이다. 주주들과 외부 기관들이 경영자들의 성과에 대해 질문할 때, 그들은 공동체를 발전시키기 위한 노력에 대해서는 묻지 않는다. 기업의 장기적인 전망에 대해서도 묻지 않는다. 그들이 묻는 것은 "자본수익률이 얼마입니까?" "자본을 지나치게 투입한 것 아닙니까?" 또는 "생산성이 어떻게 됐습니까?" 등이다. 주주들은 많은 경우 공동조직의 구성원으로서 경영자들과 의사소통이 없기 때문에 기업의 장기적 발전을 희생시키면서 투자자산에 대한 신속한 회수를 강요하는 어떤 압력도 가할 수 있게 된다.

이러한 상황을 한 기업이 바꾸기에는 역부족일 것이다. 주주와 경영자 간의 관계가 기업의 현실을 그대로 반영하지 못할 수도 있다. 그러나 법에는 명시되어 있다. 그만큼 법은 시대착오적이다. 법은 제2차 세계대전 이전의 상황들을 작년에 법제화 해놓은 것과 같다. 당시에 자본은 희소자원이어서 그 사용을 최적화하기 위해 특별한 보호와 경영적 관심을 받을 만했다.

그후 50년이 지나는 동안 자본의 희소성은 훨씬 완화되었다. 또한 자본 공급자들의 특성도 바뀌었다. 최초의 저축을 하는 개인들과 저축된 자본을 최종적으로 얻는 상업 기관들 사이의 연결이 반세기 전에 비해 훨씬 덜 직접적이 되었다. 오늘날 주주 권력의 많은 부분을 대형 은행이나 연기금 같은 기관들이 갖고 있고 그들은 자기 조직의 이익을 추구한다. 그리고 이러한 이익은 해당 기업에게는 상당히 쉽게 해가 될 수 있다.

기업의 현실과 기업 소유권에 관한 법적 의제legal fiction 사이에서 빚어지는 긴장은 매일 신문을 읽다 보면 분명하게 알 수 있다. 일부 기업들은 법적 의제에 따라 행동하면서 자산 확보나 이윤 증대를 위해 수천 명의 사람들을 희생시킨다. 또 다른 기업들은 기업 현실에 초점을 맞추어 그들을 구하기 위해 수백만 달러를 단념하기도 한다. '자산을 희생할 것인가, 사람들을 희생시킬 것인가' 라는 선택의 기로에서, 그 기업은 법이 허용하거나 때때로 요구까지하는 자동적인 우선권을 자본 요소에 주지 않는다. 이는 경영자들이 사회적으로 의식이 있거나 사람들을 배려해서가 아니라, 사업상 타당하기 때문이다. 자신의 인재들과 함께 위기를 헤쳐나가는 기업은 자본 공급자들과 직원들 모두에게 훨씬 더 나은 결실을 가져다주겠다는 진정한 약속을 이행한다. 그러나 이러한 현실에 따라 행동하는 경영자들은 스스로 법 앞에 취약해지고 만다.

국가의 법체계는 이러한 주제들이 공개적인 논의를 통해 정리된 뒤에야 비로소 새로운 시대의 현실을 반영하기 시작할 것이다. 이 과정은 시간을 요한다. 때로는 여러 해가 걸릴 수도 있다. 내가 이 글을 쓰면서 유감스러워하는 이유는 그 사이에 자본 공급자들에게 주어진 우월적인 법적 힘이 남용될 여지가 상당히 있기 때문이다. 더 많은 기업들이 기생충이나 약탈적 행동에 노출이 될 것이다. 사실상 이런 것이 기업들의 평균 수명을 낮추는 본질적인 이유가 될 수도 있다.

이 책을 읽는 많은 독자들이 주식 소유자들일 것이다. 그리고 우리 모두는 시민이다. 이러한 역할들 모두에서, 우리는 기업이 망하는 경우 치러야 할 대가에 대해 관심을 가져야 한다. 기업이 조기에 망하게 되면, 주주들은 물론 관련된 거의 모든 사람들이 상처를 입고 손해를 보게 된다.

왜 기업들이
망하게 내버려 두지 않는가?

몇 년 전 살아있는 기업에 관한 강연을 끝내고 난 뒤 네덜란드 TV의 한 기자로부터 질문을 받은 적이 있었다. "쉘이 살아남아야 하는 것이 왜 그렇게 중요합니까?"

그 질문은 나를 깜짝 놀라게 했다. 내게는 기업들이 생존을 추구하는 것이 아주 당연한 것이었다. 나는 내 인생에서 그 외의 다른 어떤 것도 본 바가 없었다. 기업들은 가능한 한 오랫동안 생존하고 성장하려고 고군분투한다.

그러나 그 기자는 기업의 의도에 관해 묻고 있는 것이 아니라 그 가치에 대해 묻고 있었다. 쉘이든 다른 어떤 기업이든 무엇이 그렇게 특별해서 세상에 계속 남아 있어야 하는가? 사람들을 위한 그 기업의 유용성이 감소하거나 사라진 경우 왜 계속해서 존재해야만 하는가?

이러한 질문은 기관투자가들과 기업사냥꾼들이 기업을 사서 여러 개로 분할하는 것을 찬성하는 이 시대에 나름 적절해 보인다. 우리도 자동차의 생명이 다하면 폐기하지 않는가? 그런데 왜 기업은 폐기하면 안 되는가?

그 기업이 경제적 기업이라면 이 질문은 옳은 질문이다. 그 기업은 제품을 생산하는 기계이거나, 돈과 이윤을 산출하는 기계이다. 그리고 기계는 그 쓰임새가 다하면 폐기될 수 있다.

그러나 그 기업이 살아있는 기업이라면 그것은 그 안에 사람들의 공동체를 가진 하나의 인격체이다. 그리고 대부분의 사람들은 인격체나 공동체를 폐기하는 것이 윤리적으로 옳다고 생각하지 않는다.

모든 살아있는 존재들은 살 권리가 있다. 순전히 생물학적 차원에서는 이러한 질문을 던질 수조차 없다. 살아있는 자는 천부적으로 살 권리를 갖고 있는 것이다.

사실, 기업들은 살고자 하는 내적 의지가 대단하다. 우리는 기업이 자살하려고 한다는 말을 거의 듣지 못한다. 그러나 자살할 수도 있다. 이때 필요한 전부는 자산을 청산해서 그 몫을 주주들에게 되돌려주는 것이다. 청산시 기업의 몸체는 문자 그대로 유동 자본으로 전환된다. 나는 기업의 이러한 의도적인 행동이 비율상 인간들의 자살보다 훨씬 덜 자주 일어난다고 본다.

기업이 품위있게 자살할 수 있으리라는 것은 생각하기 어렵다. 실제로 청산이라는 의제가 제기되면 대부분의 이사회들은 논의를 거부한다. 그들은 기업이 본질적으로 생존의 목적으로 충만해 있다는 사실을 알고 있다.

때때로 기업을 주주들에게 돌려준다는 명목으로 부분적인 자살이 고려되기도 한다. 1980년대 초 엑슨의 경영자들은 1년간 회사돈 25억 달러를 써가면서 자사 주식을 사들여 주가를 끌어올렸다. 그들은 많은 돈을 비축해두고 있었지만 그것을 어떻게 자신들의 핵심 사업에 수익성 있게 투자할지 알지 못했다. 어쩌면 올바른 비유는 자살 시도가 아니라 완만한 소멸이다. 그리고 엑슨은 이러한 일을 벌여도 괜찮을 만큼 크고 부자이다. 그러나 다른 기업들이 이러한 일을 한다면 단순히 쇠약해지는 것이 아니라 생명이 위태로워질 것이다.

조직은 자신의 목표가 없어진다고 해도 계속 살아남으려는 성향이 강하다. 영국에 상당히 활동적인 반인종분리주의 단체가 있었다. 그들은 넬슨 만델라가 남아프리카공화국의 대통령이 되었을 때 대규모 집회를 열기도 했다. 그리고 이제는 분명 인종분리주의가 더 이상 위협적이지 않다. 그러자 이 단체는 국제적인 인종차별주의와 싸우기로 결정했다. 모든 것이 계속 살아남으려고 하는 것이다! 대부분의 기업도 똑같은 열정과 열의를 가지고 삶을 추구한다.

그러나 이러한 주장만으로는 네덜란드 TV 기자와 같은 사람들을 납득시키기에는 충분하지 않을 수 있다. 더욱 설득력 있는 주장을 하려면 기업을 일찍 죽게 내버려둘 경우 사회와 우리가 지불해야 할 비용을 살펴볼 필요가 있다.

기업 사망의 비용

기업이 사망할 때 무슨 일이 벌어지는지 생각해보자.

- 기업에 소속된 사람들의 공동체가 산산조각이 난다. 사람들은 직장을 잃고, 일 공동체를 상실한 채 떠돌아다닌다.
- 미래를 넘겨준 이전 세대에게 진 빚을 더 이상 갚을 수 없게 된다.
- 고객이나 공급자 같은 기업의 외부 구성원과 영원히 이별하게 된다.

이러한 기업 사망은 개발도상국가들의 경우 더욱 뼈아픈 문제이다. 대개 그곳에서는 사기업들이 국가 기간산업의 많은 부분들에 대해 책임을 지고 있다. 쉘은 몇몇 아프리카 국가들에서 그 나라에 필요한 석유의 약 3분의 1 이상을 공급하고 있었다. 우리가 만약 석유공급을 중단하면 그 나라의 사회구조는 와해될 것이다. 물론 다른 기업이 그 기능을 이어받을 수 있겠지만, 그것은 고통스러울 만큼 어려운 전환 과정을 수반하게 될 것이다. 특히 쉘의 폐쇄 이유가 그 국가에서의 활동 성과와 관련이 없다면 더욱 그러할 것이다. 그 충격은 그 자체로 그 국가가 벗어나기 어려운 것일 수 있다.

기업이 망하면 실제로 사람들이 슬퍼한다. 조기 사망은 그 주변에게 불필요한 고통을 안겨준다. 한 기업의 사망은 혼란, 가치관의 상실, 그리고 도덕적, 물리적 위험을 야기시킨다. 이는 사람들만이 아니라 다른 기업들에도 영향을 끼친다. 뉴잉글랜드의 제분소 지역이나 영국 미들랜드의 사양산업의 결과들을 보라. 60년 전 대공황의 와중에 영국의 작가인 프리스틀리J.B. Priestley는 그의 저서 『영국 기행English Journey』에서 기업이 영속해야 될 필요성에 대해 다음과 같이 썼다.

> 그 산업은 "합리화"되어야 했다. 그래서 국영 조선공사는 조선소들을 사들였고, "쓸모없어졌다"고 알려진 조선소들을 폐쇄했다. 스톡턴과 나머지 지역들은 새로운 기업들의 중심지로 부적합했다. 이곳들은 버려져 썩어갔다. 그리고 만약 한 가지 사실만 아니었다면, 그것도 그리 크게 문제가 되지 않았을 것이다. 왜냐하면 이 마을의 버려진 벽돌들과 모르타르들은 신성한 것들이 아니니까. 바로 썩도록 버려진 이곳에는 사람들이 살고 있었다. 그리고 그 사람들 중 일부 역시 썩어가고 있다.
>
> 그와 같은 사람들은 관심의 대상이 되지도 못했다. 그들은 어쩌면 낡은 장치의 조각들로 잘못 간주되어서, 녹슬고 부서지도록 버려졌을 수 있다. 당신은 스톡턴 조선소들이 "쓸모없어졌다"고 선언함으로써 나름 일을 훌륭히 해낸 것일 수 있다. 그렇다고 그곳에서 일해왔던 모든 사람들마저 "쓸모없는" 것인 양 주장할 수는 없다. 그 계획은 진정으로 중요한 유일한 요소, 즉 사람들을 전혀 고려하지 않았다.[6]

이러한 유형의 공동체 파괴는 흔히 자본주의의 고유한 문제이거나 다국적 기업의 어두운 면들로 묘사되어왔다. 그러나 이는 실제로는 살아있는 기업들이 경제적 기업들로 전락해서 망해갈 때마다 나타나는 현상들이다. 만약 기업들이 훨씬 더 오래 살아간다면 그러한 장면들을 훨씬 적게 보게 될 것이다.

기업의 조기 사망은 거의 틀림없이 주주들에게도 같은 손실을 입히게 된다. 50년간 극대화된 평균 수익의 현재가치는 200년간 중간 수준 수익의 현재가치에다 기업이 잠재력을 개발할 수 있는 모든 영역으로 활동을 확장하는 것의 가치를 더한 것보다는 훨씬 낮을 것이다.

이에 대한 강력한 증거는 "비전 기업들visionary companies"에 대한 콜린스와 포라스의 연구에서 밝혀진 바 있다.

> 비전 기업들은 탁월한 장기적 성과를 달성했다. 1926년 1월에 비전 기업의 주식에 1달러를 투자하고, 모든 배당금들을 재투자했다면, 현재 6,356달러로 자라났을 것이다. 이는 일반 주식시장 평균 수익보다 15배나 많은 것이다.[7]

이러한 측면에서, 기업들이 그들의 최우선 순위를 주주들의 투자 수익률에 두어야 한다는 주장에 대해 생각해보라. 15배나 많은 주주 가치는 수익을 최우선시하지 않은 결과이다.

기업 사망률의 감소는 모든 당사자들, 즉 구성원, 공급자와 계약자, 지역사회, 그리고 주주들에게 유익한 것이다. 만약 당신이 경영자라면 선택은 당신에게 달려 있다. 수익을 극대화하는 기계로서 기업을 경영하면서 30~40년 동안 존재할 것인가? 아니면 현재 하고 있는 일에 전문적으로 능숙해지고, 변화하는 세계와 조화를 유지하는 훌륭한 시민이 되도록 기업을 경영하면서 수십 년 더 오래 지속되고 주주들에게 더 많은 보상을 줄 수 있는 유산을 창조할 것인가?

11
권력: 누구도 지나치게 많이 가져서는 안 된다

　제2차 세계대전이 끝난 이래로 50년간 변화된 것은 자본의 회소성만이 아니었다. 기업 내부에서 권력이 행사되는 방식에 대해서도 심각하게 생각해보아야 한다는 증거들이 늘어나고 있다. 세계대전 직후에는 그것이 전혀 문제가 되지 않았었다.

　1945년, 내 고향인 로테르담의 심장부는 폭격에 날아가버렸고, 항구는 철저하게 파괴되었다. 대공황은 내 마음속에 여전히 생생했다. 당시 10대였던 우리 세대는 1930년대에 빵 배급을 타기 위해 길게 늘어선 줄을 기억했다. 우리는 한때 거대했던 기업들의 몰락을 기억했다. 그로 인해 직원들은 자존심에 상처를 입었고 미래에 대한 희망을 거의 잃고 말았다.

　해방의 희열 다음에 마샬 플랜이 뒤따랐다. 마샬 플랜은 현실주의와 이상주의의 견고한 결합이었다. 거기에는 불행한 위기의 재등장을 막기 위한 사회적 평등이 있었다. 도시와 항구, 공장들의 재건은 전후의 "새로운 시작"을 위한 부를 창출하기 위한 것이었다.

그 시기는 대단한 일체감을 불러일으켰다. 모두가 공동의 선을 위해 최선을 다했다. 국가가 잘한다면, 로테르담이 잘한다면, 그리고 우리 기업들이 잘한다면, 우리가 평안할 것임을 알고 있었다. 그리고 실제로 그랬다.

1950년대 초 엄청난 희망의 분위기가 감돌았다. 모든 것이 이루어질 수 있었다. 아니, 이루어지게 될 것이다. 이기는 팀에서 경기를 한다는 것은 멋진 일이다. 동시에 그다지 많은 부는 없었다. 지금의 기준에서 본다면 생활은 단순하고 검소했다. 물질적인 부를 만들어내야 한다는 데에는 의심의 여지가 없었다. 모두가 다 부의 필요성을 알고 있었다. 여전히 대공황의 끈질긴 기억이 남아 있었고, 전쟁의 상처와 난민들이 도처에 널려 있었다. 다시는 이런 일이 일어나지 않도록 하기 위해서도 물질적인 부는 필요했다.

지금 되돌아보면 모순된 듯이 보이는 전제에 대해서도 당시에는 의문을 갖지 않았다. 즉, 이러한 부를 창출하는 가장 효과적인 방법은 거대한 조직에 함께 참여하는 것이었다. 우리는 우리가 부를 오직 대규모로만 창출할 수 있다는 것을 알고 있었다. 물론 우리는 조직이 얼마나 사악해질 수 있는지 알고 있었다. 누구도 정당, 국가, 또는 군대의 잠재적인 위험을 모를 만큼 순진하지 않았다. 국가의 수준에서는 정치 시스템 내에 수많은 안전 장치들이 마련되었고, 이는 오늘날까지도 서구 유럽에서 민주주의를 실현 가능하게 만들고 있다.

독재 권력의 정치 시스템 장악에 대한 가장 기본적인 안전 장치는 어떤 기존 지도자도 그들을 교체할 수 있는 유권자들의 능력을 넘어설 수 없게 한 것이었다. 칼 포퍼Karl Popper가 확신을 가지고 주장한 바와 같이, 민주주의의 핵심은 리더를 선출하는 권리보다 리더를 위기상황 없이 자리에서 추방할 수 있는 유권자들의 능력에 달려 있다. 그러나 우리가 국가보다 아래 수준에서 그러한 능력을 항상 갖고 있지는 못했다. 물론 노조, 정당, 지방정부, 클럽, 학교 위원회 등과 같은 많은 조직들에서는 이러한 안전 장치를 갖고 있었다. 하지만 피고용자들이 경영자들을 내보낼 수 없는 기업의 경우, 우리는 민주주의의 문제로 고민하지 않았다.

물론 또 다른 민주적 안전 장치에 기댈 수도 있었을 것이다. 즉, 싫으면 그만둘 수 있다. 그러나 우리 세대는 그러한 기본적 자유를 이용하지 않았다. 일단 기업에 들어가면 죽을 때까지 있는다는 전제가 있었다. 그만둘 수 있다는 자유는 전혀 의미가 없었다. 한시바삐 많은 물질적 부를 만들어내야 한다는 욕구가 팽배해 있었다. 한마디로 우리는 여전히 위기상황의 삶에 맞춰져 있었다.

전후 세대들은 거대한 과제들 앞에서 개인은 비효과적일 거라고 생각했다. 우리는 전쟁의 피해를 복구하고 생활 수준을 높이려면 오직 다 같이 뭉치는 길뿐이라고 알고 있었다. 뭉치면 일어서고, 흩어지면 무너질 것이다. 전체는 부분의 합보다 더 생산적일 것이다.

따라서 전후 네덜란드에서는 대부분의 젊은이들이 대기업이나 정부조직들에 들어가기 시작했다. 쉘, 유니레버, 필립스와 같은 회사들이 선호의 대상들이었다. 그들과 다른 많은 기업들이 우리의 부모세대 때부터 존재했고 살아남았다. 물론 앞으로 우리의 아이들 세대 때까지 존재할 것이다.

1950년대와 1960년대에도 이 기업들에서 권력이 남용될 위험이 있었다. 그러나 1968년에 가서야 대부분 기업들의 조직 원칙의 약점, 의사결정 과정의 남용, 그리고 그로 인한 인적자원의 낮은 활용이 공개적인 논의를 통해 드러나기 시작했다. 그 전까지 우리는 우리의 삶의 질을 높여줄 기업의 전체적 번영에 스스로를 종속시키는 것에 만족하고 있었다.

우리는 또한 전쟁 기간 중에 효과적인 것으로 보여졌던 조직 원칙들을 의심의 여지 없이 수용했다. 즉, 강력한 규율을 지닌 위계구조 하에서 의사결정이 최상층부에 집중되었다. 정보는 위로 흘러가고, 명령은 아래로 향했으며, 기획은 집중화되었다. 연합군 군대는 기업을 조직하는 방법을 위한 비길 데 없이 좋은 예였다. 결국 군대식 경영이 확산되었다. 이제 대기업의 구성원이 되는 것에서 오는 물질적인 풍요의 빠른 성장은 비교적 소수의 사람들에게 부여된 강력한 중앙집권적 리더십에 복종하는 것의 대가만큼 가치 있어 보였다. 우리는 어떤 방식으로 생산되는가보다는 우리가 생산하는 것의 양과 분배에 더 관심을 기울였다.

분산된 권력의 윤리성

조직화된 제도로서 기업은 정당이나 노조에 비해 더 오래되었다. 그러나 기업은 가족, 부족, 왕국, 종교, 학문, 군대 등과 같은 문명의 위대한 제도적 세력들에 비하면 아주 어린 편에 속한다.

따라서 기업들에서 적용되고 있는 많은 조직 원칙들이 더 오래된 형제들로부터 복제한 기미가 보인다고 해서 이상할 것이 없다. 군대가 특히 영감을 주는 강력한 원천이 되어왔다. 당신은 "전략"이라는 용어를 수도 없이 들었을 것이다. 군대에서 전략이란 승리를 향해 군을 지도하고 조종하는 행동이다. "최고위층의 의사결정"과 "중앙집권적 기획"과 같은 용어들도 아마 군의 유산에서 연유하는 말들일 것이다. 경영자들은 스스로를 기업이라는 말을 타고 석양을 향해 달려가는 말보로 카우보이로 여기기도 한다.

그러나 CEO는 마치 기업이 전쟁 중에 있는 것처럼 지도하고 조종하려고 해야 하는가? 경영이사 위원회실을 아우스터리츠 Austerlitz에 설치한 나폴레옹의 막사에 비유해야 하는가? 모든 위기들과 마찬가지로 전쟁은 조직을 구성하는 개인들에게 충분히 생각할 시간을 주지 않는다. 전시에는 중앙집권적인 의사결정을 요구한다. 명령이 하달되고 실행되기까지 매우 짧은 시간이 걸려야 한다. 또한 전시에는 의사결정자와 실행자가 구분된다. 정보는 위로만 올라가고 명령계통에서 벗어난 누구와도 공유되지 않는다.

이러한 특성들이 얼마나 기업에 적합한 것인가? 기업이 위기에 처했을 때는 적용될 수 있을지도 모른다. 그러나 잘 발전된 진화의 단계에 있는 기업에게는 전혀 맞지 않는다. 비록 우리가 이따금 기업 경쟁을 "전투"로 묘사하기도 하지만, 이것은 실전의 위기와 전혀 거리가 멀다.

더 중요한 것은 권력의 집중이 살아있는 기업을 운영하는 데 전혀 적절치 않다는 점이다. 그것은 조직의 학습 능력을 약화시킨다. 그 대안은 분산된 권력의 윤리성을 개발하는 것이다.

이미 이 책의 다른 부분에서 권력 분산의 예들을 살펴보았다. 6장 "이익을 위한 경영 VS 장수를 위한 경영"에서 설명한 것처럼 미쓰이는 제2차 세계대전 이후에 여러 회사들로 해체되었음에도 불구하고 그 결속력을 유지했다. 다시 합쳐졌을 때에도 개별 회사들은 자신의 결정에 대한 권한을 유지했다. 하지만 그들은 계속해서 스스로를 더 큰 미쓰이 그룹의 일부라고 생각했다. 그리고 의사결정을 내리면서도 그룹 전체의 생명력에 기여하는 것을 목표로 했다.

권력 분산의 문제는 로열 더치 쉘에서 흥미로운 설명을 찾아볼 수 있다. 9장 "기업의 면역 시스템"에서 소개한 바와 같이 이 그룹은 1907년 네덜란드에 설립된 로열 더치(그룹 지분 60% 소유)와 영국에 설립된 쉘 트랜스포트 앤 트레이딩(그룹 지분 40% 소유) 간의 이문화 합병의 결과로 탄생했다.

두 개의 모회사들이 있음에도 그들은 오늘까지 존속하고 있다. 서로 독립되어 있으면서 상호 연계되어 있고, 서로 다른 법체계를 가진 두 나라에 따로 거주하고 있다. 네덜란드의 법체계는 나폴레옹 시대의 프랑스 점령기에 형성된 대륙법 체계이다. 영국의 법체계는 색슨 시대부터 축적되어온 불문법 체계이다. 따라서 이 두 나라의 회사법들에서는 이사회의 구성과 역할, 그리고 구성원 자격 등을 다르게 규정하고 있다. 이 두 회사에서 분쟁이 생길 경우 조정할 법정이 없기 때문에 두 모기업들은 서로 잘 협조해야만 한다.

두 회사의 전체 이사회는 한 달에 한 번씩 자발적으로 열린다. 그들은 이 회의를 "컨퍼런스conference"라고 부른다. 이 회의 기간 중에는 양측에 대해 법적 구속력을 가진 어떤 결정도 내려지지 않는다. 양 회사의 실무자들은 별도의 회의를 열어서 합의에 도달한 결정들을 각각의 모회사를 위해 법제화한다.

쉘 그룹에는 최고위층으로부터 아래로 내려오는 갈등을 해결하는 전통적인 메커니즘이 없다. 쉘 그룹에는 CEO도 없다. 경영이사 위원회의 의장은 단지 동료들 중의 제1인자가 맡는다. 어떤 방법으로든, 경영이사 위원회의 구성원과 두 개의 이사회는 모두 받아들일 수 있는 해결책에 대해 합의해야 한다. 실제로 항상 만장일치인 것은 아니지만, 그렇다고 한두 명이 적극적으로 반대하는 결정을 강요하는 것은 바람직하지 않다. 최소한으로 요구되는 것은 준 만장일치이다. 그렇지 않을 경우 그 안은 바로 아래 단계로 다시 되돌려 보내진다. 준 만장일치라고 해서 모두가 그 안에 동의하는 것을 의미하지는 않는다. 이는 누구도 거부권을 행사할 정도로 심하게 반대하지 않았다는 의미이다. 의장은 설득 이외에 다른 어떤 권력도 갖고 있지 않다. 의장은 최종결정권도 캐스팅보트도 없다.

이론적으로는 주주들의 투표를 통해 강제로 결정이 이루어질 수 있다. 결국 로열 더치는 그룹 주식의 60%를 소유하고 있다. 그러나 내가 아는 한, 지금까지 이사회나 경영이사 위원회 수준에서 투표에 의해 이루어진 결정은 단 한 번도 없다. 이 같은 기록은 여러 대에 걸친 이사들이 보여준 지혜의 반증이다.

아무런 법적 대응책도 없이 이와 같이 미묘한 조직에서 다수결의 원칙에 의한 결정을 강요했다면 두 모기업의 결혼관계는 오래 전에 깨졌을 것이다. 그러나 이 제도는 1920년대의 경쟁 압력에 견디어야 했다. 또 제2차 세계대전도 견디어야 했다. 당시 로열 더치는 독일점령 기간 중 실체가 거의 사라졌었다. 심지어 1973년 석유수출 금지 동안 정부의 압력도 견뎌야 했다. 당시 네덜란드는 아랍 공급자들로부터 석유 공급이 완전히 끊겼고, 영국도 공급부족으로 고통을 겪었다. 만약 당시에 석유공급을 놓고 영국이냐 네덜란드냐를 이사회의 표결에 붙였더라면 네덜란드 쪽의 우월한 투표권으로 인해 이 국제적인 그룹의 통합에 심각한 균열이 갔을 것이다.

흔히 그러하듯 대부분의 갈등이나 긴장이 외부 세계로부터 직접 이사회에 들어오는 경우는 거의 없다. 갈등의 대부분이 내부시스템을 통해 올라오면서 여과된다. 경영이사 위원회 바로 아래에 있는 조정역들은 갈등 소지가 있는 문제를 경영이사 위원회 수준까지 올리는 것이 자신의 경력관리에도 도움이 되지 않는다는 것을 잘 안다. 동료와 원만한 합의에 이르는 것이 훨씬 낫다. 마찬가지로 조정역들은 그 밑의 부하들이 자신들의 갈등을 풀지 못하는 것을 좋게 평가하지 않는다. 그리고 그 밑으로도 그러한 관행이 형성되었다.

결과적으로 위계구조의 하위 단계들에서 많은 사람들이 대부분의 결정 과정에 참여할 수밖에 없어진다. 각각의 사람들은 준 거부권을 가지고 있다. 쉘에서는 결정된 안을 이행할 사람들을 결정 과정에서 배제한다는 것이 결코 쉽지 않다. 이러한 특성은 제2차 대전 이후 매트릭스 조직matrix organization을 도입하면서 더욱 강화되었다. 흔히 정의되는 바에 의하면, 매트릭스 조직은 "아무도 자기 자신에 대해서는 어떤 결정도 내릴 수 없지만, 누구든지 자신에 대해 내려지는 결정은 거부할 수 있는 조직"을 의미한다.

이러한 이유로 인해 90년 전 양측이 합병안에 서명한 이래로, 갈등 해결의 하부 이양 관행이 쉘에서 정착되었다. 외부이건 내부이건, 전적으로 책임을 지는 자리는 어디에도 없다. 그 책임은 각각의 적정한 단계에 있는 수천 개의 자리들에 배분된다. 이러한 생각은 다음과 같은 일반 원칙으로 표현되어왔다. "권력에 관해 중요한 사항은 누구도 그것을 지나치게 많이 가져서는 안 된다는 것이다."

분산된 권력의 시사점

분산된 권력에 반대하는 주장들은 이미 잘 알려져 있다. 이러한 주장들은 많은 경영자들에게 거부할 수 없는 매력을 지니고 있다.

분권화는 의사결정을 요원하게 만든다. 우리는 그럴 만한 시간이 없다. 세상과 경쟁자들은 빠르게 전진하고 있다. 우리는 결코 뒤처질 수 없다. 광범위한 권력의 분산은 상당히 절망적일 수 있다. 하지만 그 것은 의사결정 과정에 적극적으로 참여하는 생각들의 수가 엄청나게 증가한다는 것을 의미한다. 그렇다고 이러한 과정이 행동을 더디게 한다는 확실한 증거는 어디에도 없다(물론 결론에 도달하는 데 시간이 좀더 걸리기는 한다). 그것은 더 나은 행동을 가져올 수도 있고 조직의 학습 능력을 강화할 수도 있다. 사실, 소수파에게 그들의 이익이나 더 나은 판단에 반하는 다수파의 결정들을 거부하거나 지연시킬 수 있는 권한을 부여할 경우, 조직이 더 성공적이고, 더 오래 생존하고, 더 번영한다는 많은 상황적 증거들이 있다.

일관된 결정을 내리고, 그 결과가 통일성을 가지려면 최고 권력을 가진 자리가 있어야 한다. 이러한 반론은 오류에 근거하고 있다. 많은 경영자들은 의사결정의 중요한 시점이 CEO가 기발한 생각을 떠올렸거나, 누군가의 기발한 아이디어에 CEO가 확신을 가졌던 순간이라고 믿고 있다.

그러나 그러한 결론의 순간은 그 결정의 실제 효과, 즉 그것이 이행되는 방식에 부수적인 것일 뿐이다. 비즈니스 세계에서는 행동만이 중요하다. 다시 말해서, 이행은 결정의 핵심적 부분이지, 결정 이후에 발생하는 별개의 것이 아니다. 협력이 필수적인 사람들을 결정이 내려질 때 제외시키면 새로운 결론에 도달하는 순간이 빨라 질 수는 있지만, 그렇게 해서 단축된 시간은 느리고 현명하지 못한 이행 과정에서 소멸되고 말 것이다.

권한을 갖지 않고서는 사람들이 결과를 산출하게 만들 수 없다. 결국 통제 하고 싶은 권력의 유혹이 많은 최고경영자들로 하여금 권력 분산을 꺼리게 만들고, 그럼으로써 조직의 학습 역량을 감소시킨다.

최고경영자들은 "나도 밤에 잠을 편안히 자고 싶다"와 같은 말로 자신들의 불안과 초조함을 표현한다. 그들은 자신들이 어떤 확실성 을 갖는 경우에만 밤에 편안히 잘 수 있다고 느끼는 것처럼 보인다. 예상치 못한 일이나 반갑지 않은 일은 그들이 먼저 그것에 관해 알 수 있고 막을 수 있지 않는 한 일어나서는 안 된다. 또한 그들은 "회 사에서 결속력을 유지하기 위해서는" 최고위층으로부터의 통제 통 로가 있어야 한다고 느낄지도 모른다. 그렇지 않을 경우 어떻게 최 고경영자가 최종 결과에 대해 책임을 질 수 있겠는가?

통제와 자유 간의 이러한 딜레마에 대한 보통의 해결책은 위험을 최소화하는 식으로 행동하는 것이다 즉, 위계구조의 상층부로 그리 고 상층부로부터의 개방된 위임 경로를 만들어내는 것이다. 이러한 방식은, 어떤 순간에도 비즈니스 상황에 대처할 능력이 부족하다고 느끼는 직원들의 손에 놀아나게 된다. 그들은 자신의 문제와 갈등 을 바로 위의 상사에게 올려 보낸다. 이러한 현상은 권한 위임 문제 의 잘 알려지지 않은 어두운 측면이다. 낮은 직급에서의 무능과 게

으름, 또는 장난은 상사의 통제 욕구, 자신에게 물으러 오는 것에 대한 자부심, 또는 오직 상위 경영자들만이 해답을 알고 있다는 환상과 맞아 떨어진다.

만약 위계구조의 상하 직급 모두에서 이러한 유혹에 굴복하면, 그 최종 결과는 사실에 근거한 지식을 가진 소수의 사람만이 의사결정에 참여하게 되는 것이다. 기업의 학습 능력은 또다시 저하된다.

상향 위임에 대한 방패막이

앞에서 언급한 대로 통제를 포기한다는 것은 매우 두려운 일일 수 있다. 이는 경영자들이 누려온 혜택, 그들이 받아온 교육, 그리고 그들의 개성에 반하는 일이다. 8장 "관대한 기업"에서 제시한 바와 같이 이제 그들은 다른 방법으로 통제와 관대함의 균형을 맞춰야 한다. "경영자들은 조종하기보다는 맥락을 설정해주어야 한다. 그들은 부하들에게 다음과 같이 말해야만 한다. "잘해보세요. 당신은 우리가 함께 해온 학습의 맥락 안에서라면 어떤 실수를 해도 괜찮습니다. 지켜보겠습니다."

경영자들이 권력이 분산되어야 한다는 생각을 받아들일 때조차도, 많은 경영자들이 그러한 현실을 거의 경험하지 못하고 있다. 그들은 권력의 분산이 실제로 이루어지게 하는 방법을 알지 못한다.

다들 착각하고 있는 것이 하나 있는데, 권한을 위임하면 회사 내에서 권력이 분산되고 더 많은 인재들이 참여하게 될 것이라고 여기는 것이다. 당신이 부하에게 단순히 "계속 추진해보시오"라고 말하느냐, 가이드라인이 있는 예산 지출 권한을 주느냐는 중요하지 않다. 당신이 그들에게 의사결정을 할 법적 권력을 부여하면, 그들은 의사결정을 할 것이다. 또는 그럴 거라고 믿는다.

어떤 직원은 결정을 내리는 것을 좋아할 것이다. 어떤 직원은 자신들의 권한 밖에 있는 결정을 내리고 싶어 안달하기도 한다. 그러나 최고경영자는 조직의 가장 낮은 직급에서 일상적으로 행해지고 있는 결정들에 대해 관심을 둘 수가 없다. 따라서 어려운 문제들과 갈등 요인들이 상향 위임되는 것을 막는 방패막이가 있어야 한다.

다시 말해서, 갈등이 위계구조의 상층으로 올라오는 것을 어렵게 만들어야 한다. 상급자에게 조언을 구할 수는 있지만 결정까지 내려 달라고 요청할 수는 없다는 것을 명시적이든 묵시적이든 설정하라. 이러한 정책은 많은 최고경영자가 가지고 있는 직관과 반대된다. 그것은 경영자가 가족의 어려움을 해결하고 아이들을 위해 길을 잘 닦아주어야 하는 가장과 같다는 잘못된 믿음을 반박한다.

나는 브라질에서 경영자로 일할 당시 상향 위임에 대한 방패막이를 설계하는 법을 배웠다. 남미의 경우 일반적인 기업문화의 모델은 바로 가족이다. 아버지는 가장이고 모든 권력과 지혜를 가지고 있다. 그래서 가족의 다른 구성원들은 "가장"의 무릎 앞에 읍소하게 되어 있다. 아버지의 동의 없이는 거의 아무것도 이루어지지 않는다. 그리고 브라질 사람들은 그러한 역할을 좋아하기 때문에 권한을 위임한다는 것은 매우 어려운 일이었다. 경영자들은 사소한 일들에 매달려 있으면서도 결코 그 짐을 포기하려 하지 않았다.

우리는 이 문제를 해결하기 위해 오랜 기간 노력했지만 성공적이지 못했다. 최종적으로 우리는 의사결정 등급에 대한 강제적 기준을 설정했다. 일정액 이상의 석유판매나 일정 직급 이상의 인사에 관한 결정을 할 경우에만 리우데자네이루 본사로 결정을 상향 위임할 수 있도록 한 것이다. 우리는 그 기준을 대략 90% 대 10%의 비율로 정했다. 즉, 문제들 중 10분의 1만 본사에 올려 보내도록 했다. 그런 다음 본사가 10%보다 더 많은 문제들을 처리할 자원을 갖고 있지 못하게 했다. 따라서 각자 문제의 10분의 1 이상을 본사에 올려 보낸 사람은 누구든지 그 결과를 엄청 오래 기다려야 했다.

우리는 또한 각 지사들도 90%의 문제들에 스스로 대처할 자원들을 확보하게 했다. 우리는 리우데자네이루 본사의 인력들을 브라질의 각 지사들에 재배치했고, 그 과정에서 그들이 더 나은 직위와 연봉을 받게 했다. 이것은 직관에 반하는 조치였다. 과거에는 승진이 거의 본사로 자리를 옮기는 것을 의미했었다. 우리는 이러한 승진을 전문적인 훈련으로 보완했다. 그래서 지사 경영자들이 자금관리와 같은 핵심 업무능력을 비롯해 동일한 또는 그 이상의 경험을 얻을 수 있게 했다.

결과는 즉각적이었다. 1년 이내에 쉘 브라질의 이윤은 60% 증가했고 계속 더 높은 수준을 유지했다. 그러나 장기적인 결과들이 더 중요했다. 브라질이 경제적 어려움에 처하자 회사의 운영자금 상황이 휘청거리기 시작했다. 다른 경쟁사들은 그들의 공급에 대한 신용조건을 변경함으로써 망신을 당하고 어려움을 겪었다. 하지만 쉘 브라질은 엄청난 유연성과 스피드를 가지고 적응했다. 본사에는 작은 팀 하나가 필요했을 뿐이었다. 지사에 있는 사람들이 그 상황에 효과적으로 대처하는 데 필요한 모든 권한을 갖고 있었다.

살아있는 기업은
새로운 지배구조가 필요하다

10장 "보수적인 자금조달"에서 나는 주주들이 기업의 생사에 대한 궁극적인 권력을 포기해야 한다고 주장했다. 왜냐하면 그것은 결국 주주들 자신에게 피해를 입히면서 잘못된 생산요소인 자본을 최적화하기 때문이다. 이 장에서는 이와 유사하게 경영자가 자신이 가진 권력의 일부를 포기해야 한다는 증거들을 살펴보았다. 만약 경영자들이 권력을 최상층부에 집중시키려는 거부할 수 없는 유혹에 굴복하면, 소수의 사람들만 조직 학습에 참여하게 된다.

그렇다면 지식을 창출하는 미래의 기업에서 권력은 어디에 자리 잡아야 하며 누구에게 배분되어야 하는가?

이런 식의 기업의 지배구조에 관한 질문은 프랑스 혁명기와 뒤이은 미합중국 헌법의 제정 시기에 서구 세계에서 벌어졌던 논쟁을 떠올리게 한다. 당시는 절대군주가 몰락하고 민주적 정부 형태가 출현하던 시기였다. 서구 민족국가의 지배구조를 개발하면서 벌어졌던 논쟁들을 살펴봄으로써 우리는 기업의 지배구조가 어떤 형태를 가져야 할 것인지에 대해 상당한 영감을 얻을 수 있을 것이다.

예를 들어, 미합중국 헌법을 기초한 사람들은 절대권력을 가진 군주 없이도 연속성을 제공할 시스템을 고안해내고자 한 것으로 잘 알려져 있다. 같은 시기, 유럽에서 민족국가들이 등장하는 과정에서 사람들은 전체 권력이 너무 중앙에 집중되는 것이 사회적으로 매우 위험하다는 사실을 고통스런 대가를 치르면서 알게 되었다. 그 결과로 나타난 것은 기본 원칙과 권리 선언, 삼권분립과 같은 구조물이었다. 그 이후로 입법, 행정, 사법 권력은 서로 밀고 당기면서 항상 변화하는 균형을 이루어왔다.

나라마다 권력을 분배하는 속성은 기본적으로 서로 다를 수 있다. 예를 들어, 미국은 스칸디나비아 국가들보다 대통령에게 더 많은 권력을 부여하고 있다. 윈스턴 처칠이 말했듯이 그 대안을 고려하기 전까지는 그들 자신의 특정한 민주정치 체제의 권력 분배에 대해 완전히 만족해하는 사람은 없다.[1]

그러나 절대권력 없는 국가의 연속성이라는 기본 개념은 모든 선진국들의 공통적인 시금석이 되었다. 권력이 분산된 시스템에는 어느 하나의 이해가 우세할 수 없도록 하는 안전 장치가 있다. 견제와 균형에 기초한 지배 시스템에는 공동체를 위기에 빠뜨리지 않고도 나쁜 지도자를 물러나게 할 수 있는 길이 있다.

기업에서도 이러한 시금석이 필요하다. 우리는 주주나 경영자들에게 절대권력이 집중되는 일 없이 살아있는 기업과 인간공동체를 강화하면서 연속성을 제공하는 기업의 지배구조를 필요로 한다.

오늘날과 같은 지식의 시대에 이러한 기업의 지배구조를 발전시키기 위해서는 권력과 지배구조에 관한 열린 토론이 필요하다. 현 상황에서 볼 때, 기업들은 하나의 기본적 이해집단인 주주들에게 최고의 권력을 부여한 결과, 너무나 쉽게 고통을 당할 수도 있는 반면에 그 지배구조는 경영진에 의해 거의 중세시대와 같은 절대권력이 행사될 수 있는 여지를 제공한다.

이러한 상황에서 기업들이 소수의 지배를 받는 영지가 되어, 기계처럼 이용당하는 것은 놀랄 일이 아니다. 만약 기업의 성공이 자유와 공간, 그리고 구성원들 간의 상호신뢰에 달려 있다면, 이러한 조건 에서는 어떤 살아있는 기업도 번영하기 어렵다.

그리고 기업의 중요한 역할은 인류에게 품위 있는 생활에 필요한 물질적 재화를 제공하는 것이다. 그 어느 때보다 이러한 책임의 완수는 기업들의 지식 창출 능력에 달려 있다. 여기서 지식은 개인의 머릿속에 있는 지식이 아니라, 전체로서 기업이 행동의 기반으로 삼을 수 있는 지식을 의미한다.

이는 자산은 적지만 뛰어난 인재를 보유한 기업들이 지난 20~30년간 보여준 놀라운 성장에서 분명하게 찾아볼 수 있다. 법률회사와 회계법인, 소프트웨어 기업, 그리고 VISA 같은 신용카드 회사가 그런 예이다. 석유회사나 철강회사와 같이 많은 자산을 보유한 전통적인 기업들조차 20여 년 전에 그랬던 것보다 그들 행동에 체화된 훨씬 더 많은 지식을 필요로 하고 있다.

몽테스키외는 자신의 삼권분립 원칙에 관한 글에서 분리되고 나누어진 권력이 바로 "자유"를 의미한다고 강조한 바 있다. 반대로 한 손에 집중된 권력은 "모든 것을 잃는 것이다"라고 했다.

집중된 권력은 자유가 없음을 의미한다. 자유가 없다는 것은 지식의 창조가 없다는 것이고, 더 나쁜 것은 지식의 전파도 없다는 것이다. 지식의 전파가 없다는 것은 조직 학습이 없으며, 따라서 세상의 변화에 대응할 효과적인 행동도 없다는 것을 의미한다. 기업의 가장 중요한 원동력 중 하나는 잠재력의 개발이다. 과연 우리는 구성원들의 잠재력을 극대화하고, 그럼으로써 기업의 사망률을 낮추는 지배구조를 만들어낼 수 있을까? 아니면 그 모든 잠재력을 잃고 말 것인가?

미래의 기업

    세계가 정치적으로 좁아지는 가운데, 개별 기업의 세계는 역설적으로 확장되고 있다. 이 지구촌 시대에 기업들은 한 지역이나 한 국가의 틈새로부터 더 넓은, 그래서 익숙지 않은 곳으로 나아가려는 유혹을 떨치기 어렵다. 심지어 그런 유혹을 물리친 기업들조차 외부 기업들이 그들의 안방으로 몰려드는 위협에 직면해 있다.

    결국 시간이 지남에 따라 자신이 상당한 통제력을 가지는 환경에서 살아가는 기업들이 점점 줄어들게 된다. 더욱더 많은 기업들이 온실이 아닌 안데스 산맥에서 감자를 재배하게 될 것이다. 경제적 기업들은 자신들의 거주 공간이 좁아지면서 멸종 위기의 종족이 되어버릴지도 모른다. 고립된 작은 틈새영역이나 법적으로 보호받는 국립공원으로 밀려날 수도 있다.

    한마디로 지구촌 시대에 경제적 기업들은 경제적 패자가 될 위험을 안고 있다. 좁아지고 있는 세상은 더욱더 살아있는 기업들을 필요로 할 것이다.

그렇다면 미래의 건강한 기업의 모습은 어떠할까? 우리가 건강한 살아있는 기업을 향해 올바른 길을 가고 있는지 어떻게 알 수 있는가? 그리고 만약 기업이 건강해 보이지 않을 때, 이를 회복하기 위해 경영자들이 할 수 있는 일은 무엇인가?

건강한 살아있는 기업은 공동의 가치를 받아들이고 기업의 목표가 자신들의 개별 목표를 성취하도록 돕는다고 믿는 구성원들을 보유한다. 기업과 그 구성원 모두는 기본적인 추동력들을 지니고 있다. 그들은 생존하길 원하고, 일단 생존의 조건이 존재하면, 그들의 잠재력에 도달하고 그것을 확장하길 원한다. 기업과 구성원들 간의 기본 계약은 구성원들이 잠재력을 펼칠 수 있도록 기업이 도와준다는 것이다. 또한 그렇게 하는 것이 기업 자신의 이익이라고 여겨진다. 그러한 기업의 자기 이익은 구성원들의 잠재력이 기업의 잠재력을 창출하도록 돕는다는 것을 이해하는 데서 나온다.

이러한 암묵적 계약은 신뢰를 만들어내고, 그 신뢰는 규율이나 위계적 통제로는 흉내낼 수 없는 수준의 생산성을 가져온다. 신뢰는 또한 위계구조 내부에 그리고 외부 세계에 대해 공간과 관대함을 허용한다. 이것들은 기업이 몹시 필요로 하는 높은 수준의 조직 학습을 위한 기본 조건들이다.

기업은 의지를 가지고 있고, 따라서 선택을 한다. 그 선택의 결과로 기업은 자신이 처해 있는 환경의 조건들과 가치들로부터 멀어질 수 있다. 자신을 둘러싼 세계와의 지속적인 부조화는 위기로 이어질 것이고 치명적일 수도 있다.

위기를 피하고 환경의 변화를 감지하려면 기업은 외부 세계에 대해 열려 있어야 한다. 열려 있다는 것은 새로운 구성원과 생각이 들어오는 것에 대해 관대함을 의미한다. 그러나 구성원들은 "누가 우리"이고 "누가 우리가 아닌지" 알고 있다.

공동체의 멤버십은 가변적이다. 시간이 지남에 따라 사람들이 드나들면서도 달라지고, 전체가 확장되거나 축소되면서도 달라진다.

어떤 때에는 구성원들이 강제로 쫓겨나거나 공급자들이나 계약자들의 신분(금전 관계)으로 바뀌기도 한다. 그들의 가치 시스템이 기업의 가치 시스템과 조화를 이루지 못할 때 그러하다. 이러한 전환은 오히려 조직의 건강을 위해서도 좋다. 왜냐하면 조화된 가치 시스템은 기업의 결속력을 위한 기본 요건이기 때문이다. 때때로 구성원들의 수가 축소되는 경우도 있다. 구성원들 중 핵심 그룹이 "우리에 속하는 사람"을 재정의하거나 "우리에 속하지 않는 사람"의 정의를 확장하기 때문이다. 이런 방법은 그리 건강한 것이 아닐 경우가 많다. 왜냐하면 남아 있는 구성원들의 신뢰 수준에 충격을 주기 때문이다.

건강한 기업의 구성원들은 이동성이 있다. 그들은 기업에 근무하는 동안 다양한 직무들을 수행하며, 그 직무를 수행하기 위해 다양한 곳에서 일한다. 그들은 연결되고 만나며, 전 조직에 걸쳐 의사소통을 한다. 건강한 기업에는 사람들이 공정하게 행동할 것이라는 상호신뢰가 있다. 그리고 리더들은 보통 사람에게 기대되는 정도의 정직성을 갖고 있다. 사람들은 자신들의 업무에 대해 잘 알고 있다. 권력은 분산되어 있다. 즉, 권력 시스템에 견제와 균형이 있다. 그리고 현재의 지도자들은 자신들이 앞으로 오게 될 많은 세대 중 한 세대에 지나지 않음을 잘 이해하고 있다.

구성원들 말고도 건강한 기업은 물질적인(자본) 자산들을 갖는데, 이 자산들을 생존을 위한 경제 활동에 활용한다. 일단 생존이 확보되면, 경제 활동은 공동체가 자신의 잠재력을 개발하는 기초로서 활용된다.

기업이 특정한 곳에서 특정한 활동을 수행하는 동안, 그 일 공동체는 공급자들(자재, 자본, 노동력, 정보 등), 고객들, 지역이나 국가 공동체, 그리고 다른 이해 당사자들에게 둘러싸인다. 그들은 모두 기업 세계의 부분들이고, 건강한 기업은 그들과 조화로운 상태를 유지해야 한다.

만약 생존이 위험에 처한다면, 건강한 공동체는 사람들을 버리기에 앞서 자산들을 버릴 것이고 경제 활동의 내용과 본질을 바꾸려고 노력할 것이다.

건강한 기업이 행하는 모든 것들은 이 책의 두 가지 주요 가정에 뿌리를 두고 있다.

1. 기업은 살아있는 존재이다.
2. 살아있는 존재가 행동을 위해 내리는 결정은 학습 과정에서 나온다.

나는 이러한 특징들을 통해 살아있는 기업의 경제적 측면뿐만 아니라 심리적, 사회적, 문화인류학적 측면들을 표현하려고 했다. 이 모든 측면들은 서로 상치된다기보다는 보완적이다. 이러한 측면들의 타당성은 이미 서문에서 살아있는 기업에 대한 정의를 통해 암시된 바 있다. 즉, "(살아있는 기업은) 자금조달에 보수적이고, 직원들은 기업과 일체감을 느끼며, 경영진은 관대하고 그들이 살고 있는 세상에 대해 민감하다.” 이러한 설명은 살아있는 기업의 경영에 있어 우선순위들이 전적으로 경제적 용어들로만 표현될 수 없다는 것을 분명히 한다.

만약 기업의 건강이 비틀거린다면, 사람들이 가진 잠재력을 최대로 동원하고, 신뢰와 공익적 행동을 회복 또는 유지하고, 그리고 전문가적 정신과 훌륭한 시민정신을 증진시키는 데 최우선 순위를 두어야 한다.

모든 것은 거기에서 출발한다. 만약 기업들이 그러한 조건들을 충족시킬 수 있다면 기업들의 평균 기대 수명은 현저히 올라갈 것이고 자신의 잠재적 수명을 다 채울 수 있을 것이다. 그리고 모든 인간사회가 그 결과로부터 혜택을 얻을 것이다.

이는 기업이 영원히 존재해야 한다고 말하는 것이 아니다. 그러나 기업이라는 종species의 경우 평균 수명과 최대 기대 수명 간에 격차가 너무 크기 때문에 지나치게 많은 기업들이 이른 사망으로 고통받고 있다고 볼 수 있다. 기업 사망률의 감소는 모든 당사자들, 즉 구성원들, 공급자들과 계약자들, 지역공동체, 그리고 주주들 모두에게 이로움을 줄 것이다.

프롤로그

1. Royal Dutch/Shell Planning PL/I, *Corporate Change : A Look at How Long-Established Companies Change*, September 1983. 이 연구는 대중에게 공개되지 않았지만 이 책에서는 광범위하게 인용되고 있다. 이 장의 첫 두 페이지에 제시된 사실과 수치들은 이 연구에서 가져온 것이다. 총 30개 기업이 연구되었으며, 이 중 27개 기업의 사례가 준비되었다. 이 기업들은 다음과 같다. Anglo American Corporation, Booker McConnell, British American Tobacco, Daimaru, DuPont, East India Companies, Anthony Gibbs, W. R. Grace, Hudson's Bay Company, IBM, Kennecott, Kodak, Kounoike, 3-M, Mitsubishi, Mitsui, Pilkington, Rolls Royce, Rubber Culture, SKF, Siemens, Societe Generale, Suez Canal Company, Sumitomo, Suzuki, Unilever, Vestey.

2. Ellen de Rooij, A brief desk research study into the average life expectancy of companies in a number of countries, Stratix Consulting Group, Amsterdam, August 1996.

3. *Corporate Change*, Appendix V, 25.

4. James C. Collins and Jerry I. Porras, *Built to Last : Successful Habits of Visionary Companies* (New York : HarperCollins, 1994), 9.

1장

1. Fernand Braudel, *The Wheels of Commerce*, vol. 2 of Civilization and Capitalism, 15th-18th Century, trans. Sian Reynolds (Berkeley : University of California Press, 1992), 466ff; 그리고 Henri Pirenne, *Les Periodes de l'histoire sociale du capitalisme* (Brussels, 1922) 등을

참조.

2. Braudel, *The Wheels of Commerce*, p. 52.

3. 이 세계의 극단적인 상태는 로버트 헤일브론너(Robert L. Heilbroner)의 *The Worldly Philosophers : The Lives, Times, and Ideas of the Great Economic Thinkers* (New York : Simon & Schuster, 1953, 1986)에서 언급되고 있다. 8장 "The World of Thorstein Vehlen" 참조.

4. Peter Drucker, *The New Realities* (New York : Harper & Row, 1989), 178ff ; Ikujiro Nonaka and Hirotaka Takeuchi, *The Knowledge Creating Company* (Oxford : Oxford University Press), 1995 참조.

5. 나는 이 정의를 나의 오래된 핸드북들 중 한 권인 Wilhelm Ropke 교수의 *Die Lehre von der Wirtschaft* (Zurich : Eugen Rentsch Verlag, 1946), page 163-172, 188-200에서 가져왔다. 많은 언어들로 쓰여진 수 없이 많은 경제학 핸드북에 동일한 정의의 다양한 버전들이 나온다.

6. Jean Piaget, *The Psychology of Intelligence* (London : Routledge & Kegan Paul, 1986), 8-9 and 103.

2장

1. Milton Moskowitz, Michael Katz, and Robert Levering, *Everybody's Business : An Almanac* (New York : Harper & Row, 1980), 603-610 참조.

2. *Corporate Change*, 6.

3. *Corporate Change*, 9.

4. Sven Rydberg, *The Great Copper Mountain : The Stora Story* (Hedemora : Gidlunds, 1988), 50. 이 책은 창립 700년을 기념하여 출간되었다.

5. David Ingvar, "Memory of the Future : An Essay on the Temporal Organization of Conscious Awareness," *Human Neurobiology*

(1985) : 127-136.

3장

1. 이 이야기는 Pierre Wack이 "드레스덴의 시장"에 대해 이야기했던 것 들 중 하나를 각색한 것이다. 나는 내 고향인 로테르담을 사용하는 것을 더 좋아한다.

2. *The Independent*, 24 October 1992.

3. Daniel Yergin, The Prize : *The Epic Quest for Oil, Money and Power* (New York : Simon & Schuster, 1991).

4. *The Shorter Oxford English Dictionary* (London : Oxford University Press, 1973).

5. Peter Schwartz, *The Art of the Long View : Planning for the Future in an Uncertain World* (New York : Doubleday/Currency, 1991), 72-90.

6. Art Kleiner, *The Age of Heretics : Heroes, Outlaws, and the Forerunners of Corporate Change* (New York :Doubleday/Currency, 1996), 162-163.

7. Joseph Campbell, *The Hero with a Thousand Faces* (Princeton, NJ : Princeton University Press, 1979), 245-246.

8. Peter Schwartz, *The Art of the Long View : Planning for the Future in an Uncertain World* (New York : Doubleday/Currency, 1991).

9. Kees van der Heijden, Scenarios : *The Art of Strategic Conversation* (New York : Wiley, 1996).

10. Kleiner, *The Age of Heretics*

11. Pierre Wack, "Scenarios : Uncharted Waters Ahead," *Harvard Business Review*, September -October 1985, 72-89. Reprinted in Scenarios : *The Gentle Art of Reperceiving*, "Strategic Planning in Shell Series No. 1," Shell International Petroleum Company Limited, Group Planning, London, February 1986.

4장

1. John Holt, *How Children Fail and How Children Learn* (Pitman Publishing Corporation, 1964 and 1967; New York : Penguin Books, 1970).

2. 학습 주기에 대한 다양한 문헌들이 있지만 용어에 있어서 다소 차이가 있다. 여기에서 제시하고 있는 학습 주기는 Jean Piaget의 학습과 인식 개발 모델에 근거를 두고 있다. Piaget는 자신의 학습 주기 단계를 "적극적 자기중심주의(행동), 구체적 현상주의(인식), 내면적 성찰(내면화), 추상적 구성주의(결론)"로 분류했다. Jean Piaget, *Genetic Epistemology* (New York : Columbia University Press, 1970) 참조. 학습 주기 이론에 관한 가장 권위 있는 문헌은 David Kolb, *Experiential Learning (Experience as the Source of Learning and Development)* (Englewood Cliffs, NJ : Prentice-Hall, 1984)이다. Kolb는 Piaget, 미국 교육 철학자인 John Dewey, 조직 심리학자인 Kurt Lewin, 그리고 다른 연구자들의 이론적 작업들을 통합하고 확장했다. 영국의 경영 저술가인 찰스 핸디(Charles Handy)는 그의 저서 *The Age of Unreason* (London : Century Hutchinson, 1989)에서 비즈니스 독자들을 위해 "Learning wheel"의 아이디어를 각색했다. 그것은 Peter Senge, Art Kleiner, Charlotte Roberts, Richard Ross, Bryan Smith의 저서, *The Fifth Discipline Fieldbook* (New York : Doubleday /Currency, 1994), 59의 "The Wheel of Learning"에서 Rick Ross, Bryan Smith, Charlotte Roberts에 의해 실제적이고 일상적인 어플리케이션이 주어졌다.

3. Jean Piaget, *The Psychology of Intelligence* (London : Routledge & Kegan Paul, 1986).

4. 이 제목은 Donald N. Michaels의 저서인 *Learning to Plan, and Planning to Learn* (San Francisco : Jossey-Bass, 1974, 1996)에 영향을 받았다. 이 책은 학습이 기업의 삶에 있어서 중요한 위치를 차지하고

있다는 사실을 이해할 수 있게 도움을 주었다.

5. D. W. Winnicott, *Playing and Reality* (London : Tavistock Publications, 1971; London : Penguin Education, 1980); John Holt, *How Children Learn* (New York : Dell, 1967); Seymour Papert, *Mindstorms : Children, Computers, and Powerful Ideas* (New York: Basic Books, 1980).

6. Schwartz는 *The Art of the Long View*, 91 페이지에서 이 이야기를 하고 있다.

7. Stella와 iThink™는 트레이드마크이다. copyright ⓒ 1990 High Performance Systems, Inc., Hanover, NH.

8. 성공적인 집단학습 실험으로 이어진 최초의 마이크로월드 (microworld)중 일부는 런던 비즈니스 스쿨의 John Morecroft의 도움으로 개발되었다. 그 다음에는 쉘에서 근무하다 지금은 런던 경제학부에 있는 David Lane, GKA 사의 David Kreutzer, 그리고 혁신협의회의 Jenny Kemeny의 도움을 받았다.

9. John Morecroft는 또한 실험과 학습을 위한 마이크로월드와 지도로서 컴퓨터 모델의 역할에 관한 혁신적인 글을 썼다. 그 글의 최신 버전은 John Morecroft와 John Sterman이 편집한 *Modeling for Learning Organization*(Portland, OR : Productivity Press, 1994)에 "Executive Knowledge, Models and Learning" 이라는 제목으로 실려 있다.

10. Peter Checkland, Jonathan Rosenhead, Colin Eden에 의해 개발된 시스템으로도 유용한 결과들이 성취되었다.

5장

1. 대기업에 대한 태도는 1974년 이래로 다소 변화되었다. *"Everybody's Favority Monster,"* The Economist, March 1993.

2. R. B. McLeod, "Obituary for William Stern," *Psychological Review* 45, no. 5, (September 1938).

3. William Stern, *Person und Sache, Zweiter Band : Die menschliche Personlichkeit*, 2nd ed. (Leipzig : Verlag von Johann Ambrosius Barth, 1919), 6, 9, and 40ff.

4. Francisco Varela, "Organism : A Meshwork of Selfless Slaves," in *Organism and the Origin of Self*, ed. A. Tauber (Boston : Kluwer Associates, 1991), 79-107.

5. Simon Schama, *The Embarrassment of Riches* (Barkeley : University of California Press, 1988), 334.

6. Ibid., 345.

7. Stern, *Person und Sache*, 55ff : "III. Die Aufnahme der Fremdzwecke in den Selbstzweck (Intozeption)."

6장

1. *Corporate Change*, 10. 유니레버 회장 Lord Col이 언급한 것이다.

2. William Stern, *Person und Sache, Zweiter Band : Die menschliche Personlichkeit*, 2nd ed., "II. Das System der Fremdzweeke (Heterotelie)" (Leipzig : Verlag von Johann Ambrosius Barth, 1919), 49.

3. Robert D. Putnam, *Making Democracy Work : Civic Traditions in Modern Italy* (Princeton, NJ : Princeton University Press, 1993), 165.

4. Joe Jaworski, *Synchronicity : The Inner Path of Leadership* (San Francisco : Berrett-Koehler, 1996), 131ff.

7장

1. Jeff S. Wyles, Joseph G. Kimbel, and Allan C. Wilson, "Birds, Behavior and Anatomical Evolution," *Proceedings of the National Academy of Sciences*, July 1993.

2. 네덜란드 잡지 쉘 벤스터(Shell Venster, January/February 1994)에 실

린 로열 더치 쉘 그룹 교육 팀장, 브렌임 로자(Bram Roza)와의 인터뷰에서 인용.

8장

1. *Corporate Change*, p. 12.
2. Milton Moskowitz. Robert Levering, and Michael Katz, *Everybody's Business : A Field Guide to the 400 Leading companies in America* (New York : Doubleday/Currency, 1990), 529.
3. *Corporate Change*, p. 9.
4. 이 주제에 대한 더 많은 내용은 Charles Hampden-Turner, *Charting the Corporate Mind* (New York : The Free Press, 1990)을 참조.
5. Henry Mintzberg, *The Rise and Fall of Strategic Planning* (New York : Free Press, 1994), 98-99 and 119-121.
6. Mintzberg, *The Rise and Fall of Strategic Planning*, 98-99, and The Nature of Managerial Work (New York : Harper & Row, 1973).
7. 시인은 Antonio Machado이다.
8. Alison Smith, "Empty Room at the Top-Leeds Permanent's Long Quest for a Chief Executive," *Financial Times*, 5 August 1994, 9.
9. Ibid.
10. Ibid.
11. Rachel Bodle, "Everyone Rainmaker," *Insight* 8, no. 1 (January-March 1994) : 23.

9장

1. Francisco J. Varela and Antonio Continho, "Somebody Thinks-The body Thinks : Why and How the Immune System Is Cognitive," in *The Reality Club*, vol. 2, ed. J. Brockman (New York : Phoenix Press, 1988)

2. Michael Porter, "From Competitive Advantage to Corporate Strategy," *Harvard Business Review*, May-June 1987, 43-59; *Economisch-Statistische Berichten*, 11 March 1988.

3. Richard Dawkins, "Universal Parasitism and the Co-evolution of Extended Phenotypes," *Whole Earth Review* (Spring 1989) : 90.

10장

1. Richard Onians, "Making Small Fortunes : Success Factors in Starting a Business" (talk at the Royal Societ of Arts in London, 11 January 1995); published in *RSA Journal* 143, no. 5459 (May 1995) : 22.

2. Ibid., 25.

3. Ibid., 26.

4. James C. Collins and Jerry I. Porras, *Built to Last : Successful Habits of Visionary Companies* (New York : HarperCollins, 1994), 189.

5. Ibid., 8.

6. J. B. Priestley, *English Journey* (London : Mandarin Paperbacks, 1994), 345.

7. Collins and Porras, Built to Last, 4.

11장

1. 윈스턴 처칠의 영국 하원 연설. 1947년 11월 11일